高等职业教育精品教材系列丛书

体育与健康

主　编　何鹏飞　辛金花

副主编　范谞维　马晓豹　侯春秀　卫国凯

電子工業出版社
Publishing House of Electronics Industry
北京·BEIJING

内 容 简 介

本书结合体育发展基础、地域体育特色，并吸收了最新体育与健康的教育理论，编写而成《体育与健康》课程教材。

本教材从体育与健康、体育与兴趣、体育与生存三部分内容进行编写，旨在让学生懂得遵守体育的基本规律，掌握体育的基本原则，学会正确学习体育的基本途径，懂得欣赏体育的魅力，培养学生的体育兴趣，促进学生树立科学体育锻炼的意识，为终身体育习惯养成奠定坚实的基础。

图书在版编目（CIP）数据

体育与健康 / 何鹏飞，辛金花主编. —北京：电子工业出版社，2014.9

ISBN 978-7-121-24202-1

Ⅰ. ①体… Ⅱ. ①何… ②辛… Ⅲ. ①体育—高等职业教育—教材②健康教育—高等职业教育—教材
Ⅳ. ①G807.4

中国版本图书馆 CIP 数据核字（2014）第 196829 号

策划编辑：郭乃明
责任编辑：郝黎明
印　　刷：涿州市京南印刷厂
装　　订：涿州市京南印刷厂
出版发行：电子工业出版社
　　　　　北京市海淀区万寿路 173 信箱　邮编　100036
开　　本：787×1 092　1/16　印张：13.5　字数：346 千字
版　　次：2014 年 9 月第 1 版
印　　次：2014 年 9 月第 1 次印刷
印　　数：3 000 册　　定价：32.00 元

凡所购买电子工业出版社图书有缺损问题，请向购买书店调换。若书店售缺，请与本社发行部联系，联系及邮购电话：（010）88254888。

质量投诉请发邮件至 zlts@phei.com.cn，盗版侵权举报请发邮件至 dbqq@phei.com.cn。

服务热线：（010）88258888。

前　言

《体育与健康》课程是职业院校学生必修的一门公共基础课。本教材作者结合现代体育教育理论、体育与健康最新发展，以及综合当今学生体育兴趣、体育技能、体育素质和广大院校体育基础、体育设施等基本情况，进行了《体育与健康》教材的编写。在编写教材之前，我们较广泛地听取了不同学校体育教师的意见，并参阅了近几年的多种《体育与健康》课程教材版本，拟定了编写该教材的编写原则，既要体现其基础性、实用性，又要兼顾其时代性。该教材分为体育与健康理论、体育基本素质发展、协作与对抗体育、健身与健美、娱乐体育、生存与技击，共 6 章。我们既注重教材的严谨性，又重视教材的生动性、直观性；既注重教材的教学指导价值，又重视教材对学生的课外体育拓展、延伸的引导价值；既注重教材内容的继承性，又重视教材的时代体育特色，凝结了参编一线体育教师多年教学实践的经验总结。本教材内容丰富，具有实用性、指导性强的特点。它既服务于职业院校体育与健康课程的教材需要，又可作为其他初高中学校，甚至大中专学校的体育参考教材，具有较广泛的适用性。本书由运城职业技术学院组织编写，其中辛金花编写 2.1 节田径、4.2 节武术、6.2 节散打；侯春秀编写 2.2 节体操运动、4.1 节健美操；范谓维编写 3.1 节足球；马晓豹编写 3.2 节篮球、3.3 节排球；卫国凯编写 5.2 羽毛球、5.3 网球；其余章节由何鹏飞编写。由于我们的编写经验、写作水平和工作能力的限制，教材可能还存在着许多不足，因此希望各位同仁、教师和广大使用者对该教材提出宝贵意见，在此，表示衷心的感谢。

编　者

2014 年 6 月

目　录

第1章

体育与健康

体育与健康理论

1.1 当代体育与健康

1.1.1 生活方式急剧变化产生的问题

改革开放以来，中国城乡居民生活方式发生了巨大的变化。中国经历着一场社会变革，正在从传统社会向现代社会转变，从农业社会向工业社会、信息社会转变，从短缺经济向过剩经济转变，从劳动生产方式经济向休闲生活方式经济转变。在过去的三十年中，我国人民的生活方式发生的变化，超过了历史几千年的总和。从衣食住行、柴米油盐等基本生活细节方面都发生了让人惊叹、惊喜的变化。随着美国“麦当劳”、“肯德基”等一大批外国快餐业进入中国市场，对青少年的饮食结构产生了极大的影响。随着人们经济收入的增加，汽车已经走入到百姓的家庭生活，并对人们的出行产生了极大的影响。随着电视、电话、手机、网络的普及，人与人之间可以足不出户地进行交流、购物、信息沟通，了解地球上任何地区发生的大事件等。这一切都对人们的生活方式产生了极大的影响。

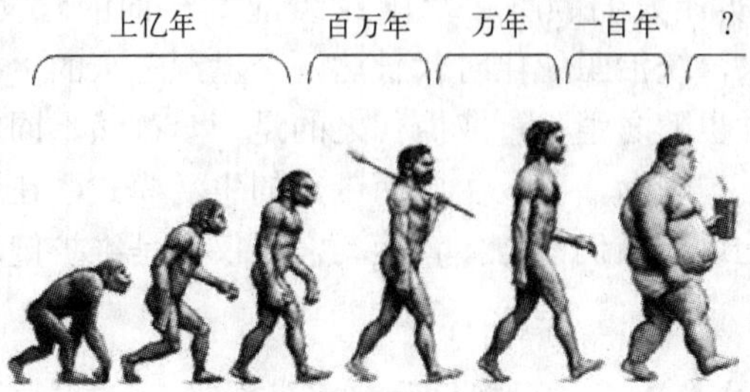

1. 现代生活的第一大敌人——营养过剩

在影响人类健康的各种因素中，不良生活方式高居首位。一项研究表明，人患病的危险有一半是由自己的生活方式造成的。其中，暴饮、暴食、偏食、不运动等导致的体重过重、肥胖，以及由此引起的高血压、高血脂和糖尿病的发病率在逐年增加。

据相关统计，我国成人超重率为22.8%，肥胖率为7.1%，估计人数分别为2亿和6000多万；大城市成人超重率与肥胖率分别高达30.0%和12.3%，儿童肥胖率已达8.1%。与1992年相比，成人超重率上升39%，肥胖率上升97%。肥胖儿的发展趋势是年龄组越低越多，并且由大城市向中小城市到农村蔓延。

肥胖易引起“三高”的发生，据全国人群调查统计，我国血脂异常患病率为18.6%，估计现患病人数为1.6亿，中、老年人相近，城乡差别不大；高血压患病率为18.8%，农村患病率上升迅速，城乡差距已不明显，现患高血压人数已达9000万；糖尿病患病率为2.6%，估计现患病人数为2000多万，另有近2000万人空腹血糖不正常。在20世纪80年代后期到20世纪90年代初期的短短6年时间里，高血压患者比1986年增加了2倍，脑血管疾病增加了3倍，冠心病则增加了5倍。这种患“三高”人群的迅速增多、年龄段呈下降的趋势，无不与生活方式紧密关联。

美国世界观察研究所研究指出，在美国约有55%的成年人过胖，23%成年人超重，俄罗斯、英国、德国也有类似的现象。超重和肥胖人口在发展中国家也日益增多，如在巴西和哥伦比亚分别有36%和41%的超重人口，由此引发的慢性病将加重这些国家的医疗负担。报告还指出，全世界超重人口最近几十年中增长迅速。20世纪90年代，美国为治疗肥胖导致的疾病耗费了1180亿美元，远远高于吸烟导致的医疗支出的470亿美元。美国医学杂志称，肥胖已经成为美国的一种流行病，平均每年约30万人死于与肥胖有关的疾病。

2. 现代生活的第二大敌人——运动不足

人是一种可以制造和使用工具的高级动物。随着蒸汽机的发明，标志着人类进入了一个使用动力机械的时代。人们开始吝啬自己身体内的能量，人变得越来越懒，成了机械的看守人。21世纪是计算机、智能化电脑、机器人时代，有更多的领域和工作让位给了自动控制系统，甚至阅读、计算、绘画、音乐、设计、下棋等需要高度智力的活动，都可以求助于智能机械，人真是“懒”到了极点。

人类在经历由手工工具→复合工具→动力机→自动控制系统的过程的同时，人的劳动方式也完成了由体力型、半体力型到智力型的变化。当人们得到了丰富的物质财富和精神财富的同时，也丧失了很多宝贵的东西。其损失最大的就是人这个生物体最本质的运动能力。

当今世界的变化确实让人们领略了“眼花缭乱”一词的含义。随着工业化时代的结束，全球信息时代的到来，统治工业化时代长达两个世纪之久的“机器比人重要，经济目标比人的需要重要”的哲学也随之消失，取而代之的是一套截然不同的价值观。人类将开始重新审视“以人为本”的思想理念，以及由此而带来的生活模式，在这一模式中体育运动占据重要地位。从这个意义上讲，人们参与体育运动，不仅仅是维护健康，减少疾病，而是在拯救我们人类自己。

3. 现代生活的第三大敌人——环境危险

现代化社会有三个重要的标志，即工业化、都市化、信息化。这三样东西是人们梦寐以求的，因为它们给我们带来了高质量的生活，然而它们也如同“三剑客”时时跟踪着我们，威胁着我们的安全。从此我们永远地失去了农家田园生活的恬静与安宁，惴惴不安地等待着一个又一个前景未卜的明天。

现代社会正在建立或完善各种预警保障安全系统，给人们以安全感，而每个人和家庭则要把存在的“危险”与防范措施纳入生活方式，为它们付出精力与时间。现在有很多国家在学校、社区里，开设了高楼失火、地震埋陷、抗拒强暴、溺水救护、“第一现场”救助、军事技能训练等各种专门应对危险境地的培训活动，这些都是非常有效的措施。

而体育运动对人们做好承担风险的心理准备有很高的价值，对增强抗拒危险以及在危险环境中的自救能力更有实际的意义。

4. 现代生活的第四大敌人——高度紧张

“紧张”首先源于人们的城市生活。城市是现代生活的摇篮，人们生于斯，长于斯，老于斯，死于斯。然而，城市把人们宠溺、娇惯坏了。各种线路、管道、网络把个人与家庭所需要的资源、能源、信息源源不断地送到每个人面前。停水、停电、停煤气、停电话、停暖气、停闭路电视、停网络、交通中断等都会给人造成巨大的不便。人们会因为这个“停”字焦躁不安，甚至极度愤怒，好像丧失了某种生理功能一样。

日益紧张的生活节奏，以及愈演愈烈的竞争环境，迫使人们付出很大的健康代价以适应生存的需要。多姿多彩的生活内容，生活节奏的快速运转，高科技带给人们便捷生活方式的同时，减少了人们面对面交流的机会，使得人们的感情逐渐淡化，层出不穷的心理问题成为现代社会的一个难以逾越的难关。人们的心理失调，包括焦虑、抑郁、狂躁、自卑和妄想狂五个方面。这些失调的发生与社会生活有着密切的关系。

5. 现代生活的第一恶果——人体结构机能退化

美国著名考古学家托埃·狄库松《未来的人类》一书中，曾悲观地认为人类的躯体正在变得越来越萎缩。英国伦敦大学遗传学教授斯蒂夫·琼斯也认为地球上最高级的动物——人类已经停止发展，人类已经用不着在体貌上再进化。人类已经控制一切。

从猿进化到人，人类站立起来主宰了这个星球。直立姿势给人带来了巨大的进步，如手的解放，劳动工具的使用，但也带来了无穷的麻烦，长期静坐会对消化系统、循环系统不利，出现了只有人类才会生发的痔疮、静脉曲张、大肠炎等疾病。

人类进入到高级文明社会，又产生了一个必须解决的问题，即自然与文化之间的界限。因文化而带来的进化，因文化而获得的高雅，以及出现的因文化而导致的畸形，使人类脱离自然。精致的食物，退化了人类的牙齿；时髦的服装，限制了人们的行动；大量化学药物、生物化学药物和各种射线的使用，损伤着人类的肌体。

今天，到户外去，去过粗放的生活，回归自然，找回人类的本原，已经成为时代的口号，维系着人类的本原和未来，这也是体育的价值所在。关注社会的物质生活、文化生活的极大丰富，为人们参与体育活动，提供了更多的机会和可能，体育已成为现代人内心深处的一种需要，一种基于人类进化进程的需要。

6. 现代生活的第二恶果——亚健康的蔓延

现代生活造就了一个灰色健康群体，也称亚健康群体。我们可以按照成年人的健康状况，将人们分为三个基本的群体，即具有高水平健康与最大能力的完全健康组，有慢性病或隐性病症的亚健康组，以及出现残疾或过早死亡的完全不健康组。亚健康人群在现代化城市中有逐年增加的趋势，在总人口中的比例，一些人估计已高达 70%。

人们处于亚健康，其症状包括食欲不振、疲乏无力、失眠多梦、烦躁、易发怒、健忘、胸闷、心悸、头疼、头晕、感觉迟钝、注意力不集中、记忆力下降、思维和想象能力降低、偏执、消极悲观、情绪低沉、犹豫不决、容易沾染坏习惯等。现代生活综合征、双休日综合征、空调综合征、大楼综合征、经济舱综合征、电脑屏幕综合征等形形色色与现代生活有关的病症都属于此列。对于亚健康人群，解除其身心症状或现象，仅靠医疗措施或手段不是非常合适或有效的，而体育的作用就越发显示出它独特的效用。

1.1.2 现代生活方式突显体育的重要性

1. 和谐社会需要体育作为一种稳定剂

在北方某个大城市的一项体育社会学调查表明："人们加入健身团体后很少与外部发生纠纷，也没有发生或组织过任何集体示威游行活动。群众性健身团体内部基本上不存在与民族、宗教、党派等组织对立现象"。"健身团体成员普遍认为健康的健身团体数量的增加能够促进社会稳定，但健身团体规模宜控制在 50 人左右。大多数群众性健身团体成员认为加入群众性健身团体能够缓解或防止一些社会矛盾产生，同时大多数成员愿意调解出现的社会矛盾"。

2. 社会需要体育运动作为人的全面发展的组成部分

解决人们身心健康问题，最好的办法就是体育运动。而健身运动、消遣娱乐恰恰是治疗亚健康状态的一种最积极、最有效、最可靠的手段，是最方便、最廉价、最快乐的一种。体育运动还我们以强健的体魄和健全的精神，体育运动是防止人体机能结构退化的最重要的手段，有规律的体育锻炼可以革除不良的生活习惯，防止多种疾病的发生，体育运动可以培养健康的人格，体育运动可以培养具有创造性的行为。

3. 人们的健康意识在提高

改革开放 30 多年，我们虽然富庶了、自信了、快乐了，但是最需要的是健康。据最近的一项调查表明，我国的居民 85%以上将健康价值观念放在各项价值观的首位，而过去被人们推崇的权力、冒险、追求卓越等被越来越多的人放弃。那么，健康意识是如何确立起来的呢？

首先，经济和社会发展是正面的动力。它不仅为社会、家庭与个人提供了良好的寻求健康的条件，还从多方面培养了人们良好的健康习惯，推动了"健康促进教育"的普及。我们正在全面建设小康社会，小康是一种健康幸福的社会，没有健康就没有小康。它不仅仅体现在物质层面，也包含了人们精神层面的内容。而无论是物质的小康，还是精神的小康，都必须以人们的身心健康为基本前提。

其次，健康意识的树立，来自伴随着人类疾病的压力。疾病可以改变历史，影响现实，更可以改变人们的观念。我国多少年来已经没有发生过大规模的传染病疫了， 2003 年不期而至的 SARS，给了我们中国人一个警示：健康是不能忽视的，一旦放松警惕，我们遭到的报复与惩罚往往让我们付出几倍、几十倍的代价，而这一代价是要以鲜血和生命来换取的。另外，我国正处在社会经济和文化生活快速发展、变化的历史时期，人们对健康的关注、健身的需求也在不断提高。因此，体育与健身、体育与健康已成为大众生活不可或缺的部分。

4. 体育成为获取健康的重要手段之一

体育运动和健身娱乐是人们在调整、顺应新的生活节奏时的重要辅助手段。一些实验和社会调查证明，运动员和经常从事体育活动的人，对生活节奏的改变有较强的适应性，表现出较强的自制、快乐、超我、坚韧、敏锐、自信、合群和从容不迫的心理调节能力。

根据全国群众体育现状调查提供的材料，体育人口的各种慢性病的发病率低于非体育人口 7.1%，职业病的发病率只有非体育人口的 17%，呼吸系统疾病的发病率只有非体育人口的 12%，吃药、看病、住院情况的发生率普遍低于非体育人口。同时，他们对自己身体、精神疲劳程度，以及对体力衰退的评价，均优于非体育人口。

健康是一种生命的舞蹈，具有节律的起伏，它不是静止的，而是充满了运动，应在整个生命历程中保持和加强的。健康者是那些不断努力超越自己精神和身体极限的人。要达到健康的这种最高境界，绝非易事。必须重新审视自己的生活方式和生活质量，确立起良好的健康观、环境观、营养观、生活观、休闲观和体育观，才能使我们的生活变得更健康、更科学、更文明、更鲜活、更充满朝气。

1.1.3 学校体育的目标任务

学校体育的目标任务与学校教育目标相一致，体现了体育目标功能与国家对青少年一代教育培养目标的一致性。

1. 坚持“健康第一”原则

1999 年在第三次全国教育工作会议上更加明确提出：学校教育要树立“健康第一”的指导思想。贯彻体育在“健康第一”教育目标中的作用，其目的在于通过体育锻炼促进生长发育，体格健美，身体健康，精神愉悦，帮助学生形成健身、娱乐、生活等方面的多种身体技能；增进体育文化知识，促进良好的思想、品德、行为和生活习惯的形成，使学生在校期间有充沛的精力学习，为他们毕业后能够获得高质量生活奠定某些基础，创造有利的条件。坚持以学生拥有健康的体魄和人格为前提，使教育成为提高整体国民素质的基础，将是今后学校教育改革应遵循的原则。

2. 积极推进素质教育

素质教育是指依据人的发展和社会发展的实际需要，以全面提高全体学生的基本素质为根本目的，以尊重学生主体性和主动精神，注重开发人的智慧潜能，注重形成人的健全个性为根本特征的教育。全面推进素质教育，不仅影响到学生、家长的个体利益，更重要的是它关系到青少年的健康成长，关系到国家和民族的未来。全面提高学生综合素质，同时还应关注学生的个性发展与健康人格的培养等，并且注重学生应变能力、生活能力、独立意识及竞争意识的全面提高。

体育在素质教育中，具有其他学科教学不可替代的作用。它能促使学生智力、体质的发展，培养学生的竞争意识、进取精神和健康的审美观，改善和提高心理素质和社会适应能力。由于体育教育对人的竞争、友谊、合作、意志与精神方面的培养和锻炼价值，有效地协调体力发展与品德修养之间的关系；挖掘人类的体力潜能，培养未来职业与工作环境所需的各种适应能力等诸多方面，都体现了体育其特殊的教育作用。如何通过体育与健康教育使每个社会成员都成为身心健全发展的人，这是体育教育改革亟待解决的问题。因此，学校体育必须由过去单纯满足“增强体质”、片面追求“生物效应”、“以竞技体育为中心”向全面塑造人的方向转变。

3. 全面实现体育综合功能

众所周知，体育之所以在人们的生活中占有如此重要的地位，关键在于它具有普遍的教育性、适用性和极强的文化感染力。因此，在体育教育中，除了发挥体育“健身”这一本质功能外，在体育教育目标的体系中，还应包括智力、道德、艺术、社交等诸多因素。

为了便于全面推行素质教育，未来体育教育唯有体现体育的多功能，即体育既是健康又是文化，既是训练又是娱乐，既是运动又是教育，既能参与又可观赏的一种社会文化现象，通过体育教育完成对青少年体育的运动教育、健康教育、娱乐教育、余暇教育、品质教育等多重教育功能。

4. 树立终身体育教育理念

“终身教育”是 20 世纪 70 年代初由联合国教科文组织终身教育处前处长、成人教育专家保罗·朗格朗提出的一种教育观念，其重要一点是教育要贯穿于人生的始终。所以，要使教育和生活密切地结合起来。“终身教育”被世界各国教育实践者所认同。终身体育教育则必须根据教育工作规律和人生不同年龄阶段的身心发展的特点，科学地安排体育教育的顺序性，合理地组织体育教学与锻炼身体的全过程，使终身体育与终身教育两者相互连接，成为一个有机整体。这就要求体育教育实践，不仅要以获得各种能力为基础，更要注重养成运动习惯和未来生活所需的运动素质，并通过发展个性和培养兴趣，形成符合个人当前和未来需求的健身理念和实践。

1.1.4 现代奥林匹克运动

1. 奥林匹克知识

奥林匹克运动兴起于欧洲资本主义工业化时代。它顺应了社会发展的需要和体育发展的潮流，是人类社会进入工业文明后开始的一项伟大的社会实践。

文艺复兴、宗教改革和启蒙运动，这三大思想文化运动为奥林匹克运动的兴起奠定了思想基础。在三大思想文化运动中，人文主义者发掘和整理了古代希腊体育的丰富遗产，如古代奥运会和其他祭礼竞技、古代雅典体育和斯巴达体育、古希腊身心和谐发展的教育思想、古希腊体育的多种运动手段和方式等。

从文艺复兴时代起，体育已成为一项重要的、不可缺少的教育活动。1423 年，意大利人文主义教育家维托里诺创立了一所新式学校，仿效古希腊的体育馆，称之为“体育宫”。该校实行体育、德育和智育并重的方针，开展了丰富多彩的体育活动，成为文艺复兴时代资产阶级教育的代表。

宗教改革和启蒙运动中对教育的探索，更加确立了体育的地位。欧洲宗教改革家、教育家，如马丁·路德、考美纽斯、洛克、卢梭，他们要求教育与体育紧密结合。19 世纪以后，英国也开始了一系列的教育改革，其中以阿诺尔德在拉格比公学的改革最为成功。他创立了“竞技运动自治”制度，充分发挥竞技运动的锻炼价值和教育功能。通过该项改革，拉格比公学的学生在充满活力的运动场上，不仅锻炼了强壮的体魄，而且培养了公平竞争、团结友爱、遵守规则、勇敢顽强的思想品德，使校风校纪大为改观。阿诺尔德的改革，牢固地树立了体育在教育中的地位，确立了竞技运动的教育价值和社会价值，为奥林匹克运动的兴起提供了适宜的土壤。

古代奥运会遗址的发掘，唤起了人们对奥林匹克运动的向往。英、法、德等国的学者都希望进入希腊寻找古代奥运会的遗迹，但由于土耳其人的封锁，这一愿望未能实现。直到 1766 年，英国学者钱德勒才被允许进入希腊实地考察。他发现了古代奥运会的遗址。1828 年，支援希腊反抗土耳其侵略的法国兵团中的随军学者，在奥林匹亚遗址进行发掘，随后将一批珍贵的文物运到法国卢浮宫展览。

1852 年 1 月 10 日，德国柏林大学教授库尔提乌斯在遍访伯罗奔尼撒半岛回国后，发表了有关古代奥运会的长篇演说，在社会上引起较大反响。1871 年，德国与希腊达成全面发掘古代奥运会遗址的条约。1875—1881 年，由库尔提乌斯率领的德国学者对奥林匹亚进行了为期 6 年的发掘。1881 年，古代奥运会遗址的主要设施终于重见天日。1887 年，在柏林展出从奥林匹亚发掘出的大量文物，激起了人们对奥林匹克运动的憧憬，人们期望奥运会尽快回到现实中来。

体育的国际化趋势，为奥林匹克运动的产生创造了条件。19 世纪后半叶，体育超越国界，出现了国际间的体育交流和比赛，形成了体育国际化趋势。由于国际体育竞赛和相互交流的需要，一些国际性的单项体育组织相继诞生。1881 年第一个国际单项体育组织——国际体操联合会成立；1892 年国际赛艇联合会和滑冰联盟相继成立。国际体育组织的产生，使运动竞赛摆脱了原来的地方传统，具有国际性。这为现代奥运会的产生创造了条件。

19 世纪初期，欧美一些国家为复兴奥运会进行了各种尝试。19 世纪 30 年代，瑞典伦德大学的斯卡图教授曾组办过两次被当地报纸称为“奥运会” 的比赛活动。从 1849 年起，每年一届，英国布鲁克斯博士组办过长达几十年的“奥林匹克节”。

19 世纪中叶以后，希腊人渴望借复兴古代奥运会来重振古希腊文明。在希腊国王奥托的支持下，一个名叫扎帕斯的希腊人于 1859 年 10 月 1 日在雅典组织召开了第 1 届希腊奥林匹克运动会。此后，在 1870 年、1875 年、1887 年和 1889 年，又先后举行了 4 次希腊奥运会。这在欧洲各国却产生了很大的影响，许多国家的报纸对这几次运动会都做了较为详细的报道，从而引起了远比希腊本土更大的反响，它从正反两方面为奥林匹克运动的兴起积累了经验。

法国教育家顾拜旦是公认的现代奥林匹克创始人，他为奥林匹克运动的诞生和发展做出了卓越贡献。1888 年，顾拜旦就任法国学校教育、体育训练筹备委员会秘书长。1889 年顾拜旦代表法国参加在美国波士顿举行的国际体育训练大会，进一步了解了世界体育的动态。他认为近代体育的发展正在走向国际化，应该借助古希腊体育的经验和传统影响，推进国际体育发展，于是产生了复兴奥运会的想法。为了实现这一想法，顾拜旦做了大量的工作。

1891 年，顾拜旦创办《体育评论》杂志，以此为阵地热情宣传他的主张，对创办奥运会起了积极的推动作用。1892 年，顾拜旦遍访欧洲，宣传奥林匹克理想。同年 11 月 25 日在庆祝法国体育运动协会联合会成立 5 周年大会上，他发表了著名的演说，第一次公开和正式地提出创办现代奥运会的倡议。在演说中，顾拜旦阐明，现代奥运会应该像古代奥运会那样，以团结、和平和友谊为宗旨，但应该比古代奥运会有所发展和有所创新，它应该向一切国家、一切地区和一切民族开放，并在世界各地轮流举办。顾拜旦的倡议，使现代奥运会从一开始便冲破民族和国家的界限，具有鲜明的国际性。1893 年，顾拜旦在巴黎召开了一次国际性体育协调会议，团结国际体育人士，讨论创办奥运会的问题。1894 年，他还将自己的倡议写成公开信，寄给许多国家的体育俱乐部，得到不少体育俱乐部的支持。

在国际各种因素的促进和顾拜旦的不懈努力下，创办奥运会的各种准备工作终告就绪。1894 年 6 月 16—24 日，根据顾拜旦的建议，来自美国、英国、俄国、瑞士、西班牙、意大利、比利时、荷兰和希腊等 12 个国家的 49 个体育组织的代表，参加了在巴黎索邦神学院举行的国际体育运动代表大会。会议期间，又先后有 21 个国家致函，向大会表示支持和祝贺。这次会议通过了成立国际奥委会的决议，并从 79 名正式代表中选出 15 人任第 1 届国际奥委会委员。大会决定由奥运会举办国的国际奥委会委员，担任国际奥委会主席。由于首届奥运会定于 1896 年在希腊首都雅典举行，因此希腊委员维凯拉斯当选国际奥委会第一任主席，顾拜旦任秘书长。大会规定每 4 年举行一次奥运会，通过了遵循“业余运动”的决议。大会还规定奥运会的比赛项目为田径、水上运动、游泳、赛艇、帆船、击剑、摔跤、拳击、马术、射击、体操、球类运动等。

1896 年 4 月 6 —15 日，第 1 届现代奥运会终于如期在雅典举行。虽然组织得很不完善，但它却是奥林匹克运动正式诞生的重要标志，具有继往开来的意义。奥林匹克运动终于登上历史舞台， 揭开了人类文明史上又一页新的篇章。

2. 中国与奥运会的关系

中国与奥运会的初次接触是在 1896 年。在第一届奥运会召开前，国际奥委会曾向清政府发出邀请，但当时的清政府正处于内忧外患之中，所以没有应邀参加。1922 年，我国王正廷当选为国际奥委会委员；1931 年，国际奥委会承认中华全国体育协进会成为“中国奥委会”，此后，中国正式参加了第 10、11、14 届奥运会。但由于政治、经济、科技文化的落后，均未能取得任何成绩。

1949 年中华人民共和国成立后，由于当时国际政治原因，被迫中断了与奥委会的一切联系。1979 年，国际奥委会在洛桑正式宣布恢复我国在奥委会的合法地位和权利。中国是奥委会的唯一代表，使用中华人民共和国国歌和国旗，中国台北奥委会作为中国的一个地方机构在国际体育组织中仍留有席位。

1984 年，第 23 届美国洛杉矶奥运会，我国派出了中华人民共和国成立后的第一个代表团，中国于是重返奥运会。射击运动员许海峰以震惊世界的一枪，获得男子手枪速射金牌，实现了中国在奥运会历史上金牌零的突破。在这届奥运会上，中国队共夺得 15 枚金牌，列金牌总数第四，翻开了中国奥运历史的新篇章。

随后，1988 年韩国汉城第 24 届奥运会上，中国运动员共夺得 5 枚金牌；1992 年西班牙巴塞罗第 25 届奥运会上，中国共夺得 16 枚金牌；1996 年美国亚特兰大第 26 届奥运会上，中国共夺得 16 枚金牌；2000 年澳大利亚悉尼第 27 届奥运会上，中国共夺得 28 枚金牌（名列第三）；2004 年希腊雅典第 28 届奥运会上，中国共夺得 32 枚金牌（名列第二）。

3. 2008 年北京奥运会

2001 年 7 月 13 日，在莫斯科，国际奥委会通过投票选出 2008 年奥运会举办城市之后，北京从巴黎、多伦多、伊斯坦布尔、大阪五个城市中胜出。当国际奥委会主席萨马兰奇宣读获选城市的时刻时，全中国都窒息了，当读出“北京”时，会场沸腾了，中国沸腾了！

2001 年 12 月 13 日，第 29 届奥林匹克运动会组织委员会（简称北京奥组委）成立，承担着北京奥运会和北京残奥会各项筹办任务的组织工作。北京奥组委的执行机构为执委会，执委会由主席、第一副主席、执行主席、执行副主席和执委组成。

（1）时间与赛场

2008 年 8 月 8—24 日，历时 17 天。有 1 万多名运动员和 3 万多名记者云集北京，参与这一体育盛事。

奥运会赛场主要在北京，共有 31 处，最著名的是国家体育场“鸟巢”（图 1-1-1）和国家游泳中心“水立方”。在北京之外还有几个城市承办部分比赛，如足球预选赛分场地在上海、天津、沈阳和秦皇岛，帆船运动比赛在青岛举行；马术运动比赛在香港举行。

（2）会徽

2008 年北京奥运会会徽征集评选工作历时 1 年 4 个月，共收到来自国内外的 1985 件有效作品，其中外国设计公司的作品 222 件。最终评委选中了北京始创国际企划公司独树一帜的“中国印”，如图 1-1-2 所示。

图 1-1-1　第 29 届奥林匹克运动会主体育场“鸟巢”

图 1-1-2　第 29 届奥林匹克运动会会徽“中国印”

会徽由印形部分、“Beijing2008”字样和奥林匹克五环组成。印形图案借中国书法之灵感，将北京的“京”字演化为舞动的人体，在挥舞间体现“新奥运”的理念；手书“北京 2008”借汉字形态之神韵，将中国人对奥林匹克的千万种表达浓缩于简洁的笔画中。

“中国印”以其特有的形象，渲染了中国人对世界的美好祝愿、对充满活力生命的讴歌和对成就英雄、创造奇迹、塑造光荣奥林匹克的运动赞美。会徽集合了中国传统印章、书法等艺术形式的运动特征，将中国精神、中国神韵与中国文化巧妙结合，象征开放的、充满活力的、具有美好前景的中国形象。

（3）吉祥物

“福娃”是北京 2008 年第 29 届奥运会吉祥物（图 1-1-3），其英文为 FUWA。福娃色彩与灵感来源于奥林匹克五环、中国辽阔的山川大地和人们喜爱的动物形象。其造型融入了鱼、大熊猫、藏羚羊、燕子以及奥林匹克圣火的形象。每个娃娃都有一个朗朗上口的名字：“贝贝”“京京”“欢欢”“迎迎”“妮妮”，当把五个娃娃的名字连在一起读，通过谐音表达出北京对世界的盛情邀请——“北京欢迎你”。

图 1-1-3　第 29 届奥林匹克吉祥物“福娃”

（4）主体口号——“同一个世界，同一个梦想”

“同一个世界，同一个梦想”（One World One Dream），文简意深，既是中国的，也是世界的。口号集中体现了奥林匹克精神的实质和普遍价值观——团结、友谊、进步、和谐、参与和梦想。它表达了中国人民与世界各国人民共有美好家园，同享文明成果，携手共创未来的崇高理想；表达了一个拥有五千年文明，正在大步走向现代化的伟大民族致力于和平发展、社会和谐、人民幸福的坚定信念；表达了 13 亿中国人民为建立一个和平而更美好的世界作出贡献的心声。尽管人类肤色不同、语言不同、种族不同，但我们同属一个世界。我们拥有同样的希望和梦想。

这个口号深刻反映了北京奥运会的核心理念，体现了作为“绿色奥运、科技奥运、人文奥运”三大理念的核心和灵魂的人文奥运所蕴涵的和谐的价值观。“天人合一”、“和为人贵”是中国人民自古以来对人与自然，人与人和谐关系的理想与追求。建设和谐社会、实现和谐发展是我们的梦想和追求。

（5）奖牌与火炬

奖牌背面镶嵌着取自中国古代龙纹玉璧造型的玉璧，背面正中金属图形上镌刻着北京奥运会会徽。

火炬创意灵感来自“渊源共生，和谐共融”的“祥云”图案。祥云文化概念在中国具有上千年时间跨度。

（6）比赛项目

2008 年北京奥运会的比赛项目共包括 28 个大项和 302 个小项。28 个大项分为田径、赛艇、羽毛球、垒球、篮球、足球、拳击、皮划艇、自行车、击剑、体操（包括艺术体操和蹦床)、举重、手球、曲棍球、柔道、摔跤、水上项目（包括游泳、花样游泳、水球和跳水)、现代五项、棒球、马术、跆拳道、网球、乒乓球、射击、射箭、铁人三项、帆船帆板和排球（包括沙滩排球)。302 个小项包括 165 个男子项目、127 个女子项目和 10 个男女混合项目。鼓励女性参加奥运会是国际奥委会近年来的侧重点之一，与雅典奥运会相比，此次奥运会女子项目增加 2 个，女运动员增加了大约 130 名。

（7）2008 年残疾人奥运会

会徽图形部分由红、蓝、绿三色构成的“之”字形，以书法的笔触表现出一个运动的人形，仿佛一个向前跳跃的体操运动员，又如一个正在鞍马上凌空旋转的运动员，体现了运动的概念，如图 1-1-4 所示。

在会徽所使用的色彩中，红色，寓意着太阳；深蓝色，寓意着蓝天；绿色，寓意着大地。三种颜色的三个笔画综合起来成为一个运动的人形，即为“天地人”，体现了中国传统文化中“天人合一”的思想。会徽的色彩还充分体现了北京奥运会的三大理念：红色，是具有浓重中国特色的“中国红”，体现了“人文奥运”理念；深蓝色，代表着高科技，体现了“科技奥运”理念；绿色代表着环保，体现了“绿色奥运”理念。

残奥会吉祥物是“福牛乐乐”（图 1-1-5)，设计方案的灵感来自中国古老的农耕文明，设计方案吸收了中国民间版画、年画、玩具的造型与风格设计，并结合现代卡通造型的特点，体现了传统民族风格、大众情趣与时代气息完美结合。

图 1-1-4　2008 残奥会会徽

图 1-1-5　2008 残奥会吉祥物“福牛乐乐”

4．北京奥运会成功

北京奥运会是百年奥运历史中一届巅峰赛事，它在人们的依依留恋之情中徐徐落下了帷幕。中国从来都没有“狂欢节”的概念，但在刚刚过去的北京奥运会的日子里，中国人民沉浸在狂欢节的激情氛围中，无论是在华丽多彩的北京，还是在千里之外的乡村，无论在奥运会的现场，还是在电视机前，人们都兴奋着、庆贺着……

国际奥委会终身荣誉主席萨马兰奇说他一生干了两件最为得意的事情，一件是选拔罗格接任了他的工作，一件是把 2008 年奥运会选定在北京。而罗格对北京奥运会的最终评价是一届“真正的无以伦比的奥运会”。

（1）向世界证明了中国的和平理想

北京奥运会的成功举办，充分诠释了中国人的聪明智慧，如果只能选一个字词来表达中国文化的最高境界的核心价值观，那就是“和”。当 29 只在夜空上由焰火组成的巨人足迹沿北京城中轴线北行，越过古代的太和殿、中和殿、保和殿，到达“鸟巢”时，拉开了中国百年奥运的大幕。

而中国的活字印刷字盘经过几种字体的演变，突出一个当今的“和”字，这时“和”的理念得到了时代的升华，如图 1-1-6 所示。

图 1-1-6 奥运会开幕式上“和”的理念的升华

我们要告诉世界，中华民族将以自身的和谐，求取与自然世界的和平相处，与全球 2000 多个民族的平等相待，我们期待的是“我和你，手拉手”同住在一个 “地球村”那种安宁的生活。

（2）向世界证明了中国成功的现代化之路

以文化学的角度看待中国的近现代史，它不过是一部中国传统文化与现代化寻求对接点的历史。传统文化是我们中华民族转向现代化的出发点和基石，现代化则是我们的永不放弃的理想和目标。百余年来的仁人志士，正是在不断地寻求它们之间的联系。奥运的百年梦想，是与中国现代化的百年进程同行的，前者是后者的形象化表达，而后者构筑着前者的物质基础和精神基础。

北京奥运会开幕式的设计者们，一直在冥思苦想地寻找这两条轨迹的交叉点。北京奥运会的开幕式之所以称为“不可复制的开幕式”，就在于它成功地解决了这一问题。由于中国文化既有历史绵延的传承性，又有地域文化的多样性，可作为艺术品表达的中国文化元素实在太多，于是演绎得越充分，就越容易挂一漏万，而且必定陷入“中国文化是昨天的文化”的窠臼。

然而，当我们看完这场表演时，迸发出的是振奋和激越，其原因不在于它让我们知道了中华民族曾经拥有过什么，而在于让我们明白了将来她能做到什么。开幕式上各种高科技手段的展现和应用，说明我们在现代化的道路上已经迈出了坚实的步伐。

（3）向世界证明了底蕴深厚的中国传统文化精神

北京奥运会出现的时间点非常特殊，它是从罕见的冰雪危困和特大的地震灾害中走出、跃起的。在不到半年时间里，先后经历了这两场大的自然灾难，另外，在境外奥运火炬接力又遭遇阻挠波折，全世界为中国捏了一把汗。但中华民族以其特有的智慧、韧性、果决将它们一一化解。最终以一届堪称在组织、管理、场地、竞赛等几近完美的奥运会展示了中国的强大实力和传统的人文精神风貌。

曾记得 1984 年我们在洛杉矶奥运会金牌“零的突破”， 当时的国人为此而血脉贲张、情绪狂热；2008 年，仅仅用了 24 年的时间，我们在奥运会上获得了 51 块金牌、21 块银牌、28 块铜牌的优异成绩，在无以伦比成功的光辉时刻，中国人面对这一切成就却显示出了从未有过的平和、淡定和自信。

中国的奥林匹克事业来自民族的忧患意识，崛起于民族的自强意识。奥林匹克运动作为一种世界文化的标志，各个国家与民族都在努力汇入这一世界体育文化的潮流。中国人民接受了奥林匹克的挑战，承担起了奥林匹克发出的国际责任，这是历史积郁下来的勇气，也是时代感召出来的精神。中国提出的“同一个世界，同一个梦想”，既是一句“四海之内皆兄弟”的感言，也是一句中国融入世界的誓言。与世界同步，为人类的共同进步作出贡献的民族才有这样的胸怀。

2008 年北京奥运会，作为一个文化符号，将永远珍藏在历史之中。在这一年里，中国竞技体育达到了一个制高点，不朽的中国民族精神与伟大的奥林匹克精神有机地融合在了一起，表达了只有人类才能拥有的美好品质：尊严与宽容、团结与奋争。北京奥运会的成功举办是中国体育发展的里程碑。

思考题

1．你对体育的价值是怎样理解的？现代人为什么需要体育运动？
2．学校体育的目标任务是什么？
3．谈谈你对奥运会的理解和北京奥运会的感受。

1.2 健康

1.2.1 健康概述

健康是人类一切幸福的基础，是人类永恒的追求，是人类生存最重要的前提。世界卫生组织（WHO）将健康定义为：“健康不仅意味着疾病与羸弱的消除，健康是体格、精神与社会的完全健康状态”。

世界卫生组织（World Health Organization，WHO）于 1948 年 6 月 24 日成立，现在有正式会员国 192 个。我国属西太平洋区域，WHO 驻中国代办处设在北京。1945 年在美国旧金山举行的联合国国际机构会议上，由中国和巴西提出建立国际卫生组织的倡议，获得一致同意。1948 年 4 月 7 日世界卫生组织章程正式生效，从此每年这一天定为“世界卫生日”。1948 年（WHO 成立之初）提出健康应该包括三个方面（生理、心理、社会适应力）的完美状态。 1978 年 WHO 在《阿拉木图宣言》中制定了健康的 10 条细则标准：①有足够充沛的精力，能从容不迫地应付日常生活和工作压力而不感到过分紧张；②处事乐观，态度积极，乐于承担责任，事无巨细不挑剔；③善于休息，睡眠良好；④应变力强，能适应环境的各种变化；⑤能够抵抗一般性感冒和传染病；⑥体重适当，身体匀称，站立时头、肩、臀位置协调；⑦眼睛明亮，反应敏锐，眼睑不易发炎；⑧牙齿清洁、无空洞、无痛感，齿龈颜色正常，无出血现象；⑨头发有光泽，无头屑；⑩肌肉、皮肤富有弹性，走路轻松自如。其中，前 4 条属于心理和社会适应能力，其余 6 条均属于生理健康的内容，说明生理健康是很重要的。1989 年 WHO 又提出增加道德健康标准，即生理、心理、社会适应力和道德健康四条标准。1992 年 WHO 发表著名

《维多利亚宣言》，提出了健康维护四大基石：合理膳食、适量运动、戒烟限酒、心理平衡。1999 年 WHO 制定了新的“五快”、“三良好”标准，即快食、快眠、快便、快语、快行，良好的个性、良好的处事能力、良好的人际关系。随着社会的进步，人们的思想观念日益发生着变化，“健康第一”早已深入人心。

我国古代多把健康理解为平衡、协调状态。体现在中华饮食文化思想和养生保健运动特点等很多方面。例如，《老子》的虚静、守静笃（督）、负阴抱阳、抱一等思想，对我们民族传统健身运动整体的、平衡的理念影响深远。中医典籍《黄帝内经素问》中，明确阐述了外界因素环境（六淫）与健康保健的相互影响关系，以及人的情志（七情）、饮食与健康的相互关联性。我们的先哲在 2000 多年前，就已认识到影响人的健康因素是多方面的，包括环境、饮食、身体、精神等。

目前，国外运用系统工程的方法来对健康科学进行综合研究，如图 1-2-1 所示。

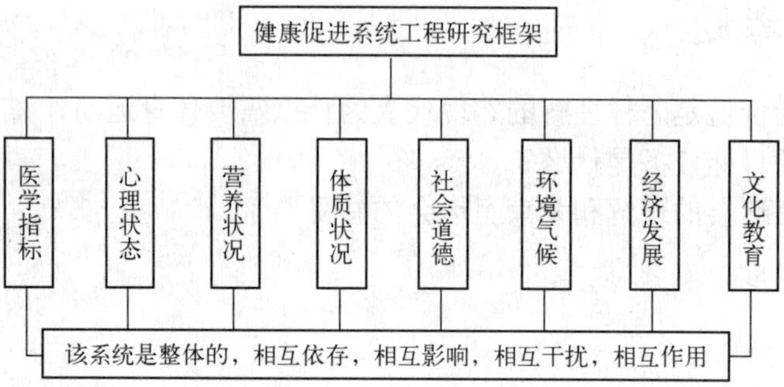

图 1-2-1　健康促进系统工程研究框架

1. 体育对健康素质的影响

健康素质是中国的用法，国外没有对应的词汇。它是指人在躯体、心理、社会方面的素质，即表现在人的身体、心理和社会方面的本来具有或后天形成的、综合的、相对稳定的品质或特征。健康素质包括躯体素质、心理素质、社会素质和综合素质，如图 1-2-2 所示。

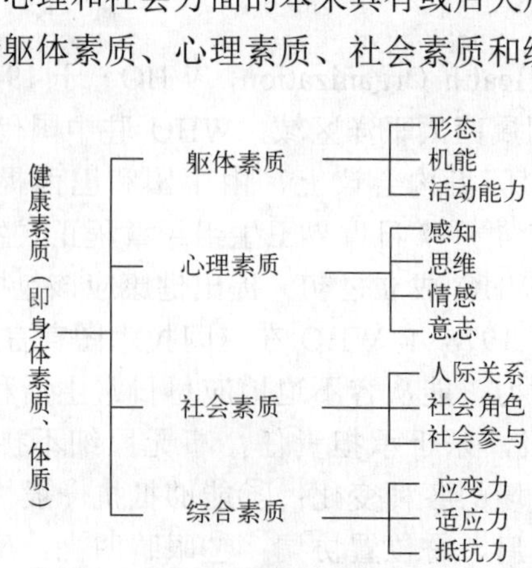

图 1-2-2　健康素质的结构图

通过世界卫生组织提出的健康标准来看体育对健康素质的影响，如表 1-2-1 所示。

表 1-2-1　体育对健康的影响一览表

健康标准	关联程度			影响程度			
	躯体	心理	社会	体育	卫生	营养	其他
1.精力充沛，对日常生活和繁重工作不感到十分紧张和疲劳	***	*	*	AAAA	A	AAAAA	AA
2.乐观积极，乐于承担责任	*	**	***	AA	A	AA	AAAA
3.善于休息，睡眠好	*	*	**	AA	AAA	AAA	AAA
4.应变力强，能适应外界环境的各种变化	**	**	**	AAA	A	AAA	AAAA
5.能抵抗一般性感冒和传染病	****	*	**	AAA	AAA	AAA	A
6.体重适当，身体匀称，站立时头、肩、臀位协调	**	—	*	A AA A	A	AAA	AA
7.牙齿清洁，无龋齿，无痛感，牙龈颜色正常无出血	*	—	***	A	AAAA	AAA	A
8.眼睛明亮，反应敏锐，眼睑不发炎	*		**	AA	AA	AAA	AAA
9.头发有光泽，无头屑	*	—	**	A	AA	AAA	AAA
10.肌肉丰满，皮肤有弹性，走路轻松	***	*	*	AAAA	A	AAA	A

注：*表示关联程度，*越多，表示关系越密切。A 表示影响程度，A 越多，表示影响越大。

1.2.2　亚健康

亚健康是一个新的医学概念，是指无器质性病变的一些功能性改变。因其主诉症状多种多样，又不固定，也称为“不定陈述综合征”。它是指人体介于健康与疾病之间的一种似健康又非健康、似病又非病的中间状态，即过渡状态，其在身体上和心理上均没有疾病，但在主观上却有许多不适的症状表现和心理体验。

20 世纪 70 年代末，医学界依据疾病谱的改变，将过去单纯的生物医学模式发展为生物—心理—社会医学模式。1977 年，世界卫生组织将健康的概念确定为“不仅仅是没有疾病和身体虚弱，而是身体、心理和社会适应的完美状态”。此后，世界卫生组织曾做过一次全球性调查，结果表明，按照这一标准，全世界处于真正健康状态（第一状态）的人仅有 5%，处于各种疾病状态（第二状态）的人也只有 20%，剩下的 75%的人群，身体有种种不适，而医院的检查又未能发现任何器质性的病变，医生们也没有更好的办法来治疗。这种由健康向疾病过渡的状态称为亚健康状态，人们称其为“第三状态”，也有人称其为“亚健康”、“次健康”、“潜病”或“灰色”状态。后来，国内外一些医疗卫生保健专家，根据工作中的实践经验，将其放宽为“一个人只要没有疾病和虚弱状态，并且心理和社会方面能良好适应，就可看做是健康的”。但是，许多研究表明，即便按照降低后的这一标准衡量现代社会中的健康人，也只有 15%左右。除去经医生检查并诊断有病的 20%的人以外，全世界仍有 65%的人处于亚健康状态。

健康的表现

身体健康表现如下：

（1）有足够充沛的精力，能从容不迫地应付日常生活和工作压力而不感到紧张；

（2）处事乐观，态度积极，乐于承担责任；

（3）善于休息，睡眠良好；

（4）应变能力强，能适应外界环境的各种变化；
（5）能抵抗一般性感冒和传染病；
（6）体重得当，身体匀称，站立时头、肩、臀协调；
（7）眼睛明亮，反应敏锐，眼睑不发炎；
（8）头发有光泽，无头屑；
（9）牙齿清洁，无龋洞，无痛感，无出血症状，齿龈颜色正常；
（10）肌肉、皮肤富有弹性。

心理健康表现如下：
（1）对现实具有敏锐的知觉；
（2）热爱生活，热爱他人，热爱大自然；
（3）能和少数人建立深厚的友谊，并有乐于助人的热心；
（4）具有真正的民主态度、创造性观念和幽默感；
（5）在所处的环境中能保持独立和宁静；
（6）对于最平常的事物如旭日朝阳，都能经常保持兴趣；
（7）能承受欢乐与忧伤的考验；
（8）注意基本的哲学和道德的理论。

1.2.3 体质与健康

我国体育界通常是通过体质对健康进行研究和评价的。体质是指人体的质量，它是遗传性和获得性基础上表现出来的人体形态结构、生理机能和心理因素的综合的、相对稳定的特征。遗传是人的体质发展变化的先天条件，对一个人体质强弱有重要关系，如体型、相貌、性格、机能、疾病及寿命等许多方面与遗传有关。但遗传对体质的影响只是提供了可能性，而在人的生长发育过程中，人们体质的强弱，有赖于后天的环境、营养、体育锻炼和卫生保健条件等。因此，人体有些遗传因素，通过后天体育锻炼和保健工作，有可能得到改善。特别是体育锻炼，它是增强体质最积极、最有效的途径。

体质的范畴包括人体形态结构、生理功能和心理因素等方面。体质强弱由以下几个方面综合反映出来：①身体发育水平，包括人的体格、体型、营养状况及身体成分等方面的发育水平；②人体生理功能，即机体新陈代谢水平及各器官、系统的效能等；③身体素质和运动能力发展水平，即速度、力量、耐久力、灵敏性、协调性、柔韧性等素质及跑、跳、投、攀爬等运动能力；④心理发育水平，表现在个性、意志及感知能力等方面及对疾病的抵抗能力和对环境的适应能力。

理想体质的标志

（1）身体健康，主要脏器无疾病；
（2）身体形态发育良好，体格健壮，体型匀称；
（3）呼吸系统、心血管系统和运动系统具有良好的生理功能；
（4）有较强的运动能力和劳动工作能力；
（5）心理发育健全，情绪乐观，意志坚强，有较强抗干扰、抗刺激的能力；

（6）对自然和社会环境有较强的适应能力。

1.2.4　健康心理的标准

美国著名心理学家马洛斯的健康心理标准包含着身体、精神、社会适应和道德四方面的良好状态和 10 条标准：①有充分的安全感；②能充分了解自己，并对自己的能力进行适当的评估；③选择生活的目标切合实际；④能与现实环境保持接触；⑤能保持人格的完善与和谐；⑥具有从经验中学习的能力；⑦能保持良好的人际关系；⑧能进行适度的情绪表达及控制；⑨能在不违背团体的要求下能进行有限的个性发展；⑩在满足个人基本要求时不违背道德、法律和成规。

我国心理学家参照国际心理健康的标准，结合我国青年学生的现状，对青年学生的心理健康标准做了如下概括：①具有较强的独立生活能力；②能够进行独立思考、分析、判断；③能从心理上自我接纳；④勇于面对现实，对生活、对自己充满信心；⑤具有较强的自我调节控制能力，能积极主动地适应新环境，调节、平衡个性心理冲突；⑥人际关系良好；⑦学习方法得当；⑧能应付一定的挫折。

心理健康的自我测定

我们可以通过以下方法对自己的身心健康进行测定和评价。

下面 4 个方面问题各有若干项目，你可根据自己最近一周内的实际感觉，在各项题前标上 1～5。其中“1”表示自觉无该项症状；“2”表示自觉有该项问题，但发生不频繁或不严重；“3”表示自觉有该项症状，程度为轻到中度；“4”表示自觉常有该项症状，其程度为中到严重；“5”表示自觉常有该项症状，其频度和程度都十分严重。

一、人际关系敏感度，主要指个人不自在感与自卑感

①对旁人责备求全；②容易哭泣；③感情容易受到伤害；④感到人们对你不友好、不喜欢你；⑤感到别人不理解你、不同情你；⑥感到比不上别人；⑦当别人看到你或谈论你时感到不自在；⑧感到对别人神经过敏。

二、忧郁度，代表症状是苦闷忧郁的感情和心境，对生活的兴趣减退，缺乏活动的愿望，丧失活动力等

①对异性的兴趣减退；②感到自己精力下降，行动迟缓；③想结束自己的生命；④感到受骗、中了圈套或有人想整自己；⑤与异性相处时感到害羞或不自在；⑥责备自己；⑦感到孤独；⑧感到苦闷；⑨过分担忧；⑩对事物不感兴趣；⑪感到前途没有希望；⑫感到任何事情都很困难；⑬感到自己没有什么价值。

三、敌对度，表现为敌对思想、感情及行为

①容易烦恼和激动；②自己不能控制而大发脾气；③有想打人或伤害他人的冲动；④有想摔东西或破坏东西的念头；⑤经常与人争论；⑥大叫或摔东西。

四、偏执度，主要指思想方面偏执

①责怪别人制造麻烦；②感到大多数人都不可信任；③感到有人在监视你、议论你；④有一些别人没有的想法或念头；⑤认为别人对你的成绩没有做出恰当的评价；⑥感到别人想占你的便宜。

用各单项得分之和除以项目数，得到某方面的均分，若均分高于 3，表明你可能在该方面失去了心理平衡。通过测试，可以使你对自己有所了解，并及时采取措施，进行自我身心调节，并在必要的情况下，及时向有关方面专家咨询治疗，不至于给自己带来更大麻烦。

思考题

1. 什么是健康？健康的标准有哪些？
2. 什么是健康素质？体育对健康素质有哪些影响？
3. 什么是体质？健康体质的标准有哪些？
4. 什么是亚健康？参照健康标准，您认为你需要增进哪些方面的健康？

1.3 体育锻炼与身体健康

1.3.1 科学健身的基本原则

体育锻炼要遵照体育所具有的规律、原则，进行合理的安排，才能实现真正的健身与健康的目的。

科学健身要做到：①运动前要做好体检；②运动健身要循序渐进；③运动健身要持之以恒；④运动要劳逸结合；⑤运动要因地制宜；⑥健身项目、时间因人而异；⑦运动要顺应季节；⑧做好准备活动和整理活动。

根据自己的健康状况、身体素质情况，确定一个适合自己的运动健身计划，定期总结运动效果，适时调整锻炼方法和运动量。具体来说就是有目的、有计划、有步骤地进行。本着先易后难，由浅到深，由简到繁，由慢到快，运动量由小到大，强度由弱到强，动静结合，逐渐适应、逐渐过渡地遵循循序渐进原则进行。一旦按计划开始，就要持之以恒。俗话说："要想身体健，坚持天天练"。当锻炼几日或几周后，若感到疲劳，出现心慌、食欲下降、失眠等，就要适时调整锻炼计划，增加休息时间。但过强的锻炼不可取，而蜻蜓点水式的运动，也绝对收不到应有的效果。

另外，根据周围运动设施、条件，以及自己的健康情况、性别、年龄、生活习俗以及体育基础情况，选择适宜的体育项目进行锻炼。学生进行体育锻炼，最好选择在校园内运动场地进行。在户外运动，以场地平坦，环境雅静，阳光明媚，空气新鲜，没有过往车辆环境的地方最好。当然也可在家门口或在室内进行。选择体育项目的原则，学生一般应选择运动强度稍微大一些，且趣味性比较强的一些运动项目较好，如各种球类运动、中长跑运动、游泳、武术、健美操等。如果身体机能不允许做剧烈运动，也可以选择一些柔缓的有氧运动，如太极拳、太极剑、瑜伽、健身气功、形体练习、柔软体操等。同时，还应重视利用健身器材进行力量性锻炼。实践经验告诉我们，良好的健身氛围，有利于促进人健身习惯的养成。因此，建议同学们与自己身体情况差不多的朋友结伴锻炼。每天锻炼时间要 0.5～2 小时均可。

科学的体育运动健身，还应重视四季变化对人健身运动的不同要求，即运动要顺应季节气候变化。不同地区，其四季气候的变化，也不尽相同。有些地区四季分明，有些地区四季如春。在我国北方地区，人们的锻炼会受到气候或节气变化的制约，应趋利避害，提高健身效果。

春天：是锻炼的大好时机，应早睡早起抓紧锻炼。

盛夏：气温较高，锻炼时间不宜过长，运动量不宜过大，并要防暑。若因体温过高而发生眩晕时，应停止运动，到阴凉处休息，大量饮水时不可太急。

秋季：天高气爽，食欲明显增多，人的体力增强，这时可增加运动量。

冬季：万物生机潜伏闭藏的季节，应减少户外活动，锻炼应在 15～30 分钟为佳（南北方有别）。

最后，要特别强调运动前的准备活动的重要性和必要性。准备活动可提高神经系统兴奋性和敏感性，增强肌肉关节的灵活性，其主要包括体操、走、跑、跳等一些基本练习。而运动结束后，要及时做放松、整理活动，使身体紧张状态逐步恢复到松弛安静状态。一般通过慢跑、步行、徒手操、柔韧练习以及自我肌肉按摩，来达到全身放松，使呼吸、心率平稳。并将汗液擦干，换穿干爽衣服，以防着凉。

1.3.2　自我锻炼计划的制订

锻炼计划是督促个人具体实施健身锻炼的有效手段之一，也是检验和完善运动健身计划制订得是否合理、有效的主要参照体。

1. 制订锻炼计划和运动处方的依据

安排锻炼计划要根据体育锻炼的“七条原则”。

（1）自觉积极。理解体育锻炼的重要性，根据个人兴趣、爱好选择锻炼内容。

（2）讲求实效。应选择简便易行、锻炼价值大、效果好的身体练习。

（3）持之以恒。培养良好的体育习惯，要坚持经常，不可间断。

（4）循序渐进。逐步增加负荷，切忌一曝十寒。

（5）全面发展。要选择多种方法进行身体全面锻炼。

（6）恢复手段。降低练习强度，调整运动量，同时增加营养，注意运用理疗和按摩等医疗放松手段，保证身体充分休息。

（7）适宜性。负荷强度应控制在有氧代谢范围。

2. 科学健身锻炼进程

从事科学健身，应该遵循以下健身步骤：①健身动机及目的；②健康状况评价；③制订运动处方；④实施运动处方；⑤定期反馈调整；⑥检测实施结果。

3. 体育项目选择的基本原则

（1）一定要切实通过运动健身，达到增强自己体质之目的。

（2）要适合自己的兴趣。使运动得以持久并可陶冶情操。

（3）要符合自身生理、体力特点。以平稳为主，避免强烈性竞技活动。

（4）确保运动的安全性、可靠性，谨防出现意外。

（5）选择多数人容易接受、喜爱的群体项目。利于相互促进，相互学习，感受集体运动的娱乐性、趣味性。

温 馨 提 示

科学研究证实，心肌的收缩性功能对运动锻炼发生适应性变化是可逆的，如果停止运动3个月后，其状态又可退回到锻炼前的水平。

美国一位医学博士提出，心血管系统的疾病，需要经过 3 年以上的运动锻炼，才可能出现明显的效果。由此不难看出，运动健身，必须多年坚持始终，才可达到健身、长寿、祛病、延年的目的。

运动项目选择的基本原则（举例）

（1）如果你不太合群，选择足球、篮球、排球、棒球、垒球、拔河等集体项目。

（2）如果你胆子小，参加游泳、溜冰、滑雪、拳击、摔跤、柔道、武术、摩托等项目。

（3）如果你办事犹豫不决，多参加乒乓球、网球、羽毛球、击剑、拳击等体育活动。

（4）如果你做事总担心完不成任务，选择跳绳、接力赛、长跑比赛、俯卧撑、仰卧起坐或马拉松跑步等项目。

（5）如果你遇事容易紧张，应多参加公开激烈的体育比赛，特别是足球、篮球、排球、体育舞蹈、艺术体操、气功、瑜伽等项目。

（6）如果你有好逞强、易自负的问题，可选择难度较大、动作较复杂的技巧、体操、马拉松、艺术体操、拳击、跆拳道、柔道、武术等项目。

（7）如果你遇事容易急躁、冲动，应多参加下棋、太极拳、慢跑、游泳、骑自行车、射击、飞镖、台球、高尔夫等运动。

1.3.3 运动处方的制订

1. 运动处方概念

运动处方是以增进健康为目的而制订的一系列与个人身体状态相符合的、行之有效的科学运动方法。针对个人身体状况，将锻炼方式、时间和强度等合理编制起来，就像医生给病人开药方一样，用来指导人们通过运动改善体质，促进健康。

2. 运动处方的基本要素

其基本要素包括以下几个方面：①运动目标；②运动种类；③运动强度；④持续时间；⑤运动频度；⑥注意事项及调整。

3. 制订运动处方的基本原则

制订运动处方应遵循的基本原则：①个体化；②循序渐进；③自我评估；④充分考虑气候及环境因素；⑤医学检查和自我健康状况评价；⑥避免运动创伤。

4. 锻炼目标的确定

锻炼目标分为短期（8～10 周）、中期（18～20 周）和长期（50 周）目标（表 1-3-1）。目标可以随个体的情况、需要和环境的变化进行适宜调整，但必须保持连续性。目标确定应当具体而实际，当既定目标通过一定努力实现以后，就会强化动机，提高信心。

表 1-3-1　短期、中期、长期锻炼目标

内　容	当前评价	短期目标	中期目标	长期目标
心肺功能	差	一般	好	很好
肌肉力量	差	一般	好	很好
耐力水平	差	一般	好	很好
柔韧性	差	一般	好	很好
协调性	差	一般	好	很好
身体成分	肥胖	较胖	正常	很好

5. 选择锻炼模式

锻炼模式的制定，包括锻炼内容、频率、强度和时间四个要素。

一般心肺功能较差的锻炼者，选择长距离行走、长跑、游泳、登山等重复动作项目；若力量不足的一般选择举杠铃、哑铃、单杠引体、负重深蹲等增加负荷项目；发展耐力素质，则一般选择越野跑、定时长跑、中长距离变速跑等；提高身体柔韧，最好选择武术、健身操、舞蹈、跆拳道等项目；加强身体协调的项目，多选择一些技巧、技术性强的体育，可以选择武术、健美操、小球运动等项目，同时还要根据自身的兴趣、体育情况而综合考虑。

最初决定开始锻炼的时间，可在气候宜人的春、秋季节开始，经过一段适应再逐步提高后，即可进入相对稳定的阶段。锻炼过程应按初炼适应、逐步提高、适量保持三个阶段安排。

锻炼频率是指每周锻炼次数一般以每周 3～5 次为宜。力量练习隔天练习效果最佳。

运动强度是指锻炼时机体承受的生理负荷。运动强度可分大、中、小三个档次，以运动后即刻心律（颈动脉次数/分钟）为准。初锻炼者不得蛮干，开始锻炼的目标心率，应控制在低限范围，经坚持 3～6 个月后，逐步掌握自身运动能力规律后，便可逐渐增加运动强度。

持续时间是指从事所练习内容的时间。运动强度较大，运动持续时间相对要短；运动强度较小，运动持续时间相对较长。一般不得少于 30 分钟。

锻炼小常识

为了达到提高心肺功能的目的，就必须使锻炼负荷达到最大心率值的 60%～65%，该范围即被认为是我们的目标心率，如表 1-3-2 所示。

表 1-3-2　预测最大心率与目标心率（次/分）

性　别	最大心率	目标心率
男	220—年龄	最大心率×（0.06～0.65）
女	225—年龄	最大心率×（0.06～0.65）

测定心率的办法：将头微向后侧方倾斜，用中指或食指触摸颈动脉处测得心率，数 10 秒脉搏次数乘以 6，或者数 30 秒脉搏次数乘以 2 即可。

1.3.4 体育锻炼的卫生要求

卫生与健康休戚相关，在从事体育实践的过程中，为了达到维护自身健康的基本目标，不可忽视最起码的卫生学要求，否则只能达到事倍功半的效果。

1. 运动环境的卫生条件

环境，是指与人类密切相关、影响人类生活和生产活动的各种自然力量（物质和能量）或作用的总和，通常可分为自然环境和人为环境两种。但无论在什么环境下从事体育锻炼，都必须符合空气清新、光线充足和水质洁净等卫生条件。

（1）自然环境

在环境优雅、空气清新、阳光和煦的户外进行体育锻炼，有利于提高锻炼质量、锻炼兴趣和健身的效果。但运动环境若被飘尘、二氧化硫、氮氧化物和一氧化碳所笼罩或污染，这时的体育锻炼，非但不能加强人的身体健康，反而会随着运动者的呼吸将大量的有害气体吸入体内，直接危害人的健康，对于青少年来讲，乃至影响其生长和发育。特别是在雾天、人口稠密区或工业生产相对集中的地方，空气中含尘埃、病菌和有害气体的比重会更高些。所以，选择在湖边、海滨或树木覆盖比较浓密的地方进行锻炼为最好，这样不仅空气的净化程度较好，而且负离子的数量也多，对增进健康和振奋精神都会有较大的好处。

另外，气温的高低，对人体的体温调节和新陈代谢也有很大影响。在高温环境中较长时间地进行体育锻炼，极易导致因体温调节失控而中暑；如果运动环境的温度过低，运动着装不适宜，身体又会因冷空气刺激极易引起感冒。因此，从事体育锻炼的人最好选择气温适宜的环境，尤其避免在大风天、气温过低或过高等异常条件下，不采取任何保护措施，盲目进行锻炼。

（2）室内环境

在温度恒定、光线明亮的室内进行体育锻炼，会给人一种温馨舒适之感。但室内环境没有阳光直接照射，加上锻炼人群集中，对卫生条件就有更特殊的要求，如体育馆光线照度不能小于 50lx，应以不刺眼、均匀、不闪烁、不眩目、无浓影、不污染空气、不显著提高温度为准；放射光谱最好接近日光光谱；室内气温须控制在 23～25℃，有良好的自然通风条件和人工通风设备，这样才能保证室内空气含量足以维持锻炼者的正常生理活动。室内游泳池的水质应为无色透明、无臭及其他异味、清澈见底的清洁水。

2. 运动物品的卫生要求

运动物品，是指个人在从事体育锻炼时，为便于活动，或使动作做得轻松自如，而必须穿着的运动服装与鞋袜等物品。对它提出的要求，同样是日常生活必须注意的内容。

运动服装是体育锻炼需要准备的物品，应具有美观大方、质地柔软及不易玷污等性能，规格要合体，并以穿着舒适、便于活动为原则。夏季气候较热，服装面料应具有透气和吸湿性，不宜选择涤纶等合成纤维或棉制汗衫，而最好贴身穿针织内衣，外套则选用浅色泽、稍宽松的棉织品运动服；冬季气候较冷，运动服装应以保暖性较好的棉织品为最佳，织物厚度则可根据地区温差及运动需要而定。

运动鞋袜，选择时要注意与从事运动项目的特点相适应，与自己的脚码、型号相一致，切忌穿得过紧过松。运动袜的品种也应有所选择，球类运动为了保护小腿，一般穿长袜；长跑用的袜子要柔软且具有透气和吸汗功能，最好是棉毛材料针织制成的。运动鞋袜要经常洗涤、晾晒，以保持清洁卫生。

3. 运动过程的卫生处置

运动过程包括运动前、中、后三个阶段。为了使锻炼效果有利于促进身体健康，在保证适宜运动负荷的同时，还必须遵循一般卫生学原则，懂得处理好相关的一些细节问题。

运动前，至少 1 小时内不应进食，否则由运动引起交感神经高度兴奋，不但妨碍消化、有害健康，而且因肠胃负担太重，也不利于运动能力发挥。如果运动前已感到十分饥饿、睡眠不足或情绪低落，最好暂停运动，或只做轻微的体育锻炼。

运动中，由于出汗较多，容易感觉口干舌燥，人有强烈的愿望，需要大量饮水。这是常见的思想误区。运动中大量饮水，尤其是冷饮或甜饮料，由于水分、糖分过多渗入血液，不仅会增加心脏和肾的负担，还会使胃部膨胀妨碍膈肌活动而影响呼吸，加之冷饮的刺激，使得肠胃血管急剧收缩，饮入甜饮料，提高了血液黏稠浓度，都给运动健身带来了很大的危害。如果天气过热，排汗太多，可临时用湿毛巾擦汗降温，并补充少许淡盐水，最好是温开水。在寒冷的天气跑步，衣服着装要适中，衣服要具有防寒、防风的作用，切勿穿着太多，避免出现稍一运动就出汗的现象。跑步时，应尽量采用鼻呼吸的方法，以避免冷空气直接刺激咽喉，或使尘埃进入呼吸道。

运动后，同样不应大量饮水，特别在排汗较多、体内盐分浓度降低的情况下，如果立即大量饮水，还会因继续排汗使盐分损失，乃至产生脱水和头晕目眩等不良反应。

运动后应稍事休息，及时把汗擦干，换掉被汗水浸湿的运动服装，以免着凉感冒。然后，最好用热水洗澡、擦身，适当对身体各部位进行按摩，以加速体力的恢复过程。运动后半小时，再补充水分，并做一些缓慢、轻松的散步，以便为接下来的学习或进餐做好准备。

4. 女生运动的卫生守则

处于青春发育期的女生，因性激素的影响在形态、生理和心理各方面，都已表现出明显的女性特征。体育锻炼时，女生应特别注意的问题，就是月经期运动的卫生。

月经是女子的正常生理现象，如果在月经期，没有明显的生理机能变化，且无特别不舒服的感觉，参加适当的体育活动，不仅对身体无害，反而促进身体代谢，缓解经期症状。因为适量的活动不仅可以改善盆腔的血液循环，减轻盆腔充血，还有助于调整大脑的兴奋和抑制过程，减少不舒服的感觉。

但在经期从事体育活动，时间也不宜过长，且要避免引起震动的跑、跳、跨练习，不做憋气和静力性动作，以免增加经血流量，造成子宫位置的变化。特别提醒，女生在经期一般不应参加游泳运动。因为女子在月经期间子宫内膜脱落，子宫内形成较大的创面，同时子宫颈口比平时略为开大，宫腔与阴道口位置对直，容易细菌侵入内生殖器官而引起炎症。

如果因体育活动而引起月经紊乱，则须调整运动量，待月经恢复正常后再继续坚持锻炼。但在调整运动量后仍然出现月经紊乱，或有痛经现象，患有内生殖器官炎症等，则应暂停体育活动，及时进行检查治疗。另外，女子的皮下脂肪虽然较厚，但下腹却对冷刺激很敏感，所以在月经期间，特别要注意保暖，特别是下腹部不应受凉，更不能进行冷水浴锻炼。

思考题

1．了解什么是运动处方？

2．锻炼计划和运动处方是根据什么制订的？

3．掌握制订锻炼计划和运动处方的方法。

1.4 体能锻炼与体质评价

1.4.1 体能

众所周知，当婴儿呱呱坠地就有了吮吸与抓爬的本能。不同的生长阶段和发育状态，人支配身体活动的能力也会存在明显的差异。体能作为人体活动所必需的能力，是与生俱来的。它作为支配人体行动与抗拒外界障碍的基础，必须通过后天锻炼才能被不断强化。至于其潜力如何，则又与每个人的身体素质有关。因此，体能实质包含基本身体素质和身体活动能力两部分内容。从两者关系看，身体基本素质是活动能力的基础，而活动能力又反映了身体基本素质的发展水平，它们相辅相成构成了体能的内涵。

1．体质范畴中的体能

“体质”一词最早用于医学。“体质” 作为人体质量的简称，在体育科学中解释为：在先天遗传和后天获得的基础上表现出来的人体形态结构、生理机能、身体素质、运动能力、适应能力和心理因素的综合的、相对稳定的特征。

在实际应用中，由于体质内涵的复杂性，若不借助专门的医学手段，很难对每个人的体质状况做出准确的综合评价。为了便于对个体行动能力进行直观的比较，人们又把具有肌肉活动特征的身体素质与活动能力这两大要素，从体质范畴中简化出来，并以“体能”这个概念来大致反映体质的强弱。通过研究证明，体能与体质的相关程度最高，其相关系数为男生 0.919，女生 0.8263。因此，可以认为体能是衡量一个人体质水平的重要因素。

体质范畴中的身体素质，是指人体的潜能。虽然通过后天锻炼可以得到提高，但很大程度上取决于先天遗传。实践证明，每个人的身体素质都有相当大的差异性，身体素质所反映的运动能力，是指走、跑、跳、投、支撑、攀登、爬越等身体基本活动能力的总和。一个人的运动能力可以由身体素质来决定，却未必能完全反映人的健康状况。后天的体育锻炼可以很大程度提高人的各项身体素质，但却不能超越先天的体质极限。

2. 身体素质

人们在日常生活、劳动及体育活动中所表现出来的不同形式的肌肉活动，总是以肌肉力量的大小，速度的快慢，持续时间的长短，动作的灵敏、协调程度，以及关节活动范围大小等显示其能力。通常把人体在肌肉活动中表现出来的力量、速度、耐力、灵敏及柔韧等基本能力称为身体素质。其中，以力量、速度和耐力最为重要。

1）力量

力量，是通过肌肉收缩克服内外阻力的一种能力，它作为人体活动的基础，在各项素质中最为重要。按力量的不同表现形式进行分类，可分为绝对力量（最大力量）、速度力量（爆发力）和力量耐力三种。

（1）绝对力量是指肌肉在克服负重阻力时表现的最大张力，通常以举、拉、蹲起的最大重量为标准。

（2）速度力量是指肌肉在克服自身体重时表现的爆发力，通常以蹬、跳、拉起的最大位移为衡量标准。

（3）力量耐力是指肌肉在克服阻力做功时表现的持久能力，通常结合心肺功能，以坚持完成动作的最长时间为衡量标准。

2）速度

速度，主要反映人对各种刺激的反应，也指在短时间完成某一动作，或快速通过某段距离的运动能力。根据表现方式不同，速度又有以下三种形式，即反应速度、动作速度、位移速度。

（1）反应速度是指从神经接受刺激到肌肉做出反应所经历时间的长短，通常以反应时衡量。

（2）动作速度是指人体完成单个动作的时间长短，主要取决于大脑皮层神经过程的转换速度，也与肌肉紧张和放松的交替速度有关。

（3）位移速度是指人体通过单位距离所用的最短时间或单位时间内通过的距离。

3）耐力

耐力，是指机体长时间进行肌肉活动，以及抵抗疲劳的能力，根据运动时的氧代谢特征可分为有氧耐力、无氧耐力、肌肉耐力三种表现形式。

（1）有氧耐力是指运动中机体在供氧充足、不负氧债情况下对抗疲劳的能力。

（2）无氧耐力是指运动中机体在供氧不足、负氧债情况下克服疲劳的能力。无氧耐力以乳酸供能为主。

（3）肌肉耐力是指运动中肌肉长时间对抗疲劳的能力，分静力性和动力性耐力两种。

3. 身体活动能力

身体活动能力，是指依赖人体支持系统，通过肌肉活动所表现出的运动能力，主要包括走、跑、跳、投、攀登、爬越、悬垂、支撑、负重、搬运和涉水等。虽然这些作为维持人体生命活动最基本的技能，可伴随人的生长发育而自然形成与发展，但为了应付复杂多变的自然与社会环境，则仍需要最大限度增强人类的行动自由和生存空间。因此，通过对人的身体素质、活动能力的全面锻炼与发展，在促进运动能力、体育技能形成的同时，它不仅利于青少年的生长发育、改善身体机能水平，提高人对环境的适应能力；还体现它在人类与自然、社会环境的抗争中，作为生存基础所具有的现实意义。在学校体育中，田径、体操、各种球类等体育项目就是针对学生的跑、跳、投等身体素质和身体活动能力的提高所设置的。

1）奔跑能力

跑作为人的基本活动方式，是一种正常人都具有的行为能力。但要想跑得快速、持久，或跑得灵活敏捷，则必须调动人各项身体素质的内在潜力，包括采取缩短反应时、改善中枢神经系统、提高动作频率与增大动作幅度等措施，使跑的动作结构合理，达到节约化程度。

跑的能力体现在以下几个方面：

（1）快速跑能力，是指在单位时间内人体快速移动的能力，通常以反应速度、动作速度和位移速度为衡量标准；

（2）持久跑能力，是指人体长时间保持肌肉活动与抗疲劳的能力，通常以心、肺功能及肌肉的抗疲劳程度为衡量标准；

（3）变向跑能力，是指在运动中敏捷而快速改变方向的能力，通常以快速反应、起动速度和协调控制身体位置为衡量标准；

（4）越障跑能力，是指在运动中准确超越障碍的能力，通常以对时空的准确判断，动作协调配合为衡量标准。

2）跳跃能力

跳跃作为人体最基本的活动能力，也是人类生来具有的。但要想跳得远、跃得高或能连续跳越障碍，就必须体现力量与速度的完美结合，并以助跑水平速度、起跳动作速度与合理的起跳角度为基本要素。

（1）跳远能力，是指人体腾空逾越远度障碍的能力，常以快速助跑、起跳与把握适宜的腾起角度为衡量标准；

（2）跳高能力，是指人体腾空逾越高度障碍的能力，常以能否将助跑水平速度转为垂直起跳高度为衡量标准；

（3）连续跳能力，是指以腾空方式连续跳越障碍的能力，常以正确的时空判断、动作协调交替及把握落地与起跳时机为衡量标准。

3）投掷能力

投掷作为一项生活基本技能，包括投、掷、抛、推等多种形式。但要想投得准、投得远就必须把握正确的抛投方向、出手速度与最后用力的合理性。

4）支撑能力

支撑能力是指以身体某环节支撑于地面或其他部位，保持身体平衡的能力，常以支撑的难度与重心的稳定性为衡量标准。

5）悬垂能力

悬垂能力是指人体处于悬垂状态下的支撑移动、摆荡与变换身体姿势的能力，常以移动的高度、摆荡的远度与在空中能否保持身体平衡为衡量标准。

以上这些身体活动能力的发展与提高，在学校体育中，主要以田径、体操为手段，对学生进行身体素质和活动能力的培养锻炼。

1.4.2　体能评价体系介绍

1. 美国的体质评价体系

美国是开展体质测定最早的国家。在 1880—1900 年期间，美国曾盛行体力测验法。但真正体质测定研究还是在第二次世界大战期间，由于战争的需要，导致了一股开发体质测验的浪潮，各种体质测定方案被开发出来，有针对部队军人的，也有针对大、中、小学生的。

1958 年，美国健康体育和娱乐协会（AAHPER）采取行动，为儿童开发了“青少年体质测验”。20 世纪 70 年代，美国在对体质概念的认识上发生了重大改变，认为体质应该分为两种类型，即与健康相关的体质（Health-Related Physical Fitness）和与运动相关的体质（Sport-Related Physical Fitness），与之相应在制定体质测验上就有了“与身体健康相关的体质测验”和“与运动技术相关的体质测验”两种形式。

1980 年，美国健康、体育、娱乐、舞蹈联盟（AAHPERD）首先开发出了“与健康相关的体制测验”（Health-Related Physical Fitness Test）。1988 年，AAHPERD 对该测验进行了进一步的修改完善，并将其测验命名为“最佳身体测验（Physical Best）”。将体质测验分为“与健康相关的体质测验”和“与运动相关的体质测验”，这是美国体质测验的主要观点。这两种测验的具体内容如表 1-4-1 和表 1-4-2 所示。

表 1-4-1　与健康相关的体质测验

类　别	实验实测验	现 场 测 验
心肺耐力	功率自行车测试	长距离跑、走、台阶实验
肌肉耐力	肌力计、张力计、电子肌力计	仰卧起坐、屈臂悬垂、下蹲后伸腿、反复卧推
肌肉力量	肌力计、张力计、电子肌力计	1RM 卧推、1RM 腿推、1RM 下蹲起
身体成分	皮褶计、水下称重	皮褶计、身高-体重表
柔韧性	角度量度器、柔韧性计量器	座位体前屈、躯干伸展、劈叉

表 1-4-2　与运动相关的体质测验

类　别	实验室测验	现 场 测 验
灵敏度	影片分析 EMG 分析	往返跑、跳绳、躲闪灵敏
平衡	影片分析 EMG 分析	鹤立、平衡木行走
协调	影片分析 EMG 分析	接球跳绳、灵活跳动守门、跳棒
速度	电子计时装置	短距离冲刺
爆发力	EMG 分析、测力平面磅秤	跳绳、垒球距离传球
反应时/运动时	电子计时装置	反应时操纵杆测验

2. 欧洲各国统一使用体质测定方法

为了比较各国身体教育制度的效果，为了弄清影响体重状况的社会—经济因素，欧洲联盟便产生了在联盟成员国中采用统一的方法，测定学生体质状况的想法。

1978 年有关各国签订了采用统一测定标准协议，并开始了相关的研究工作，1986 年整个研究工作结束，出版了测试指南，如表 1-4-3 所示。与此同时，成立了名为“尤罗非特”的委员会，它的主要任务是协调各国学生体质的测试工作，检查和比较他们的评定结果，并对他们的测试工作和评定结果提出建议。

表 1-4-3 欧洲各国统一使用体质测定方法

测定的素质	测定的内容	测定的方法
一般耐力	心肺呼吸耐力	逐步加快速度的穿梭跑 PWC170
最大耐力	静力测试	握力测试
	爆发力测试	立定跳远测试
力量耐力	两臂的力量耐力	单杠悬垂
	躯干的力量耐力	仰卧起坐
速度耐力	跑速	10×50 米跑
	两臂运动速度	两臂交叉运动
柔 韧	脊柱的灵活性	坐在地上两腿前伸，双臂尽量前伸
平 衡	身体平衡	
人体测试	身高	测定身高
	体重	量体重
	人体组成	测定 5 个部位的皮褶厚度

3. 国际体质研究会（ICPFR）与国际生物学发展规划理事会（IBP）体质测试内容

国际体质研究会（ICPFR）与国际生物发展规划理事会（IBP）体质测试内容，如表 1-4-4 所示。

表 1-4-4 国际体质研究会（ICPFR）与国际生物学发展规划理事会（IBP）体质测试内容

项 目	ICPFR	IBP
耐力	—	哈佛台阶实验
弹跳力	立定跳远	立定跳远
速度	50 米疾跑	50 码疾跑
力量	引体向上（男）	引体向上（男）
	屈臂悬垂（女）	斜悬垂臂屈伸（女）
灵敏性	穿梭往返跑（10 米）	穿梭往返跑（10 码）
腹部力量	仰卧起坐（30 秒）	仰卧起坐（1 分）
长距离跑	2000 米或 1000 米（男）	—
	1500 米或 800 米（女）600 码（男、女）	
	600 米（儿童）	
测力器测验	握力	握力、背离、拉和推力
		伸腿力量，屈体力量
投掷力	—	垒球掷远
柔韧性	体前屈	—

4. 日本的体力测试

日本在体质研究方面，是世界上做得较好的国家（表 1-4-5）。日本政府十分重视国民体质的增强，他们认为国民体质的强弱是整个民族和国家兴衰的一个重要标志。特别是第二次世界大战后，日本政府曾把“振兴国民的健康”作为他们“复兴国家”的主要措施之一。

日本自 1964 年开始实施体力测定以来，每年 5～6 月份在全国范围内对国民进行统一的体力测定，然后由文部省根据测定数据写出体质测定报告向全国公布。日本的这一完善的体力测试制度和管理体系，在很大程度上促进了国民（特别是青少年）体力的增长，为日本民族的体质增强做出了积极的贡献。

在日本有“体力”一词，著名学者福田先生对体力的构成进行研究的理论架构，认为体力包括身体要素和精神要素两部分。身体要素有防御能力、免疫力、协调性 、平衡性、姿势、行动能力等，精神要素有精神抵抗力、意志、判断等。

表 1-4-5　日本体质测定的内容

类 别	体力诊断测验	类 别	运动能力测验
灵敏	反复横跨	跑	50 米跑
爆发力	纵跳	跳	急行跳远
力量	握力、背力	投	手（软）球掷远
耐力	台阶试验	悬垂	引体向上（男）
	斜体引体（女）	耐力	跑或快速跑
柔韧性	俯卧上体后仰		男 1500 米跑
	立位体前屈		女 1000 米跑
形态	身高、体重、胸围		

5. 我国体质、体能评价体系

体质是指人体的质量，是在遗传和获得的基础上表现出来的人体形态结构、生理机能和心理素质综合的、相对稳定的特征。理想体质是指在遗传的基础上，通过后天的努力，在人体形态、生理功能、身体素质和运动能力、心理素质、内外环境适应能力等方面，都达到良好的状态。理想体质的标志：①身体健康，主要脏器无疾病；②身体形态发育良好，体格健壮，体型匀称；③心血管系统、呼吸系统和运动系统具有良好的功能；④有较强的运动能力和工作能力；⑤心理发育健全，情绪乐观，意志坚强，有较强的抗干扰、抗刺激的能力；⑥对自然和社会环境有较强的适应能力。

我国的体质研究工作，始于 20 世纪 70 年代末 80 年代初。体质测试的作用：①通过体质测试，可使学校体育部门了解学生体质的现状，掌握学生体质变化的客观规律，并为制订体育教学大纲、计划，选择适宜的教材和教学方法提供科学依据；②通过体质测试，可使学生及时地了解自己体质变化的情况，引导学生关心自己的体质状况，激发其科学锻炼的自觉性和积极性；③体质测定与评价是考察学校体育卫生工作效果的重要手段；④学校领导可根据测定与评价结果的分析研究，不断改善学校体育卫生工作。

中华人民共和国成立以来，始终坚持“增强体质”的理念，并把提高身体素质和基本活动能力作为体力发展的基础，并颁布了《国家体育锻炼标准》以及大、中、小学校学生体育合格标准。中共中央 国务院下达的《关于深化教育改革全面推进素质教育的决定》中又提出了“学校教育要树立健康第一的指导思想”，给学校体育教育工作指明了方向。为了不使《国家体育锻炼标准》实施流于形式，并积极贯彻落实和推进素质教育，教育部、国家体育总局经过调查研究、实验和论证，制定出《学生体质健康标准》（试验方案），决定于2001 年开始在北京等 12 个省、自治区、直辖市进行试验。现将《学生体质健康标准》（试验方案）测定内容、评分标准介绍如下。

1）《学生体质健康标准》的测试内容分类

（1）测试内容分为形态、机能和身体素质，具体测试项目分下列四组。

①形态（第一组）：身高、体重（身高/体重）

②机能（第二组）：台阶实验、肺活量指数

③身体素质
- 运动能力（第三组）：5 次连续钻跳、50m 跑（小学 1～3 年级）；50m 跑，立定跳远、立卧撑（其他年级）
- 运动基础能力（第四组）：十字象限跳、立位体前屈（小学 1～3 年级）；握力/体重、立位体前屈（其他年级）

注：第二、三、四组各选一个测试项目记入总分。

（2）《学生体质健康标准》中各项测试内容的权重

形态：15%；机能：35%；身体素质（50%）
- 运动能力：30%
- 运动基础能力：20%

（3）《学生体质健康标准》成绩综合评定

优秀：总分 86 分以上；良好：总分 76～85 分；及格：总分 60～75 分。

2）《学生体质健康标准》（试验方案）测试项目说明（详见最新版《中国国民体质健康标准》）

（1）身高

测试学生身高，与《学生身高标准体重表》对应比较，确定学生的身体匀称度，评价学生生长发育及营养状况的水平。

（2）体重

测试学生的体重，与《学生身高标准体重表》对应比较，确定学生的身体匀称度，评价学生生长发育及营养状况的水平。

（3）台阶实验

测试学生的心血管机能。评定指数公式如下：

$$\text{评定指数}=\frac{\text{踏台上、下运动的持续时间（秒）}\times 100}{2\times\text{（3 次测定脉搏数的和）}}$$

注意事项：心脏有病的不能测试；按 2 秒上、下一次的节律进行；被测试者不能测量自己的脉搏。

（4）肺活量指数

测试学生的肺通气功能。它是指人体尽全力深吸气后，再尽全力呼出的气体总量，即一次深呼吸的气量，是呼吸运动过程中的一部分。被测者肺活量实测数值除以当天测得的体重值，其商为肺活量指数。

（5）50 米跑

测试学生速度、灵敏、协调素质及神经系统灵活性的发展水平。

（6）立定跳远

测试学生下肢肌肉力量及身体协调能力的发展水平。

（7）五次连续钻跳

测试学生上、下迅速变换体姿的能力。

（8）立卧撑

测试学生体姿变换的灵敏性和身体的一般肌肉耐力。

（9）立位体前屈

测试学生身体柔韧素质的发展水平。

（10）握力/体重

测试学生上肢肌肉力量的发展水平。

（11）十字象限跳

测试学生身体灵敏素质的发展水平。

3）国家学生体质健康标准及其测试办法见电子文件包。

4）《国家学生体质健康标准》实施办法见电子文件包。

5）《国家学生体质健康标准》部分内容及解说见电子文件包。

6）《国家学生体质健康标准》部分项目测试方法见电子文件包。

思考题

1．什么是体质？体质与健康有什么关系？

2．参照《国家学生体质健康标准》，你对自己的体质如何评价？

1.5　常见运动损伤及其预防

在体育运动中，造成人体组织或器官在解剖上的破坏和生理上的紊乱，称为运动损伤。运动损伤多见于年轻人群，他们热爱运动，积极参与各项体育活动，但常常因缺乏一定的运动训练卫生知识和对运动损伤的应急措施，受伤后往往造成不必要的痛苦，严重者甚至导致终生遗憾。

1.5.1　运动损伤的特点

运动损伤是体育锻炼和运动训练中经常遇到的问题。发生运动损伤，一部分是与项目特点有关的损伤，如投标枪动作错误引起的投掷骨折、跨栏运动有坐骨结节处肌肉止点拉伤等；另一部分损伤则多与意外有关，如踝关节扭伤、裂伤、骨折等。

在对运动员损伤的调查研究中，我们发现小伤病多于重伤，如腰背筋膜炎、韧带拉伤等的发生率，远远高于骨折、韧带断裂、肌肉断裂等大伤；髌骨劳损、腱鞘炎、腱围炎等慢性损伤的发生率，高于肌肉拉伤、韧带拉伤等急性损伤；再如，运动损伤一旦发生，治疗是非常困难的。因为在运动损伤治疗的方法上没有特别有效的手段，而且受伤的运动员往往是一边训练，一边治疗。如果训练安排不当，会不断造成新的损伤，明显延长损伤愈合时间，所以从某种意义上说，预防损伤比治疗损伤更为重要。

1.5.2 急性运动创伤的预防与治疗

无论是群众健身体育锻炼时，还是运动员在训练和比赛中，急性运动创伤会经常发生，尤其在一些对抗性项目中更易发生。急性运动创伤的临场处理正确与否，直接影响伤病的愈合和进一步的治疗。如果处理不当将加重创伤，甚至引起新的创伤（如骨折加重移位，进而损伤周围软组织，甚至伤及神经血管）。例如，处理开放性损伤不当，可以污染伤口继发感染，严重的错误处理可能使伤员致残甚或影响生命。

1. 急性运动创伤的处理原则

（1）首先抢救生命；

（2）防止再伤；

（3）防止伤口污染；

（4）考虑为后继治疗做准备和创造条件。

2. 急性运动创伤临场处理步骤

（1）首先了解受伤的情况，如受伤原因、受伤性质、受伤机制等，以便确定检查诊断的重点及步骤；

（2）检查诊断时首先要注意全身情况。当发生严重创伤时要观察检查呼吸、神志，是否有休克；有无胸腹腔损伤及内出血；是否有神经系统损伤，尤其是颅脑脊髓损伤；

（3）最后再检查受伤的局部。

3. 如何有效预防运动损伤的发生

（1）加强安全意识。提高预防运动损伤的意识，克服麻痹大意思想。

（2）准备活动要充分。在实际工作中，我们发现不少运动损伤，多是因为准备活动不足造成的，所以在训练前要有针对性地做好准备活动，加强对易伤部位的防患措施。

（3）遵循教学规律。特别对技术较难和容易受伤的环节，应事先做好预防准备，合理安排运动量，区别对待，切忌急于求成。

（4）加强医务监督。善于把握自己在运动前后的生理变化。患有慢性病者要定期体检，并在医生和体育老师指导下进行体育锻炼。

（5）重视运动器材、场地的安全和卫生。场地器材应经常检查和维修。运动者的服装、鞋子要符合体育卫生要求。

（6）训练方法要合理。掌握正确的训练方法和运动技术，科学地增加运动量。

（7）注意间隔放松。在训练中，每组练习之后为了更快地消除肌肉疲劳，防止由于局部负担过重而出现的运动损伤，组与组之间的间隔放松非常重要。

（8）防止局部负担过重。训练中运动量过分集中，会造成机体局部负担过重而引起运动损伤。

（9）加强易伤部位肌肉力量练习。据统计，在运动实践中，肌肉、韧带等软组织的运动伤最为多见。因此，加强易伤部位的肌肉练习，对于防止损伤的发生具有十分重要的意义。

（10）搞好医务监督，遵守训练原则，加强保护，是预防运动损伤的重要内容。

思考题

1. 简述常见运动损伤的特点及如何预防运动损伤的发生。
2. 简述急性运动损伤的处理原则及步骤。

第2章

体育与健康

体育基本素质发展

2.1 田径

田径是世界上最为普及的体育运动之一，也是历史最悠久的运动项目。田径运动项目包括走、跑、跳和投掷。在历届奥运会及其他大型赛事中它都是金牌大户，因此有“得田径者得天下”之说。近几年出现了博尔特、刘翔等我们喜爱的明星，竞争越来越激烈，观赏性越来越强。它作为锻炼手段，易学、易练，其竞赛的客观性以及向着更高、更快、更强目标的自我超越，对于青少年身心素质的全面培养和发展，都将发挥非常好的作用。所以，田径运动被列为我国学校体育教学大纲中的基础内容部分。

田径中的跑包括短跑、中长跑、接力跑和跨栏跑等。它们有共同点也有区别，共同点是都需要速度；区别是它们锻炼的重点，跑的技术和能量的供应方式不一样。中长跑项目需要身体长久的持续动作，要求跑的技术动作轻松自如，以便节省能量；而短距离跑的项目，要在短时间内，用最快速度，爆发出全部力量，跑完全程，步频和摆臂动作快。因此，依据学校体育制定的田径教学目标、教学任务，根据学生年龄和生理特点的不同，在教材安排、教学手段和教学要求上，要做到由易到难，循序渐进的原则。对于不同健康情况的学生，应注意区别对待的教学原则。尤其对于体弱或患有先天性心脏病的学生，应以快走和慢跑为主，并时刻进行自我监控。

2.1.1 跑的基本技术

1. 起跑

起跑的目的是使身体在极短的时间内迅速摆脱静止状态，获得最快的初速度和向前的最大冲力，为起跑后发挥最高速度创造条件。加速跑是起跑后过渡到个人最快速度的一段距离跑的技术。加速跑的距离一般为 20 米左右。起跑有站立式和蹲踞式两种，正式比赛中，采用蹲踞式。整个过程包括“各就位”、“预备”、“鸣枪”三部分。

1）站立式起跑（图 2-1-1）

动作要点：

（1）“各就位”时，两脚前后自然开立，把有力的一脚紧靠于起跑线，全脚掌着地；后脚脚前掌着地，两腿弯曲，重心下降；

（2）“预备”时，身体稍前倾，异侧臂自然弯曲于体前，同侧臂稍屈于后，双脚都用前脚掌着地；

（3）“鸣枪”起跑时，两脚用力后蹬，同时后腿迅速前摆，两臂积极前后交换摆动，使身体迅速向前冲出。

图 2-1-1　站立式起跑

2）蹲踞式起跑

动作要点：“各就位”时，屈体，两手扶地，有力腿在前，两脚依次蹬在起跑器上，在后的腿跪膝在地面；两手拇指相对，其余四指并拢，虎口向前，撑于起跑线后，两手约与肩同宽，两臂伸直，肩微前移稍超起跑线[图 2-1-2（a）]；“预备”时，后膝离地，臀部从容抬起稍高于肩，身体重心前移[图 2-1-3（b）]；“鸣枪”起跑时，两脚用力蹬离起跑器，后腿迅速向前摆出，同时前腿充分蹬直，两手迅速离地，两臂积极有力地前后摆动，身体保持较大的前倾角度，向前冲出[图 2-1-2（c）]。

（a）“各就位”　（b）“预备”　（c）“鸣枪”起跑

图 2-1-2　蹲踞式起跑过程

2. 加速跑

起跑后立即转入加速跑。它的任务是在最短的距离内，发挥最大的速度。

动作要点：加速跑时，后蹬快速、充分、有力，摆动腿积极前摆、下压，用前脚掌着地，两臂配合两腿快速有力地前后摆动（图 2-1-3）。

图 2-1-3　加速跑

加速跑的特点是：身体前倾较大，频率快，步长逐渐增加，脚的落地点在身体重心投影点附近。随着步幅和速度不断加大，上体逐渐抬起转入途中跑。

图 2-1-4　途中跑

3. 途中跑

途中跑是在全程跑中距离最长，速度最快的一段跑程，也是全程中的主要部分。

动作要点：途中跑时，后蹬腿的髋、膝、踝三关节要尽可能地充分蹬伸，完成快速有力的后蹬，后蹬腿蹬离地面后，大腿应积极地向正前上方摆动，小腿随惯性折叠，当大腿摆到最高点时，小腿与后蹬腿几乎平行（图 2-1-4），随即大腿积极下压，小腿随惯性向前摆动，落地时，用前脚掌做向下、向后的“趴地”动作，膝关节随之微屈，迅速缓冲，使身体重心很快前移并超过支撑点，转入后蹬。

4. 终点冲刺和撞线

终点冲刺跑是全程跑的最后一段距离，要以全身力量，保持最快的速度冲向终点。在跑至距终点大约 2 米处，躯干迅速前倾，用胸部撞线（或到达终点垂直面）跑过终点后，应逐渐降低跑速。

无论是短跑、中长跑、接力跑、障碍跑等都包括起跑、途中跑、终点冲刺和撞线几个技术环节，而且项目不同其各环节的技术要求也不相同。短跑对这几个技术环节要求更高。

2.1.2 短跑

短跑的比赛项目包括 100 米、200 米、400 米，属于极限强度运动，由于它是在 1 分钟左右、以最快速度完成所要跑的距离。因此，短跑是发展速度素质的最有效的手段，其供能特点是无氧供能。

快速跑的练习方法如下。

（1）采用立定跳远、立定三级跳和多级蛙跳练习。

（2）负重后踢腿、发展股二头肌力量，有利于大小腿折叠。

（3）原地快速高抬腿跑，听信号快速跑或转身快速跑。

（4）用蹲踞式或站立式起跑后做短距离加速跑。

2.1.3 跨栏跑

跨栏跑技术较复杂。在学校体育教学中，对栏的高度，栏间距离，以及过栏技术，不要规定过死，要求过严，更不要花费很多时间去教技术细节，以免影响学生进行充分的练习。因此，学生能有节奏地跨过 3～5 个低栏就值得表扬。

1. 栏间跑

栏间跑是指除去跨栏步以外的栏间距离跑的部分。栏间跑有三步、四步或五步等形式。一般地讲，栏间的距离是固定的，因此栏间跑的步数也应是固定的（图 2-1-5）。

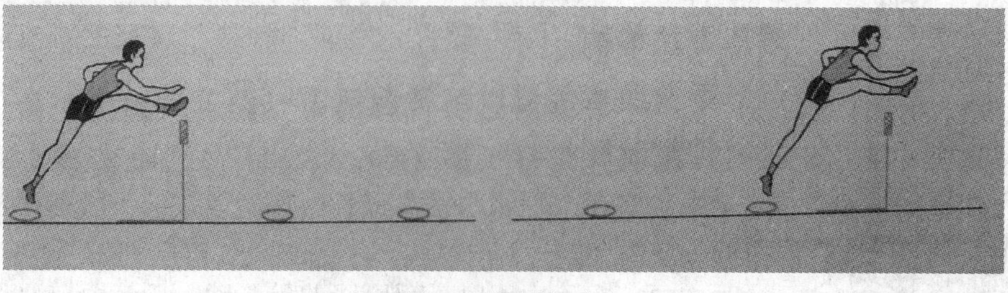

图 2-1-5 栏间跑

动作要点：保持较高身体重心；用前脚掌着地，加大后蹬用力和摆臂幅度；步频要快，起跨前一步积极放脚，步长稍小。

练习方法：

（1）跑过不同距离的实心球或横放的栏架（图 2-1-6）。

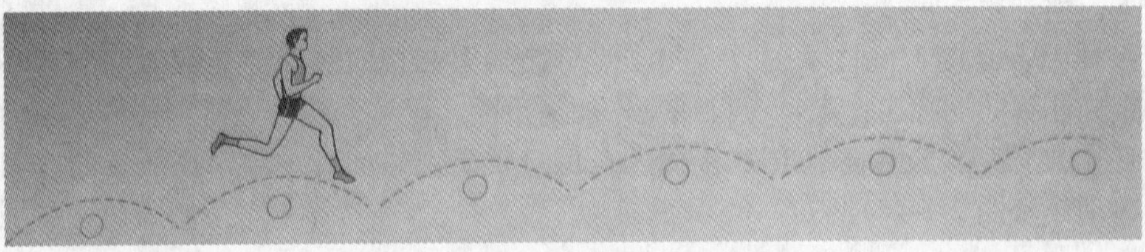

图 2-1-6　跑过不同距离的实心球或横放的栏架

（2）跑过适宜距离的若干（3 个、4 个或 5 个为一组）组实心球，组与组之间做跨栏动作（图 2-1-7）。

图 2-1-7　跑过适宜距离的若干组实心球并做跨栏动作

辅助锻炼方法：

在学校体育课中，如果没有正式栏架，可以找一些现有的建设器材来充当栏架，以游戏的方式来进行，寓教于乐。

（1）手扶肋木等器械的转髋练习（图 2-1-8）。

（2）连续跳跃栏架（图 2-1-9）。

图 2-1-8　手扶器械的转髋练习

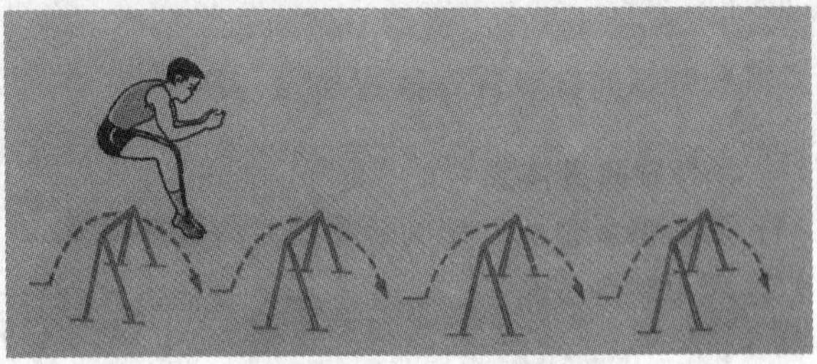

图 2-1-9　连续跳跃栏架

2.1.4　接力跑

接力跑是田径运动中由快速跑和传、接棒技术组成的集体项目。接力跑也是学生非常感兴趣的项目，在教学中可以采用多种多样的接力方法，如不同距离的异程接力，男女生的混合接力等。

因此，选择 4×100 米接力跑进行教学，目的是以多种多样跑的练习形式，提高学生练习兴趣，发展学生的运动能力。同时，接力跑也是训练学生相互配合、密切协作的一项良好的项目，能更好地培养学生集体主义精神。

田径中接力赛跑包括 4×100 米、4×400 米。传接棒的方法有“上挑式”和“下压式”，这两种方法各有优缺点。目前，采用“下压式”方法较普遍（图 2-1-10）。但在竞赛中根据个人习惯选用一种。

传接棒配合是接力跑技术的重点和难点。接棒人在相应的跑道一侧做好准备姿势，用眼睛的余光注视起动标志；起动时机适宜，加速果断、迅速；接棒人听到传棒人信号后，立即做出约定接棒动作及手形；传、接棒人在保持较高跑速的行进中，在适宜的区间内完成传、接棒动作（图 2-1-11）。

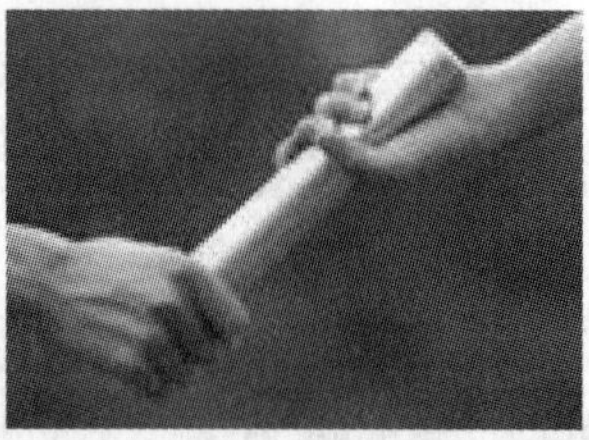

图 2-1-10 “下压式”传接棒

图 2-1-11 区间内完成传接棒

在传接棒练习时，最好把学生分为 2～4 人一组，以增加练习机会。这样不仅利于学生掌握传棒的方法，可增大课的练习密度。接力跑教学的组织工作很重要。课前备课要考虑周密、细致，以避免因组织不当而耽误时间。

练习方法：

（1）原地做“上挑式”或“下压式”传接棒练习。

（2）在走动或慢跑中，听传棒人信号做“上挑式”或“下压式”传接棒练习。

（3）在快速跑中，听传棒人信号做“上挑式”或“下压式”传接棒练习（图 2-1-12）。

（4）在接力区（比赛预跑区为 10 米，接力区为 20 米）高速跑进中完成传接棒练习。

（5）初步掌握了传接棒的技术后，简要介绍接力比赛的规则，并按规定的跑段在接力区进行练习或组织比赛。

图 2-1-12 快速跑中传接棒练习

2.1.5 耐力跑

耐力跑的特点是：既要跑出一定的速度，又要跑得持久，运动总量较大。它通过较长距离的跑，发展人的持久奔跑能力。

耐力跑教学，一方面通过教育培养学生勇于吃苦耐劳的精神；另一方面还应采用多种教学手段，提高学生跑的兴趣。例如，通过游戏方式，变换跑的形式，组织体育教学。避免使学生对耐力跑练习产生枯燥、单调甚至反感的情绪。

耐力跑教学，特别是对低年级学生，应以发展一般耐力为主。而越野跑或自然地形跑，是提高一般耐力的有效手段，并对提高健康水平，促进内脏器官的发展，有较好的效果。它已在青少年训练中广泛采用。

1. 全程跑

长跑的全程跑包括以下几个主要技术环节。

（1）合理的全程体力分配。根据个人的运动能力分配好全程体力。

（2）“极点”反应。以顽强的毅力克服身体“极点”反应，保持稳定的途中跑速度。

（3）终点前的最后冲刺跑。冲刺的时机，要结合平时的练习、运动水平和实际能力，以强有力的冲刺结束全程跑。终点冲刺跑时，运动员全身的力量，加强摆臂、摆腿向终点冲。

同学们可以利用体育课和课外活动时间进行一定长距离的全程跑，如果练习 800 米跑步，可参考评分标准，进行自我自检、自测、自评。

2.1.6 跳远

跳远包括助跑、起跳、腾空、落地几个环节的动作技术。

1. 挺身式跳远

挺身式跳远如图 2-1-13 所示。

图 2-1-13 挺身式跳远

1）开始姿势

采用站立式或行进中开始起动，助跑步数一般为 12～16 步。跳远前的助跑，可使身体获得水平速度和进入起跳状态的跑步技术。其目标是获得最大水平速度，并为准确地踏板起跳做准备。

2）跳远前的助跑技术

一般在开始助跑位置做一个标记，并检查和调整助跑的步数和距离。要跑得自然放松，蹬腿充分，高摆腿，高重心，脚着地动作富有弹性。高速度，快节奏，攻板意识强。

3）起跳（又称踏跳）

它是跳远助跑后使人体进入腾空的技术动作，如图 2-1-14 所示。

踏跳动作要点如下。

（1）踏板：助跑最后 1 步起跳腿快速上板，先脚跟并迅速滚动至全脚掌支撑。

（2）缓冲：随即踏板腿屈膝、屈踝，身体重心前移接近起跳脚的垂直部位，摆动腿折叠积极向前上方摆动，上体正直，下颏微抬，目视前上方。

（3）起跳：两臂和摆动腿积极配合摆动，抬头并努力伸展上体。

4）腾空

腾空是身体起跳后进入腾空中的姿势，也是维持身体平衡和方便落地的动作。

腾空动作要点如下。

（1）起跳后成腾空步如图 2-1-15 所示。

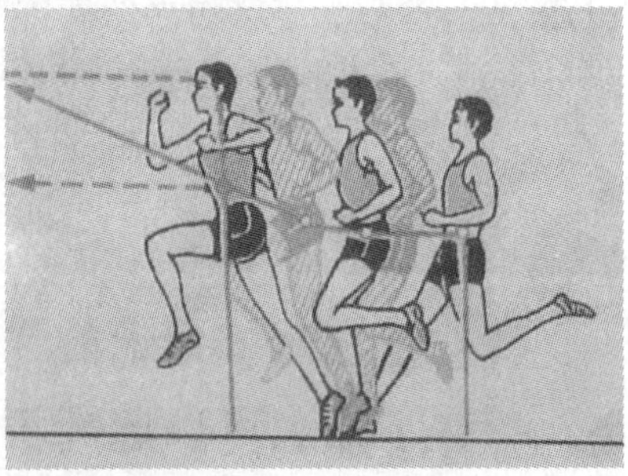

图 2-1-14　踏跳动作

图 2-1-15　腾空步

（2）腾空步后，摆动腿大腿下放，小腿向下、向后摆，挺胸抬头，伸展髋关节，形成展体挺身姿势。

（3）两臂配合摆动动作：两臂做绕环摆或两臂斜上举配合挺身动作。

（4）落地前，两臂向前下摆的同时，两腿前摆，并收腹举腿，小腿前伸，准备落地。

5）落地

落地是跳远腾空后两腿前伸落入沙坑的动作（图 2-1-16）。

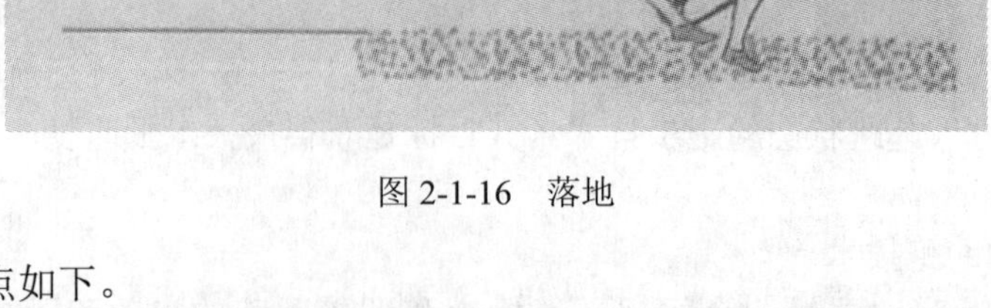

图 2-1-16　落地

落地动作要点如下。

（1）准备落地：两腿上举并前伸，低头，上体前倾。两臂向体后摆动。

（2）落地时两脚并拢，脚跟插入沙坑时，脚掌快速下压，屈膝、屈髋，同时两臂向前回摆，使重心迅速前移超过支撑点。

（3）采用前倒或侧倒的落地缓冲方法。

跳远是一项很有趣的项目，跳远运动之前的准备活动特别重要；另外，沙坑要松软平整，最好有老师指导，避免受伤。

跳跃练习方法如下。

（1）屈腿跳

原地向上跳起后屈腿上收（图 2-1-17），或做行进中的屈腿跳练习（图 2-1-18）。根据学生身体素质情况，确定每次练习的组数和次数，如 4×10 次。

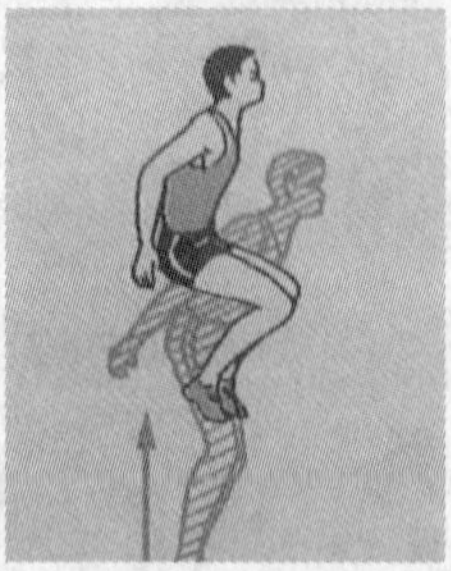

图 2-1-17　屈腿跳示范 1

图 2-1-18　屈腿跳示范 2

（2）多级跨跳

可用各种方式练习多级跨跳，如跨步跳 2×30 米；3 次三级跳等（图 2-1-19）。

图 2-1-19　多级跨跳

（3）弓箭步交替跳

弓箭步的幅度应大些，上体正直，跳起后交换腿，动作不停顿，不要屈髋下坐。如计次数跳（弓箭步 2×15 次）；计时跳（3×20 秒跳等）。时间、次数可根据情况变化（图 2-1-20）。

图 2-1-20　弓箭步交替跳

（4）单脚起跳，跳过一定高度的栏架、横杆等物体。助跑起跳时动作要连贯（图 2-1-21）。

图 2-1-21 跨栏（杆）跳

2.1.7 投掷

投掷技术原理：把投掷物推或投得远，是由器械出手的初速度、出手的角度和出手的高度决定的。其中，器械出手时的初速度最为重要。所以，同学们要特别重视最后用力时的爆发速度。通过加强身体素质和力量练习，掌握正确的技术动作，提高投掷的距离。

1. 滑步推铅球（以右手为例）

推铅球的动作包括预备、滑步、推球三大部分。

1）预备姿势

（1）身体背对投掷方向站立，重心落在右腿上，左脚以前脚掌着地、在右脚的后面，如图 2-1-22 所示。

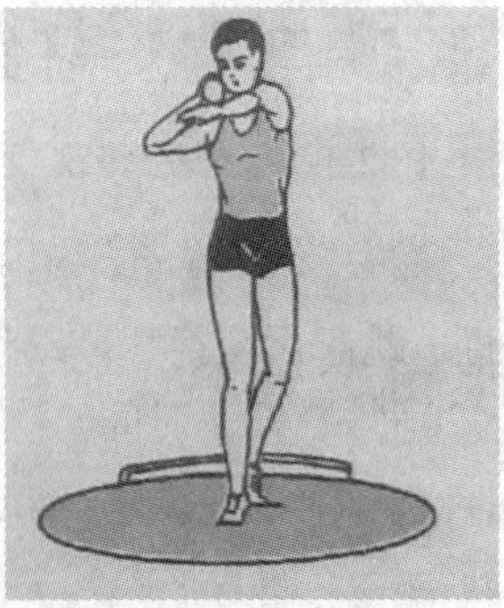

图 2-1-22 预备

（2）左臂屈臂在胸前，或自然上举。

2）滑步

滑步的目的是使铅球获得尽可能大的水平速度，并为最后用力创造良好的条件。重心向后移的同时，左大腿积极向后摆出，右腿以右脚掌积极快速有力蹬离地面；右脚蹬离地面后，积极收拉右小腿，边收边转约 90° 落在圆心附近。同时，左小腿积极向后插，脚掌稍外展落在抵趾板内沿约 15 厘米处，如图 2-1-23 所示。

图 2-1-23　滑步

3）用力投掷与出手后缓冲（图 2-1-24）

图 2-1-24　投掷

投掷练习方法如下。

（1）一人做好背向滑步推铅球的预备姿势；另一人拉住他的左手或练习者扶与肩同高的固定物体，然后重心下降团身、滑步练习（图 2-1-25）。

图 2-1-25　预备姿势和滑步练习

（2）用实心球或其他较轻的投掷物做各种模仿练习。推铅球的评分标准如表 2-1-1 所示。

表 2-1-1　推铅球评分标准（男 5 千克，女 4 千克）

分数 / 成绩/米 / 性别	100	95	90	85	80	75	70	65	60	55
男	9.9	9.6	9.3	9.0	8.7	8.4	8.1	7.8	7.5	7.2
女	6.7	6.5	6.3	6.1	5.9	5.7	5.5	5.3	5.1	4.9
分数 / 成绩/米 / 性别	50	45	40	35	30	25	20	15	10	5
男	6.9	6.6	6.3	6.0	5.7	5.4	5.1	4.8	4.5	4.2
女	4.7	4.5	4.3	4.1	3.9	3.7	3.5	3.3	3.1	2.9

2. 实用的力量练习方法介绍

下面介绍学校体育中常用的几种练习上肢力量的方法。

1）俯卧撑

包括单人或双人俯卧撑臂力练习（图 2-1-26～图 2-1-28）。

图 2-1-26 俯卧撑击掌

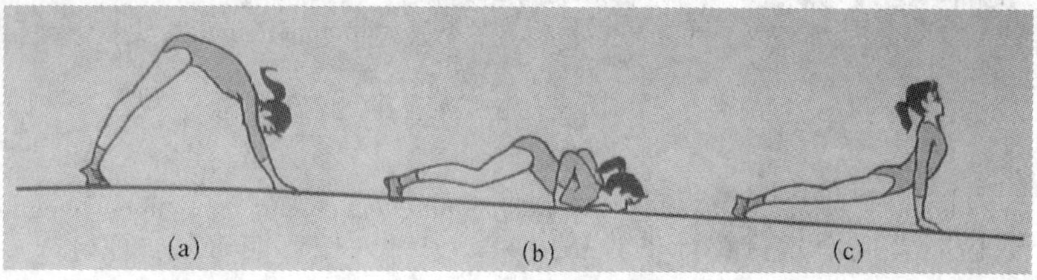

图 2-1-27 屈伸臂引背俯卧撑

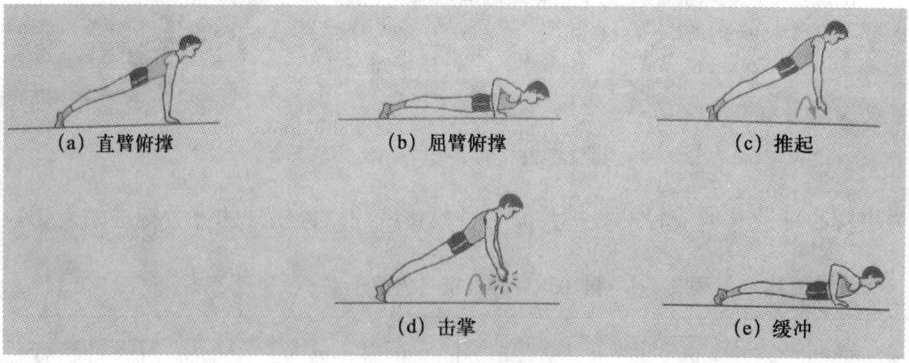

图 2-1-28 俯卧撑

2）哑铃器械练习

手持哑铃，两臂向各个方向做屈、伸、举、振动作。

（1）肩部运动

肩部为三角肌所构成，分前三角肌、外三角肌和后三角肌。其功能是将臂部向前、向侧、向上、向后伸直举起（图 2-1-29）。

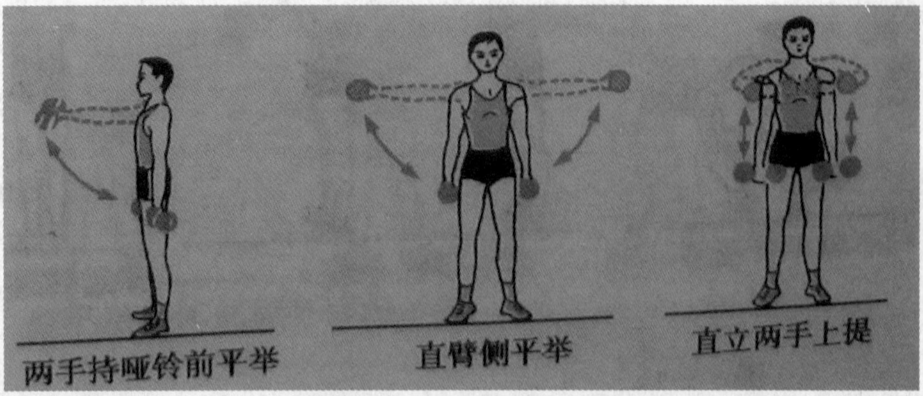

图 2-1-29　肩部哑铃练习

（2）臂部运动

上臂主要肌肉群为肱三头肌、肱二头肌和肱肌。肱三头肌位于上臂后面，其功能使臂部从屈的姿势伸直。肱二头肌位于上臂前面，肱肌位于肱二头肌深层，这两块肌肉能使臂部弯曲（图 2-1-30）。

图 2-1-30　上臂屈伸哑铃练习

（3）肩、臂运动

发展肩部和上肢肌肉力量的练习（图 2-1-31）。

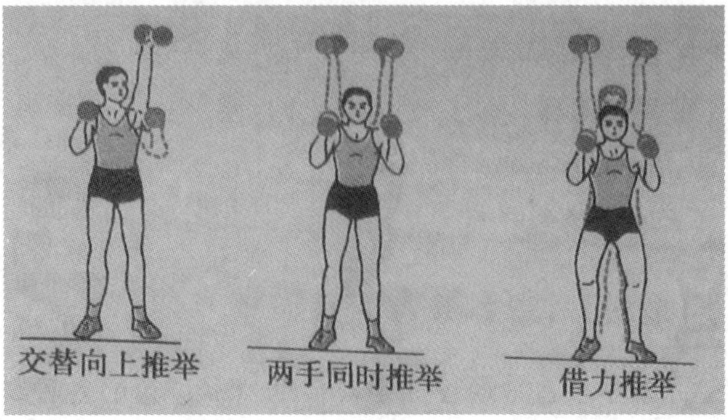

图 2-1-31　推举哑铃练习

（4）胸、肩运动

发展胸大肌和三角肌的练习（图 2-1-32）。

图 2-1-32 仰卧哑铃练习

（5）肩负轻杠铃快速蹲起

① 肩负轻杠铃全蹲练习（图 2-1-33）。

② 肩负轻杠铃半蹲练习（图 2-1-34）。

肩负杠铃做蹲起的练习，要竖腰，挺胸上体直立。注意保护，防止发生伤害事故（图 2-1-35）。

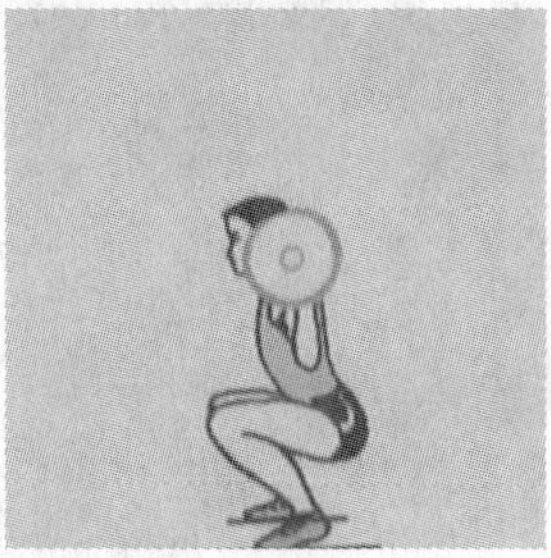

图 2-1-33 肩负杠铃深蹲

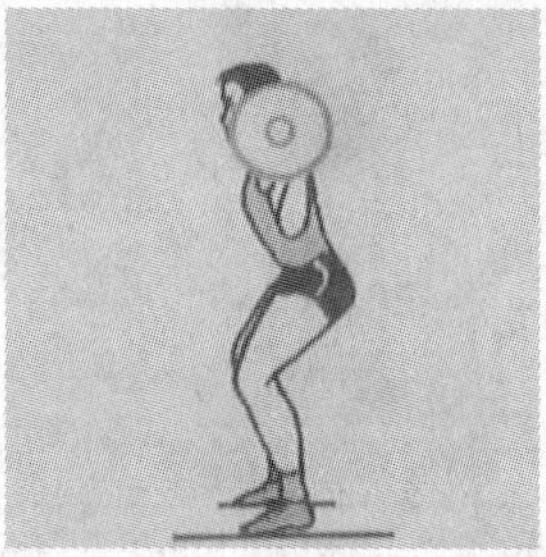

图 2-1-34 肩负杠铃半蹲

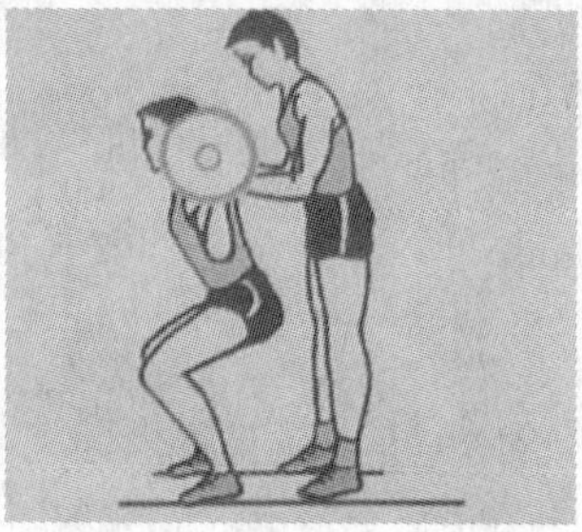

图 2-1-35 蹲起练习的保护帮助

人的跑跳投能力的发展，是人生命活动的基础。因此，同学们应重视田径运动对青年学生身体素质全面的意义。运动前要充分做好准备活动，使机体适应运动要求，防止伤害事故；运动后要做好整理活动，使机体逐渐恢复。

作业与思考题

1．我国田径哪几个项目处在世界先进的行列中？

2．耐久跑全程跑的冲刺距离是多少?如何分配体力?

3．发展力量素质的练习方式有几种类型？

2.2 体操运动

体操是身体操练的总称，它是通过徒手，借助器械进行的各种身体操练，并融健、力、美与实用技能为一体的体育项目。体操运动包括竞技体操、艺术体操、蹦床、技巧和竞技健美操五大竞技项目，学校和社会体育采用的广播体操、轻器械体操、大众健美操、肢体矫正体操等，也属于体操运动范畴。其中，竞技体操、艺术体操、蹦床是奥运会比赛项目。

2.2.1　体操运动发展概述

体操在世界上有着悠久的历史，是人类文化宝库中的珍贵遗产之一。“体操”（Gymnastics）一词，来源于希腊文 Gymnastike，意思是“赤膊操练”，相传古希腊人进行操练时都是赤身露体的。公元前 5 世纪，希腊人把锻炼身体的一切活动，如走、跑、跳、投掷、摔跤、舞蹈、骑马和军事游戏等统称为体操。这个概念一直沿用到 20 世纪初，由于各项体育运动的发展，以及生理学家、医学家和体育研究人员对各项体育运动的结构、功能和价值等的深入研究与科学区分，才把原来作为体育总概念的体操演变为现在的概念。

有关我国在远古时代的典籍，虽然没有“体操”一词，但已有了体操的萌芽。据文物史料的记载，我国古代体操可归纳为两大类：一类是强筋骨、防疾病的医疗体操，称为“导引养身术”；另一类是反映在民族舞蹈、戏剧、杂技、武术之中和流传于民间的技巧运动，如西汉乐舞杂技中出现的倒立、空翻、双人集体技巧东汉时期民间的“杠子功”等。清朝时代的《诗序》也记载着“情動於中，而形於言，言之不足，故嗟叹之，嗟叹之不足，故咏歌之，咏歌之不足，不知足之蹈之，手之舞之也”的诗句。这说明中国很早就有关于体操方面的运动了。

1840 年鸦片战争之后，现代体操逐步传入中国。在中华人民共和国成立前，各级学校也开展了一些体操活动，但设备简陋，项目不全，技术水平很低，没有举行过正规的全国性体操比赛。中华人民共和国成立以后，在党和政府的正确领导和关怀下，体操运动和其他运动项目一样，得到了迅速的发展。自 1951 年 11 月 24 日，中华人民共和国第一套广播体操问世，全国推出了多套适合不同年龄、职业人群的广播操。2008 年由教育部又专门向全国普通中小学校和中等职业学校推行实施第三套全国中小学生系列广播体操。在过去的半个多世纪，简便、易行的广播体操，对推动全民体育活动开展、增强国民体质起了很大的作用。

中国的竞技体操，经历了由 20 世纪 50 年代建立各级组织、各种制度，积极开展竞赛活动和稳步发展阶段，步入 20 世纪 60 年代迅速向世界先进行列发展，20 世纪 70 年代后，中国体操发展到“冲出亚洲，走向世界”的崭新阶段。自 20 世纪 80 年代至今，中国体操更是突飞猛进，跻身于世界最先进行列。中国竞技体操男、女队在 2008 年北京奥运会上均夺得了团体冠军，为中国人增添了更多的豪情。

你知道吗？

1．2008 年北京奥运会中国体操竞技项目（含体操、蹦床、艺术体操）共取得几块金牌？（答案：11 块。体操男 7 块、女 2 块、蹦床 2 块）

2．中国女子体操在哪一年第几届第一次夺得世界体操锦标赛团体冠军的？（答案：2006 年第 39 届世界体操锦标赛第一次夺得女子团体冠军的）

2.2.2　体操对学生身体素质发展的意义

普通学校的体操内容，以发展体操基本素质技能为主，包括垫上运动技能、支撑与悬垂能力，以及支撑跳跃。这些内容既是人体的基本活动能力，又是人们生活、劳动、军事训练和野外生存的重要技能。它是发展学生协调性、灵活性、力量、平衡、支撑等多项基本身体和技能的基础体育运动项目，也是培养学生克服畏惧心理、挑战自我、超越自我、磨练意志品质的有效锻炼手段。

中职学校的学生正值身心发育、学习能力的快速成长、变化时期，学生学习并发展这些基本的身体素质、技能、技巧，可以为今后学习其他体育项目奠定基础，同时伴随着学生身体素质的均衡、全面发展，也为他们学习文化知识提供了健康保障，有利于他们树立积极乐观的心理品质，提高他们做事、办事的自信心，获取成功的心理体验。体现了身体发展与心理素质提高相辅相成的影响关系，体现了体操运动对提高学生学习、生活、生存本领的使用价值和意义。

中职学校的体操类教材，可根据学校自身的场地设备、师资力量和培养学生的目标需求，有针对性地选择某些体操项目，自主创编适合于本校特色的练习内容和方式方法，以满足个性化的学习和发展需要。

2.2.3 体操垫上运动技能

垫上运动是在有缓冲的软垫上进行的体操运动，主要是翻滚、翻腾类的运动，此类运动也称为技巧，是体操运动的基础。学校体操教学中，垫上运动的内容主要以健身、教育为目的，选择简便易行的技巧动作为主，增强身体关节、韧带的柔韧性和骨骼肌肉的力量，提高机体内脏器官的功能，促进正处在生长发育阶段学生的力量、平衡、速度、灵敏、柔韧等身体素质的发展。

发展垫上运动，不仅可以改善学生前庭分析器官机能，提高人体平衡能力、控制能力，还可以避免突发事件所引起的伤害，如滑倒、摔倒、跌下时，能够采用滚动或滚翻等动作保护自己，减少损伤。这是人们日常生活中必不可少的自我保护性实用技能。另外，通过垫上技巧动作练习，可以锻炼学生不断地克服自身心理恐惧障碍，培养学生勇敢、顽强的精神和克服困难的意志品质。

垫上运动不仅是体操运动的基础，还是其他体育项目练习的辅助手段。例如，跳水运动员的各种翻腾动作，足球守门员的鱼跃扑球，排球运动鱼跃救球，倒地救球等动作。可见掌握好垫上运动技巧，也是学好其他运动项目的基础。

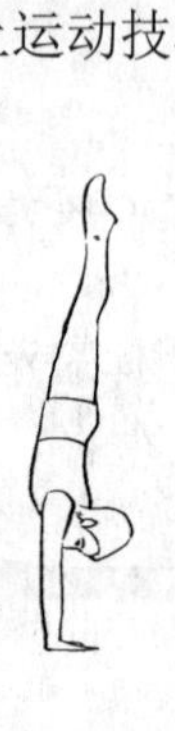

图 2-2-1 手倒立

1. 倒立平衡

1）手倒立

技术方法：手倒立时，腿经前弓步，上体前屈，两手撑地与肩同宽，五指分开；然后腿向后摆踢腿，此时腰腹部重心提高，不要塌腰，另一腿蹬地后向摆动腿并拢；倒立时顶肩与手垂直、含胸、立腰、夹臀（图 2-2-1）。腿部还可以有各种姿势的变化。

倒立动作需腰腹及腿部肌肉均参与用力。

2）肩肘倒立

技术方法：躺在垫上，向上举腿过头、翻臀使腰部处于垂直，腿直接向上伸展成肩肘倒立或由坐开始后滚，腿向上伸展成肩肘倒立（图 2-2-2）。双臂在体后屈夹双肘，用手顶住后腰成向上垂直倒立。

（a）躯体举腿肩肘倒立　（b）后滚肩肘倒立

图 2-2-2　肩肘倒立

【教学提示】

（1）初学手倒立可利用墙壁：背对墙蹲撑，用脚依次蹬墙，同时两手由远而近移动成倒立；或者在同伴互助下练习，如图 2-2-3～图 2-2-5 所示。

（2）手倒立练习过程中，让学生掌握帮助与保护的方法，是非常必要的。它能够使学生克服动作时的恐惧心理，提高学习动作的质量。

图 2-2-3　脚蹬墙成手倒立

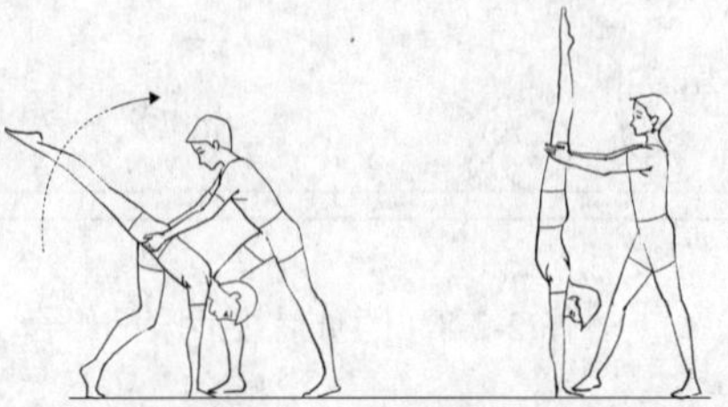

图 2-2-4　同伴扶持手倒立

图 2-2-5　蹬摆腿靠墙手倒立

2. 滚翻与手翻

1）向前团身滚翻

技术方法：蹲撑，双手体前略比肩宽撑地，双脚蹬地同时提臀、低头、屈臂，后脑勺和肩着地，并迅速团身前滚成抱膝全蹲（图 2-2-6）。

图 2-2-6　向前团身滚翻

2）向后团身滚翻

技术方法：蹲撑，低头、双手推地，团身后倒，迅速向上翻臀后滚，臀、腰、背、肩、头依次着地后滚成蹲（图 2-2-7）。

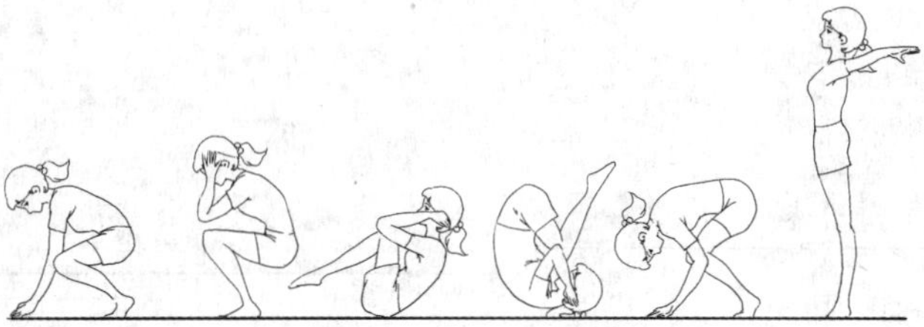

图 2-2-7 向后团身滚翻

3）团身前、后滚翻组合

技术方法：前滚翻脚落地的瞬间，两腿成交叉落地，同时向交叉在后的脚方向蹲转体 180° 接向后滚翻（图 2-2-8）；或者前滚翻落地抱膝全蹲，再接反方向后滚翻的连贯动作练习。

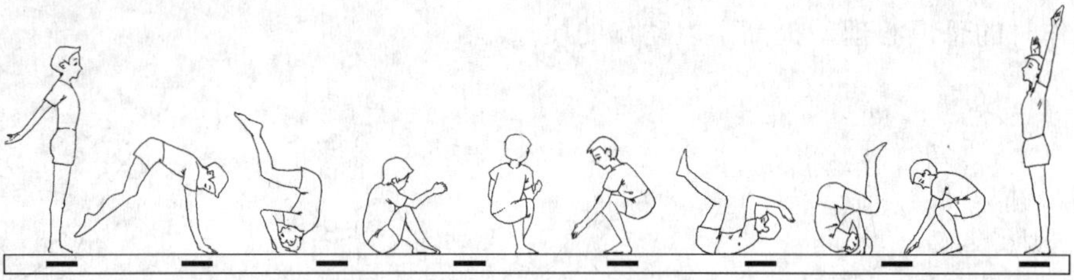

图 2-2-8 团身前接后滚翻组合

4）鱼跃前滚翻

技术方法：站立，半蹲后举，重心前移，两腿用力蹬地向前跃起，同时两臂前摆，腾空，两手向前下方触地、支撑，顺势屈臂、低头、含胸、略屈髋提臀，向前滚翻抱腿全蹲，立起（图 2-2-9）。

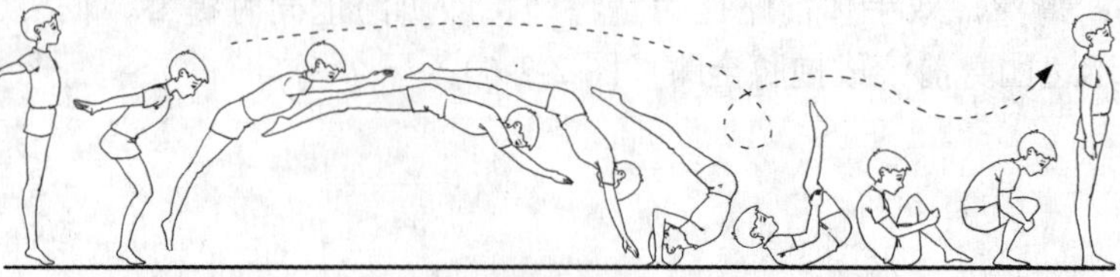

图 2-2-9 鱼跃前滚翻

【保护帮助】

保护者站在练习者的前侧面，当其两臂前摆时，一手托其腹，一手扶其腿顺势向动作前上方送。保护者用力要和缓，脚步随着动作的高度和远度移动。

5）侧手翻

技术方法：经前弓步，上体重心前移、两手向前伸依次撑地、顶肩、立腰；同时弓步后腿向后上方摆腿，另一腿蹬地、空中经侧分腿倒立，手、脚依次落地在一条直线上，如图 2-2-10 所示。

图 2-2-10　侧手翻

【保护帮助】

保护者两手扶练习者髋部两侧，帮助摆腿成分腿倒立；顺势向上推扶侧腰，帮助翻转成分腿站立，如图 2-2-11 所示。

图 2-2-11　侧手翻保护方法

【教学提示】

（1）垫上运动教学，要循序渐进，明确步骤。

（2）加强对学生的保护与帮助教学，重视动作前对头颈、肩胸、腰髋、手腕等关节的准备活动，以防止伤害事故的发生。

（3）适当地安排身体素质练习，例如平衡、体位感觉和抗眩晕的能力，以及腿部、腰腹和肩带的力量练习，这有利于技术动作的掌握。

（4）游戏性的模拟训练，锻炼应变的能力，以应对生活中易出现的突发事件。参见以下几种模拟、趣味性的练习。

① 模拟绊倒滚翻。滚翻前方放置一些小障碍物如球、木架、小凳等，模拟在走、跑中不慎被绊倒后接滚翻的动作，如图 2-2-12 所示。

图 2-2-12　被物体绊倒滚翻自我保护

② 从高处跳下或摔落时接前滚翻，如图 2-2-13 所示。骑车不慎摔下时接前滚翻，如图 2-2-14 所示。

图 2-2-13 高处跳下失控时用滚翻自我保护

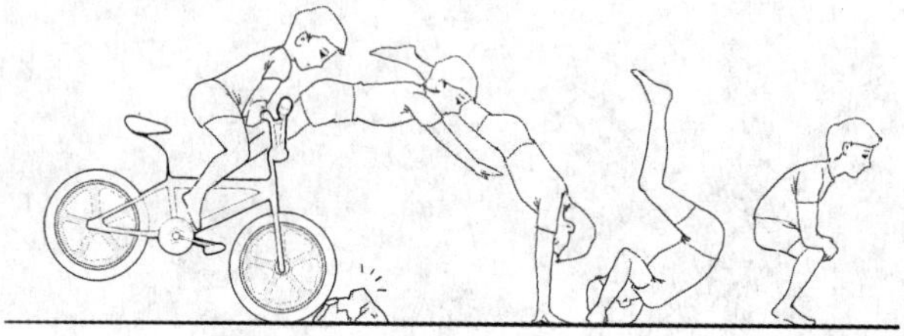

图 2-2-14 骑车摔下时滚翻自我保护

2.2.4 支撑与悬垂

支撑是指人体肩轴高于器械轴并对支点产生压力的一种动作；悬垂是指人体肩轴低于器械轴并对支点产生拉力的一种动作。在日常生活中，人们经常需要克服因物体、水、地形等自然环境造成的障碍，当通过跑、跳、涉水等能力仍不能克服时，往往要用支撑、悬垂或攀爬动作来克服所遇到的困难。所以，从古到今，人们都比较重视自身的支撑、悬垂能力的发展，以促使自己生活更安全，增强对自然的适应能力和自我生存能力。

1. 双杠

双杠是典型的支撑练习项目，它的动作内容十分丰富，可在杠端、杠中、杠上、杠下变换各种支撑、挂臂、悬垂类型的动作，主要是由静力性和动力性动作组成的，对发展上肢、肩带及躯干肌群力量有特殊的作用，是其他器械练习所不可替代的。

学生通过双杠的支撑摆动、分腿、转体、推手等形式多样的动作练习，这些动作是以负担自身重力的情况下完成的，达到增强学生上肢、肩带和躯干肌群力量，特别对三角肌、胸大肌、腹肌、背肌的发展有显著效果，使肘、肩、腰关节、韧带的柔韧性和灵活性得到增强。同时，有助于发展人在时间和空间中的自我调节和控制能力，对学生平衡能力、支撑力和协调性发展，都有积极的作用。对学生的日常生活、劳动以及某些专业课程素质的培养，也都将发挥很好的促进作用。双杠是男子竞技体操六个项目之一。

1）双杠基本动作练习

（1）杠端跳上前摆分腿坐

技术方法：杠端站立，跳起直臂撑杠，两腿顺势前摆；当腿超过杠面时，迅速分腿，大腿后部触杠成分腿坐撑，如图 2-2-15 所示。

图 2-2-15　跳上前摆分腿坐

【保护帮助】

保护者站在杠端外侧，一手扶臂，一手在其前摆腿时顺势托腰臀部，送至分腿坐。

（2）向前移动支撑前摆分腿坐

技术方法：分腿坐杠，身体挺直立骑杠，上体前倾，两臂经侧上举顺势向前稍远处用力直臂顶肩撑杠，同时两腿伸直后展，顺势后滑并腿进杠；接着腿向前摆成分腿坐，如图 2-2-16 所示。

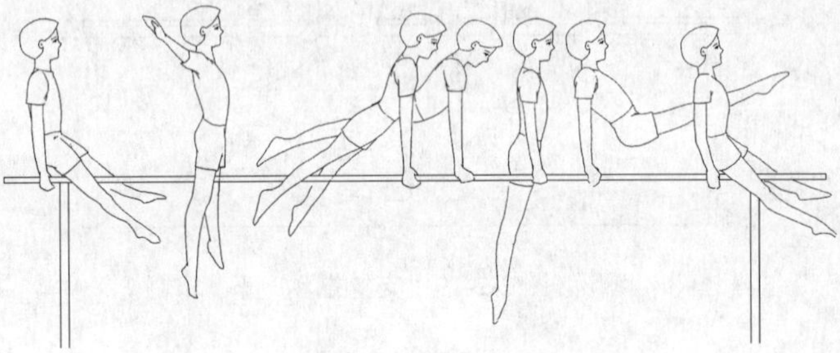

图 2-2-16　向前移动支撑前摆分腿坐

【保护帮助】

① 保护者站在练习者侧坐杠一侧，一手扶其肩臂部帮助支撑，另一手托腿帮助进杠，接着换成托腰臀部帮助坐杠腿（图 2-2-17）。

图 2-2-17　向前移动支撑保护方法

② 向前移动支撑，应先在地面进行辅助动作练习，以帮助体会动作要领（图 2-2-18）。

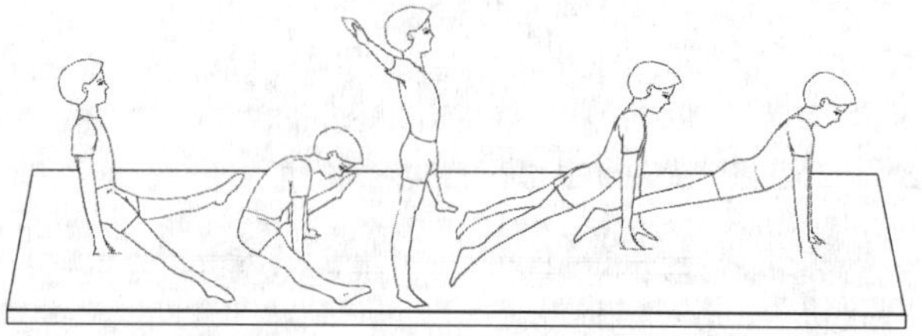

图 2-2-18　向前移动支撑垫上辅助练习

（3）支撑摆动

技术方法：支撑以肩为轴向前、后摆动，先举腿前伸以获得摆动动力。前摆时，直体自然下摆，摆过垂直部位时，稍屈髋，用力加速向前上方踢摆腿，直臂顶肩、低头、眼看脚尖，尽量拉开肩角。后摆时，及时展髋，直体自然下摆，当后摆过垂直部位时，用力加速向后上方甩摆腿，含胸，直臂顶肩，夹紧腰腹，拉开肩角（图 2-2-19）。

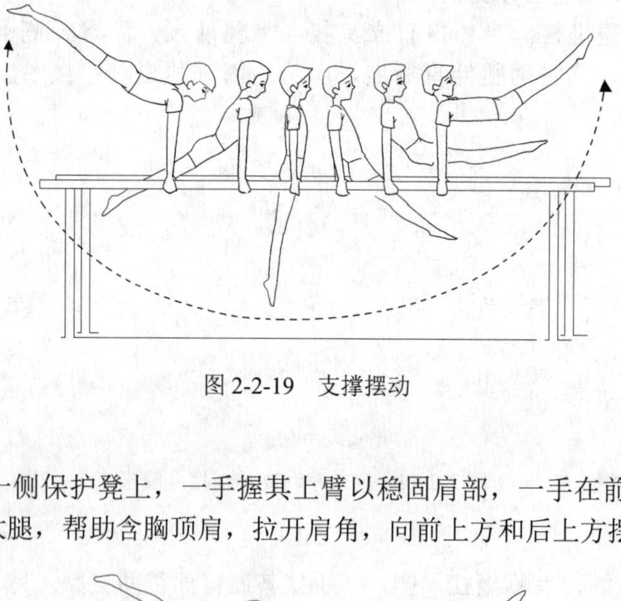

图 2-2-19　支撑摆动

【保护帮助】

保护者站在杠一侧保护凳上，一手握其上臂以稳固肩部，一手在前摆时，托送其腰背部，后摆时托送其大腿，帮助含胸顶肩，拉开肩角，向前上方和后上方摆动（图 2-2-20）。

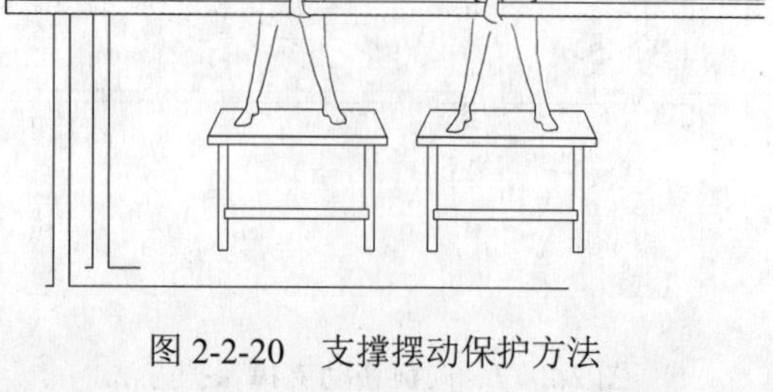

图 2-2-20　支撑摆动保护方法

（4）后摆转体 180° 分腿坐

技术方法：支撑摆动，当腿后摆高于杠面时，含胸顶肩，以腿带动髋转体 180° 。同时分腿成剪绞动作，两手依次推杠，换握于体后撑杠成分腿坐杠（图 2-2-21）。

图 2-2-21　后摆转体 180° 分腿坐

【保护帮助】

① 保护者站练习者转体异侧，当其后摆腿转体时，两手扶其髋两侧，一手往里托送，一手往外拨，用“搓”的手法帮助其转体成坐（图 2-2-22）。

② 后摆转体 180° 分腿坐，应先在地面垫上多做其辅导动作：俯撑，两脚蹬地后摆，两腿交叉转体 180° 成分腿坐（图 2-2-23）。体会动作要领后再上杠练习。

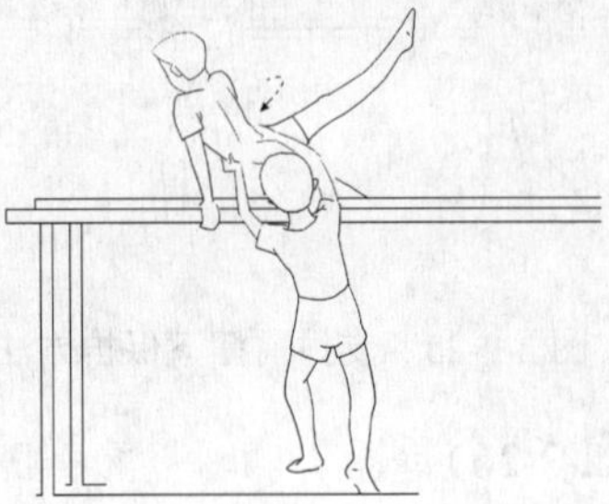

图 2-2-22　后摆转体 180° 分腿坐保护方法

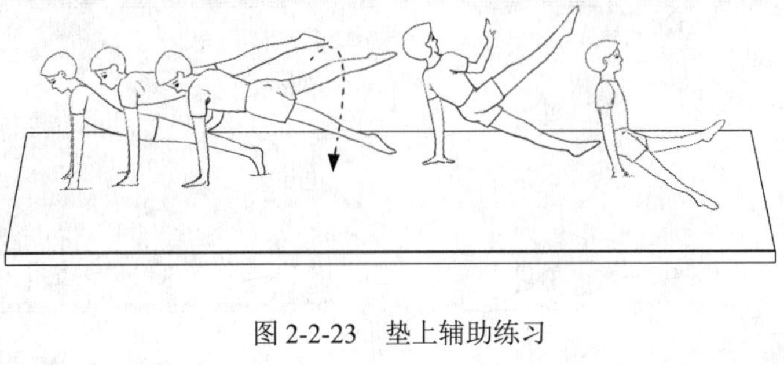

图 2-2-23　垫上辅助练习

（5）支撑前摆下

技术方法：可在杠中段或杠端进行。支撑后摆，当回摆向前过垂直部位后，迅速向前上方摆腿，同时重心向落地方向侧移，当前摆近最高点时，两腿向前伸展髋，上体急振，同时用力顶肩推手换握杠，挺身下落地缓冲[图 2-2-24（a）]；若在杠端做前摆下，身体没有移重心和手换握动作[图 2-2-24（b）]。

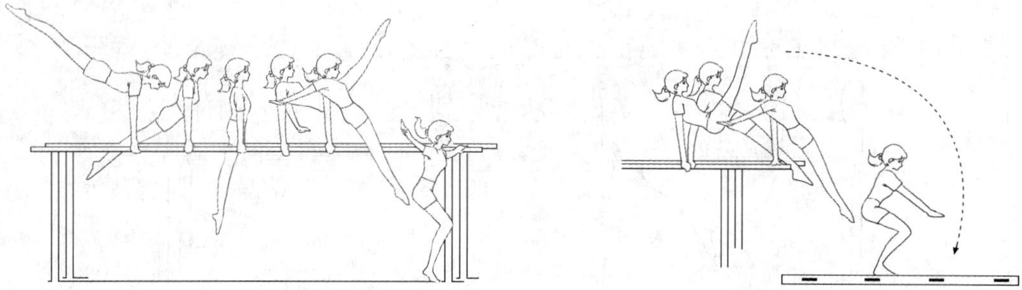

（a）杠中支撑前摆下　　（b）杠端支撑前摆下

图 2-2-24　支撑前摆下

【保护帮助】

保护者站在练习者落地同侧，一手扶其上臂，另一手托送腰或臀部帮助其前摆，接着顺势两手扶腰或髋两侧，帮助其落地（图 2-2-25）。

图 2-2-25　支撑前摆下保护方法

2）双杠动作组合范例（图 2-2-26）

图 2-2-26　双杠动作组合范例

图 2-2-32　团身跳

图 2-2-33　挺身跳

2）起跳、支撑分腿

技术方法：助跑快速上板后，起跳两臂前伸撑马背，直臂顶肩、含胸，分腿跳上横箱，并挺身跳下（图 2-2-34）。

图 2-2-34　助跑起跳，支撑分腿跳上横箱，并挺身跳下

3）分腿腾跃

技术方法：有节奏地加速助跑，快速单腿蹬地，双脚踏板；起跳有力，两臂主动前伸，空中含胸收腹、紧腰，支撑时两手同肩宽，顶肩推手，分腿稍提臀快速越过山羊（图 2-2-35、图 2-2-36）。

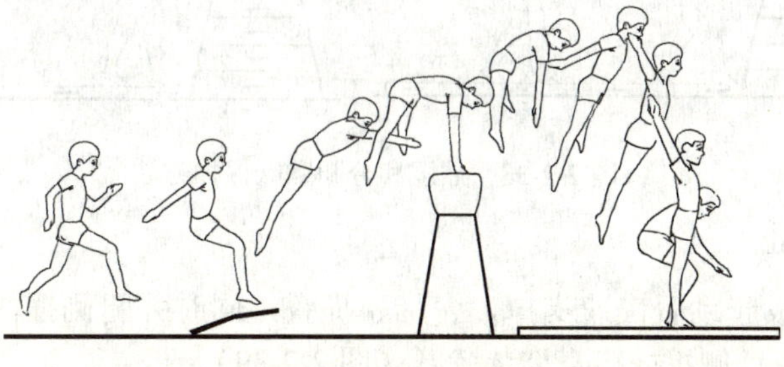

图 2-2-35　分腿腾跃

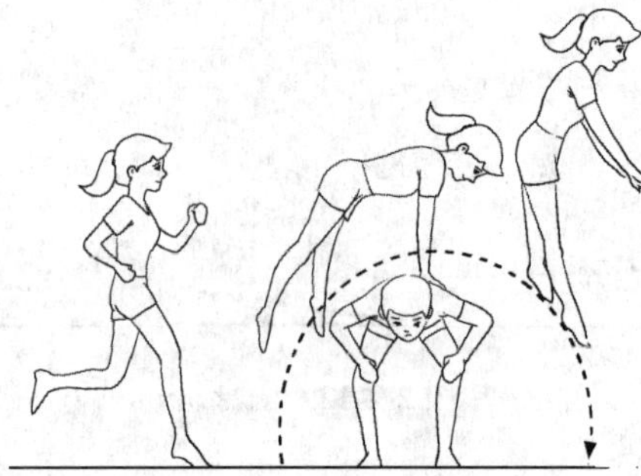

图 2-2-36 跳越“山羊人”

4）屈腿腾跃

技术方法：上板起跳后，用力向前下方撑马，稍提臀，迅速屈腿，使腿靠近胸部，并在肩过支撑点垂线前顶肩推手；推手后，两腿迅速伸直，展体后落地（图 2-2-37)。

图 2-2-37 屈腿腾跃

【保护帮助】

保护者站在跳跃器械的正前方，当练习者撑器械时，两手顶扶其双肩，随后握其上臂顺势上提，并顺其运动方向移动脚步，以帮助练习者更好地腾跃器械。保护者也可站在落地点侧面，视学生腾跃情况扶其背部或腹部（图 2-2-38）。

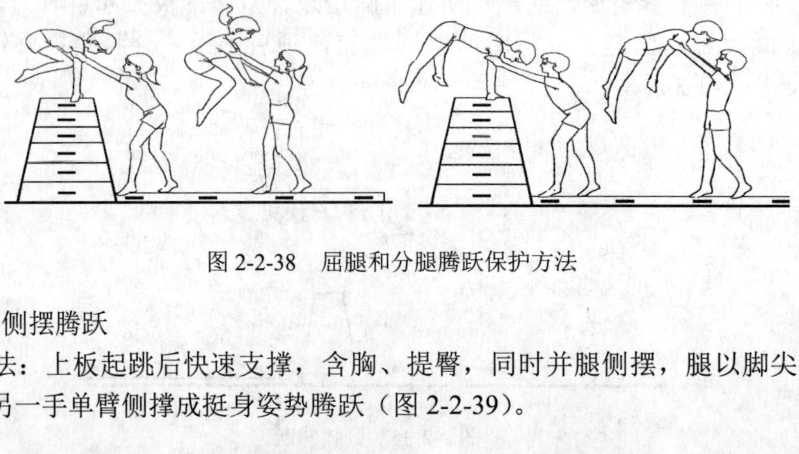

图 2-2-38 屈腿和分腿腾跃保护方法

5）横箱侧摆腾跃

技术方法：上板起跳后快速支撑，含胸、提臀，同时并腿侧摆，腿以脚尖带腿；一手推离器械，另一手单臂侧撑成挺身姿势腾跃（图 2-2-39)。

图 2-2-39　横箱侧摆腾跃

【保护帮助】

（1）保护者站在踏板练习者摆腿异侧，当练习者撑箱时，一手握其上臂，一手托侧髋，帮助侧摆越过器械（图 2-2-40）。

（2）保护者站在练习者落地一侧，一手握其上臂，一手在其臂后托侧髋，帮助侧摆越过器械（图 2-2-41）。

图 2-2-40　保护者站在踏板一侧帮助

图 2-2-41　保护者站在落地一侧帮助

【教学提示】

（1）加强腿部和肩带力量练习，同时加强保护与帮助，防止伤害事故的发生。

（2）遵循循序渐进原则，先分解练习助跑、踏板起跳技术和跳上、落地技术，在逐步掌握其支撑腾跃技术。

（3）多练习辅助分解动作，以便更快掌握动作要领。垫上练习俯撑，蹬地、推手，并腿侧摆成单臂侧撑（图 2-2-42）；跳箱练习蹬地支撑侧摆腿（图 2-2-43）；再过渡练习侧摆腿推手成单臂体侧支撑（图 2-2-44）。

图 2-2-42　垫上辅助动作练习

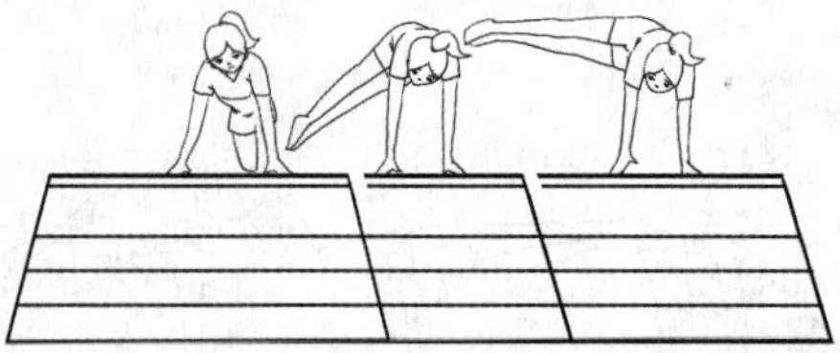

图 2-2-43　蹬摆腿练习

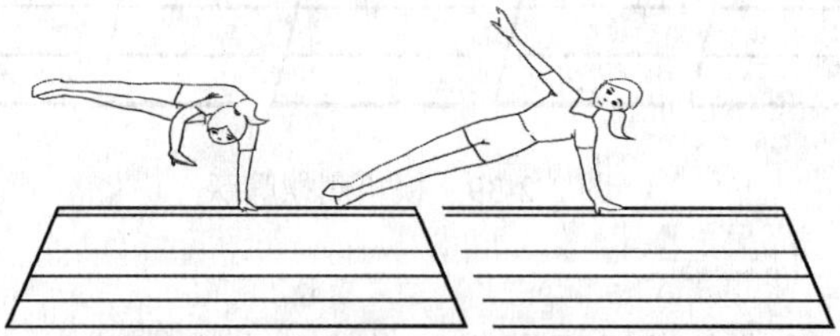

图 2-2-44　摆腿支撑练习

思考题

1．垫上运动对于生活有何作用意义？请举例说明。
2．双杠练习最基本的动作是什么？你能用什么方法从双杠一端行进至另一端？
3．你如何应用已掌握的体操动作知识和技能来锻炼身体？

第3章

体育与健康
协作与对抗体育

3.1 足球

足球运动是一项以脚为主支配球，按一定的规则要求在同一块场地上相互对抗、以射球入门多少判定胜负的球类运动。足球运动是世界上最受人们喜爱、开展最广泛、影响最大的体育运动项目，被誉为“世界第一运动”。足球运动对于培养青少年的团队合作精神，积极地拼抢意识，灵活多变地思维方式，以及对人身体素质较全面地锻炼和发展等，都是一项很好的集体体育项目。

3.1.1 足球发展历史简况

传说早在炎黄之初，华夏大地上就产生了世界上最古老的足球——蹴鞠运动。黄帝是蹴鞠运动的创造者，曾用蹴鞠来训练武士。在 3000 多年前的商代甲骨文中，已有蹴鞠舞的记载。司马迁在《史记》中描述过战国时期齐国临瑙的蹴鞠活动。到汉代，汉高祖刘邦在宫苑内修建了很大的校场——鞠城，两端有鞠室，进鞠室多者为胜，比赛已设裁判。东汉的李尤，曾写过有关裁判职责的《鞠城铭》。到唐朝，鞠内充毛发改为皮壳（动物膀胱）内充气，仲无颜曾作《气球赋》描述壮观的场面。宋朝改球门设立在场中央，两队攻一门。当时已有宫廷蹴鞠组织。明清两代蹴鞠趋向于个人表演。

1863 年 10 月 26 日，是世界足球史上一个具有光辉意义的日子。11 个足球俱乐部在英国首都伦敦召开会议，成立了世界上第一个足球组织——英国足球联合会，并讨论统一了简单的足球比赛规则。因此，国际足坛都把这一天视为现代足球运动的诞生日。英国也就成为现代足球运动的诞生之地。

英国足球联合会的成立，不仅带动了欧洲和拉美一些国家相继成立了足球组织，而且促进了足球运动的迅速发展。1872 年英格兰和苏格兰之间进行了历史上第一次足球协会间的比赛。1890 年，奥地利开始举办足球锦标赛。1900 年前后，成立足球协会的国家还有西班牙、荷兰、阿根廷、丹麦、新西兰、智利、比利时、意大利等。以上这些活动不仅大大促进了足球运动的发展，同时也为创建国际性的足球组织奠定了基础。

从 1900 年第二届奥运会开始，足球被列为奥运会的正式比赛项目。世界杯足球赛至今已举办了 16 届（1942 年和 1946 年因第二次世界大战中断）。1971 年，国际足联正式承认了女子足球运动。

在 19 世纪末 20 世纪初，现代足球从西方传入我国。由于众所周知的原因，中国足球水平总的趋势是波动起伏的，未能有较大的突破。虽然进入了 2002 年世界杯，但从整体水平看，我国足球水平与世界先进水平相比还存在较大的差距，要与欧美强队抗衡还须经过相当艰苦的努力。

3.1.2 足球基本技术

足球技术是指运动员在足球比赛中，运用身体的合理部位所做的各种动作的总称。

1. 踢球技术

踢球是指队员有目的、有意识地用脚的某个部位将球踢到预订的目标。踢球用于传球和射门。下面介绍踢球的基本技术方法。

1）脚内侧踢球

常用脚内侧踢定位球、地滚球、空中球和反弹球等。

动作要点：直线助跑，支撑脚踏在球的侧方 15 厘米左右，用另一脚内侧击球的后中部，与出球方向约成 90°，脚尖勾起，脚掌与地面平行，如图 3-1-1 所示。

图 3-1-1 脚内侧踢球

易犯错误：踢球腿的膝盖外转不够；脚尖没有翘起；摆腿动作太紧张，成直腿扫球动作。

2）脚背内侧踢球

脚背内侧踢球常用于踢定位球、过顶球和远距离传球等。

动作要点：助跑方向与踢出球的方向成 45°。支撑脚踏在球的侧后方 25～30 厘米处，脚尖指向出球方向，踢球腿后摆，用脚内侧击球中后部（踢高球时，击球的中下部），踢球腿随球前摆，如图 3-1-2 所示。

图 3-1-2 脚背内侧踢球

3）脚背正面踢球

脚背正面踢球常用于踢定位球、空中球、反弹球和倒勾球等。

动作要点：直线助跑，支撑脚落在球的侧后方 10～15 厘米，踢球脚的脚尖正对出球方向、由后向前摆，用脚背正面击球中后部；踢高球的时候，击球的中下部，如图 3-1-3 所示。

图 3-1-3　脚背正面踢球

易犯错误：踢球时支撑脚的位置不准确；踢球脚的脚背没绷直。

4）脚背外侧踢球

外脚背踢球主要用于踢定位球、弧线球。

动作要点：与脚背正面踢球的方法基本相同。只是当踢球腿的膝部摆至球的正上方时，要求膝关节与脚尖内转并加速快摆，脚面要绷直，用脚背的外侧击球，如图 3-1-4 所示。

图 3-1-4　脚背外侧踢球

易犯错误：踢球腿膝盖和脚尖内转不够；支撑脚站位太靠后，踢球后身体后仰，造成踢出的球过高。

练习方法：两人一组，运用不同的踢球方式分别踢地滚球、高空球、弧线球等，看看哪个同学掌握得最好？

2. 停球技术

停球是指运动员用身体合理部位，将运行中的球停挡在所需要控制的范围内的技术方法。停球方式有脚内侧、脚底、脚背正面、脚背外侧、胸部和大腿停球等。

1）脚内侧停球

脚内侧停球用于停地滚球、反弹球和空中球等。

动作要点：脚内侧停地滚球时，支撑脚正对来球站位，停球腿屈膝外展并前迎，当脚与球接触前的刹那开始后撤，在后撤过程中用脚内侧触球，如图 3-1-5 所示。

脚内侧停反弹球时，支撑脚踏在球的落点的侧前方，上体稍前倾并向停球方向微转，同时停球脚提起，当球落地反弹时，用脚内侧挡压球的后中部，如图 3-1-6 所示。

图 3-1-5 脚内侧停地滚球

图 3-1-6 脚内侧停反弹球

易犯错误：脚抬起过高；用脚去踩球停反弹球时，落点判断不准确。

2）脚背外侧停球

脚背外侧停球主要用于停地滚球和反弹球。

动作要点：停地滚球时，脚微屈，体前倾，停球脚膝关节和脚尖内转，脚背外侧对准来球，触球的侧后方。停反弹球时，脚背外侧对准来球的反弹路线并推压球的中上部，如图 3-1-7 所示。

图 3-1-7 脚背外侧停球

易犯错误：身体僵硬停球脚紧张，小腿不放松；将球停漏，对球的反弹路线判断不准。

3）脚底停球

脚底停球主要用于停地滚球和反弹球。

动作要点：脚尖正对来球，停球脚尖上翘，踝关节放松，用脚前掌触球中上部。停反弹球时，停球脚前掌正对球的反弹方向，如图 3-1-8 和图 3-1-9 所示。

易犯错误：漏球现象，脚底离地太高；踝关节过于紧张，造成球碰脚底后离身体过远。

图 3-1-8　脚底停地滚球

图 3-1-9　脚底停反弹球

4）胸部停球

胸部停球分为挺胸式和收胸式两种停球方法。

（1）挺胸式停球

动作要点：挺胸式停球，两脚前后开立，身体重心前移，挺胸迎球。当球运行到与胸部接触的刹那，两脚迅速蹬地，上体后仰，用胸大肌部位触球，如图 3-1-10 所示。

图 3-1-10　挺胸式停球

（2）收胸式停球

动作要点：收胸式停球，两脚前后开立，身体重心前移，挺胸迎球。当球运行到与胸部接触的刹那，收胸、收腹，以缓冲来球力量，如图 3-1-11 所示。

图 3-1-11　收胸式停球

易犯错误：对球的落点选择不准，未能用正确部位接触球；收胸收腹过早或过晚，未能缓冲来球力量。

5）大腿停球

动作要点：当快接触到球时，停球腿屈膝迎球，用大腿中部对准下落的球，当大腿与球接触的刹那，后撤缓冲把球停在体前，如图 3-1-12 所示。

图 3-1-12　大腿停球

练习方法：两人一组，一人抛球一人停球，抛球高度不同运用停球方式不同。

3. 运球技术

运球是运动员在跑动中用脚连续推拨球，使球处于自己控制范围内的触球动作。运球方式主要有脚内侧运球、脚外侧运球和脚背正面运球等。

1）脚内侧运球

脚内侧运球，运球速度较慢，控球稳，适用于掩护性运球或运球变向。

动作要点：支撑脚稍前跨，踏在球的侧前方，膝关节稍弯曲，上体前倾并向里转。运球脚提起，用脚的内侧推球的中后部，如图 3-1-13 所示。

图 3-1-13　脚内侧运球

2）脚背内侧运球

脚背内侧运球在比赛中，多用在改变方向或者为了护球的情况下使用。

动作要点：身体自然放松，上体前倾要稍向运球方向转动；运球脚提起时，膝关节稍弯曲，脚跟提起，踝关节外展，脚尖斜下指，用脚内侧部位推拨球后中部前进。

3）脚背正面运球

脚背正面运球主要适用于突破对手后做较长距离的快速运球时。

动作要点：上体前倾，步幅放大，运球脚提起时，膝关节弯曲，脚尖紧绷向下，以脚背正面推拨球前进。

4）脚背外侧运球

动作要点：上体前倾，两臂自然摆动，脚跟提起，踝关节内旋，脚尖向内斜下指，用脚外侧部位推拨球前进，如图 3-1-14 所示。

比赛中，多在快速推进、为超越对手或前方纵深距离较大以及改变方向时使用。

图 3-1-14　脚背外侧运球

练习方法：分两队，运用不同的运球方法过杆，看哪组同学完成得又快又好（图 3-1-15）？

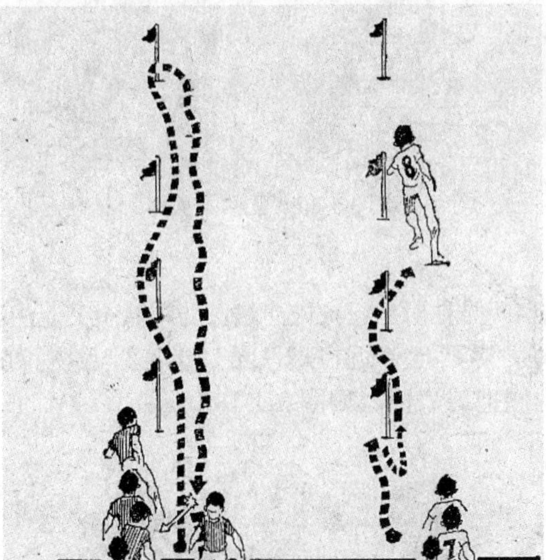

图 3-1-15　运球过杆

4. 抢截球技术

抢截球是防守中的主动行动，是转守为攻的积极手段，是防守技术的综合体现。抢截球包括抢球和截球两个内容。

1）正面抢截球

为加大抢球面积，应用脚内侧阻抢。

动作要点：支撑脚立于球的一侧，双膝微屈以降低重心和维持身体平衡，在对手运球脚触球后即将着地或刚着地时实施抢截，如图 3-1-16 所示。

图 3-1-16 正面抢截球

2）侧面抢截球

侧面抢球技术是与运球对手并肩跑动或从后面追平对手时采用的抢球方法。

动作要点：支撑脚立于球的前方，然后以支撑脚为轴转动身体，用抢球脚的脚内侧封阻球，如图 3-1-17 所示。

图 3-1-17 侧面抢截球

3）铲球

铲球技术运用最多的情况是在对手已突破防线，防守队员又无法回到正面抢球位置时。

动作要点：适时倒地，尽可能接近控球队员，重心置于支撑脚上，看准时机抢球腿下滑，以脚底、脚背或脚内侧把球铲掉，如图 3-1-18 所示。

图 3-1-18 铲球

练习方法：两人一组，一人带球一人按照三种不同抢截球方式进行练习。看看哪组同学抢劫球时间快而且动作干净利落？

5. 头顶球技术

1）原地前额头顶球

顶球时，后脚用力蹬地、收腹、屈体、重心前移，用前额正面顶球的后中部，如图 3-1-19 所示。

图 3-1-19　原地前额头顶球

2）原地跳起前额头顶球

屈膝，蹬地，跳起挺胸展腹，注视来球，用前额顶球，缓冲落地，如图 3-1-20 所示。

图 3-1-20　原地跳起前额头顶球

练习方法：分为若干组，一组同学抛另一组同学顶，运用原地和跳起两种方式练习，如图 3-1-21 所示。

图 3-1-21　原地和跳起前额头顶球练习

6. 守门员技术

守门员技术的高低、反应的敏捷程度和竞争意识直接影响全队的士气与最后一道门户的牢固。

1）守门员准备姿势

守门员进行各种动作前的合理站立姿势。

动作要点：两脚左右开立与肩同宽，两膝自然弯曲并稍内扣，身体重心放在前脚掌上，上体含胸前倾，两眼注视来球，两臂弯曲五指自然分开，掌心向下置于体前，如图 3-1-22 所示。

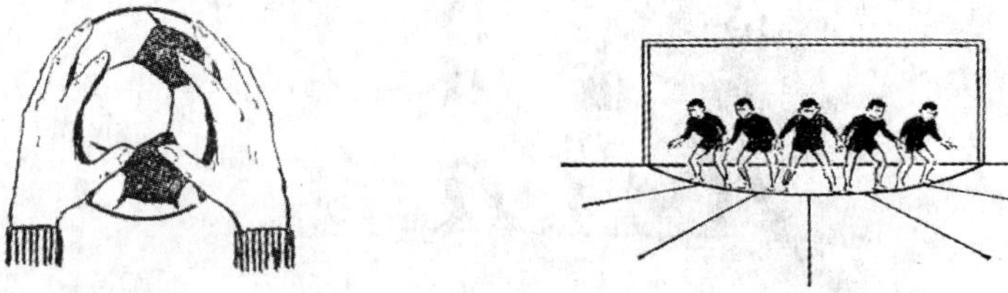

图 3-1-22　守门员准备姿势

2）接球

根据来球的不同，接球可以分为接地面球、接低平球和接高空球，如图 3-1-23 所示。

图 3-1-23　接平球和接高球

接球原则：①接低球时，降低身体重心；②身体对准来球，两脚挡住球的运行路线；③接触球时，收胸、收腹缓冲来球的力量；④两肘关节靠拢，防止球从两臂中间漏掉。

3.1.3　足球基本战术

足球比赛的攻守过程中，为了战胜对手，根据实际情况所采取的个人行动和集体配合，称为足球战术。足球战术可分为进攻战术和防守战术两大系统。足球的基本战术主要包括比赛阵形、进攻战术、防守战术和定位战术等。

1. 比赛阵形

比赛阵形是指比赛场上队员的基本位置排列，是本队攻守力量搭配和分工的形式。选择阵形要以本队队员的特长、体能、技术水平与对手的特点为依据。根据队员的职责和排列的层次，阵形分为后卫线、前卫线和前锋线。阵形的人数、排列原则，是从后卫数向前锋的，守门员不计算在内。常见的阵形有“4-4-2”、“4-3-3”、“5-3-2”、“3-5-2”。

2. 进攻基础战术

进攻战术中分为个人进攻战术、局部进攻战术和集体进攻战术。足球进攻战术原则：①制造宽度，利用空当；②短传渗透，灵活多变；③长传转移，改变进攻方向；④即兴发挥，创造机会。

1）个人进攻战术

在对方紧逼防守的情况下，采取有效措施，摆脱自己的对手，跑到有利的位置，接应同伴巧妙地传球，相互配合以达到进攻的目的。

2）局部进攻战术

一般常用的有斜传直插二过一、直传斜插二过一、踢墙式二过一和三过二进攻配合等，如图 3-1-24 所示。

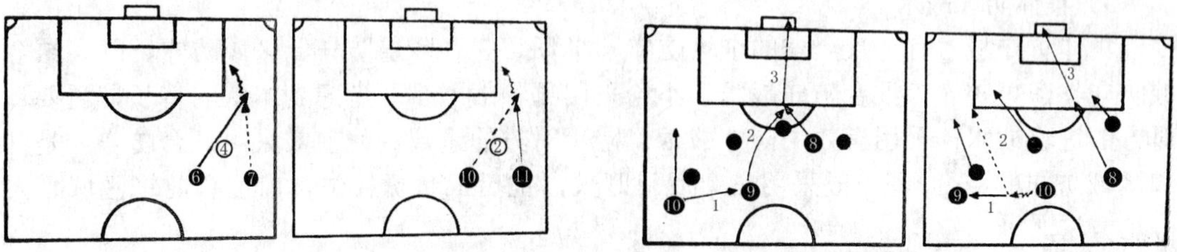

（a）直传斜插二过一　（b）斜传直插二过一　（c）踢墙式二过一

图 3-1-24　足球局部进攻战术

3）集体进攻战术

集体进攻战术包括中路进攻、边路进攻和转移进攻等战术，如图 3-1-25 所示。

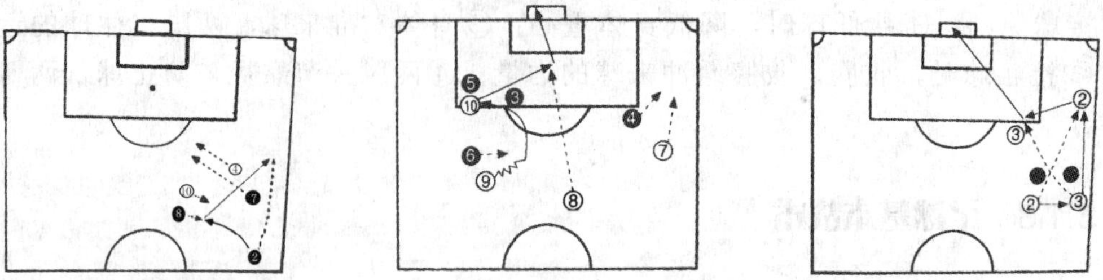

（a）三过二配合　　（b）中路进攻　　（c）边路进攻

图 3-1-25　足球集体进攻战术

3. 防守基础战术

防守战术主要包括选位、盯人和抢截。足球防守战术原则：①收缩防守，区域集中逼抢；②延缓对方进攻推进速度，破坏进攻线路；③迅速回撤站位，组织防守布局；④保护与补位，增加防守密度。

1）个人防守战术

选位时，防守队员一般应处于球门中心与对手之间的直线上。盯人时，应采用“有球紧、无球松”和“远松近紧”的方法，即对有球的、接近球和逼近球门的对手采用紧逼的战术；对无球的、远离球和远离球门的对手采用松动盯人的战术。抢截时，将对方控制的球抢断下来或破坏掉，战术必须在保证整体防守稳固的前提下进行。

2）局部防守战术

局部防守战术包括保护、补位和围抢。保护是补位的前提，没有保护就不可能有效地补位。围抢是指防守时几名队员同时围堵、抢断某局部区域对方队员的控球而进行的默契行动。

队员之间适当的斜线站位是保护选位和后卫防守站位的基本原则。补位是防守队员之间协同配合、相互帮助的一种方法。补位有两种：一种是队员去补空当，如边后卫插上助攻时，由另一队员暂时补他的位置，以防进攻失误后，对方利用此空当进行反击；二是队员间的相互补位，即交换防守。相互补位一般应是临近的两个同伴之间的换位，这样出现漏洞的可能性就小。

3）集体防守战术

集体防守战术有全攻全守的全场防守、半场防守、紧逼防守、区域防守、盯人结合区域防守、密集防守等混合防守战术。不论采用哪种战术都要考虑到本队的特长，更要针对对方的进攻战术，采用有效的防守战术，阻止对方的进攻。目前常采用混合防守（是盯人和区域防守的结合），一般采用三个后卫盯人，拖后卫负责补位，前位和前锋区域盯人的分工方法。

4）定位球战术

定位球主要有角球、球门球、任意球和点球等。

3.1.4 娱乐性对抗比赛

每队上场只有 5 人，在规定的范围内进行对抗比赛。在一定时间内进球多的一方为获胜方。

思考题

1. 足球运动对青少年身心发展的益处有哪些？
2. 中国普及足球运动，需要改善哪些条件？
3. 常见的几种足球阵形以及各自的优势是什么？

3.2　篮球

3.2.1　篮球运动概述

篮球运动是在 1891 年由美国马萨诸塞州斯普林菲尔德市基督教青年会训练学校体育教师詹姆士·奈史密斯博士发明的（图 3-2-1）。当时，在寒冷的冬季，缺乏室内进行体育活动的球类竞赛项目。奈史密斯从工人和儿童用球向“桃子筐”投准的游戏中得到启发，设计将两只桃篮分别钉在健身房内两端看台的栏杆上，以足球为比赛工具向篮内投掷，入篮得 1 分，按得分多少决定胜负。因为这项游戏最初使用的是桃篮和球，遂取名为篮球。最早的球篮如图 3-2-2 所示。

图 3-2-1　詹姆士·奈史密斯博士

图 3-2-2　最早的球篮

中国的篮球运动，最早由美国人于 1895 年介绍传入中国天津。1995 年我国第一次实行男子职业俱乐部联赛（CBA）。在篮球运动不断发展的同时，篮球运动已成为大、中学校中的第一大体育运动项目，有近 1/5 的学生直接或间接参与篮球活动。“全国中学生篮球联赛 CSBA”和“全国大学生篮球联赛 CUBA”更是吸引了数以万计的学生和球迷参与和观赏。

经常参加篮球运动，可以提高跑、跳、投等基本活动能力，发展灵敏、速度、力量和耐力等身体素质，促进青少年身心的正常生长发育，同时还有利于提高群体意识、团结合作、顽强拼搏的意志品质和良好的心理素质。

3.2.2 熟悉球性

学习篮球就让我们从“玩球”开始吧，在“玩球”的过程中你能享受篮球带给你的快乐和成功的乐趣，同时通过“玩球”也就是熟悉球性练习来增强手对球的感应能力、控制球能力和支配球能力，达到得心应手的程度，为将来参加篮球比赛奠定坚实的基础。

1. 指腕拨球

动作要点：两手相对指腕用力拨球，手指自然张开，在拨球的过程中慢慢伸直手臂，通过这个练习来增强手感和球感。在练习时不要看球，手和球的感觉要柔和，如图 3-2-3 所示。

(a)　(b)　(c)

图 3-2-3　指腕拨球练习

2. 转球

单手举球，转动球，左右手交替练习，保持球在手中转动，如图 3-2-4 所示。

(a)　(b)　(c)　(d)

图 3-2-4　转球练习

3. 手臂侧平抛接球

一手抛球，另一手接球，球飞行线路要从头顶经过。抛球时，手指手腕要有“抖”的动作，如图 3-2-5 所示。

（a）（b）（c）（d）（e）（f）

图 3-2-5　手臂侧平抛接球练习

4. 单手背后抛接球

用右手或左手将球从背后抛到体前，可用同一手接球，也可用另一只手接球，双手交替练习，如图 3-2-6 所示。

（a）（b）（c）（d）（e）（f）

图 3-2-6　单手背后抛接球练习

5. 双手前后抛接球

双手从体前抛球，背后接球；然后双手从背后抛球，体前接球，重复练习，如图 3-2-7 所示。

（a） （b） （c）

（d） （e） （f）

图 3-2-7 双手前后抛接球练习

6. 绕环

将球围绕颈、腰、膝关节绕环（颈部一环，腰部一环，腿部一环）。练习时球不能落地，如图 3-2-8 所示。

（a） （b） （c）

图 3-2-8 绕环练习

7. 胯下绕 8 字

胯下绕 8 字，练习时要有节奏，从左向右或从右向左两个方向在腿间绕 8 字，如图 3-2-9 所示。

(a)　(b)　(c)　(d)

图 3-2-9　胯下绕 8 字练习

3.2.3　篮球技术

篮球技术是指在篮球比赛中，运动员为了达到战胜对手的目的，合理有效地运用各种进攻与防守的专门动作、方法的总称。

1. 传接球

传接球是比赛运用最多的一种动作，是队员相互联系和实现战术配合具体手段之一。

1）接球

动作要点：五指自然张开，双手伸出迎球，手指尖触球后，立即后引于胸腹前，恢复基本姿势，如图 3-2-10 所示。

(a)　(b)　(c)　(d)

图 3-2-10　双手接球

2）双手胸前传球

双手胸前传球是一种最基本、最常用的传球方法，这种传球方法便于控制，适合不同方向、不同距离的传球。最便于同投篮、运球、突破等动作结合运用。

动作要点：两肘自然弯曲，持球于胸腹前。 双手伸臂发力，手腕由内向外翻转，拇指下压，食、中指拨球。传球时要蹬地，身体重心前移，先伸臂，后翻腕，如图 3-2-11 所示。

(a) (b) (c) (d)

图 3-2-11 双手胸前传球

3）双手头上传球

这种传球持球点高，便于与投篮相结合，多用于中、远距离传球。

动作要点：双手举于头上，两肘弯曲，传球时蹬地，小臂向前用力，手腕前屈，手指拨球，如图 3-2-12 所示。

(a) (b) (c) (d)

图 3-2-12 双手头上传球

4）单手肩上传球

这种传球方法力量大，速度快；常用于中、远距离传球。

动作要点：传球时左脚向前半步，同时引球到右肩上方，右脚蹬地、转体、大臂向前用力，手腕扣腕，如图 3-2-13 所示。

(a) (b) (c) (d)

图 3-2-13 单手肩上传球

（1）原地传接球练习

两人对面站立，相距 5～7 米。

传球速度由慢到快，距离由近到远，如图 3-2-14 所示。

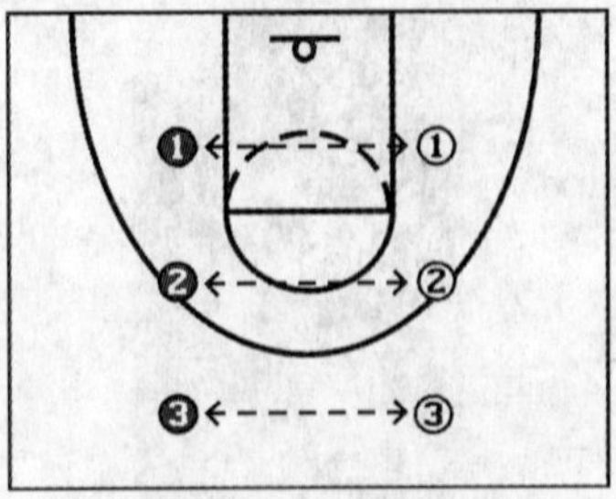

图 3-2-14　原地传接球练习

（2）移动传接球练习

两人对面站立，相距 5～7 米，传球时向左右移动一步进行传接球练习，如图 3-2-15 所示。

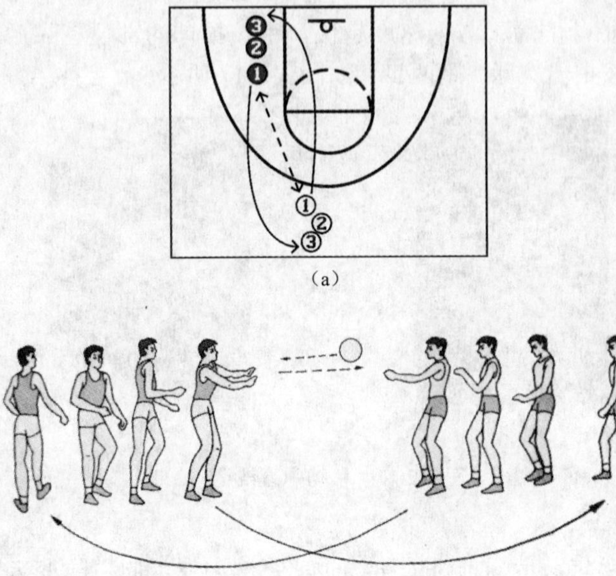

（a）

（b）

注：⟶ 表示队员移动路线；--→ 表示队员传球路线

图 3-2-15　移动传接球练习

练习要求：

传出的球一定要到位，注意传球力度。接球时,要注意收臂缓冲来球力量。接到球后注意衔接下一个动作。

2. 运球

运球是篮球比赛中个人进攻的重要技术，是摆脱或超越防守的有力手段，也是组织和完成战术配合的重要桥梁。

1）原地运球

动作要点：运球时，两脚前后站立，手指自然张开，用手指和指根以上的部位触球（手心空出），两眼平视，以肩关节、手用力向下推按球，球的落点在你身体能控制住的范围之内，如图 3-2-16 所示。

（a） （b） （c）

图 3-2-16 原地运球

2）移动中直线运球

直线运球可以帮助初学者掌握手、脚、身体的协调配合。

动作要点：手按拍球的后上方，速度越快，手按拍球的部位越靠后；球的落点在前进方向的侧前方；一般按拍一次球，跑两步，如图 3-2-17 所示。

（a） （b）

图 3-2-17 移动中直线运球

3）体前变向运球

变向运球是当对手堵截运球前进的路线时，突然向左或向右改变运球方向，借以摆脱防守的一种运球方法，如图 3-2-18 所示。

（a） （b） （c） （d）

图 3-2-18 体前变向运球

动作要点：当遇到对手堵截前进路线时，右手拍球的右上方使球从身体前弹向左侧，同时右脚向前方跨，然后换左手拍按球的后上方，左脚跨出，从对手的右侧加速继续运球前进。

4）转身运球

转身运球是当对手逼近，不能用直线运球、体前变向运球突破时，所采用的一种运球方法，如图 3-2-19 所示。

（a） （b） （c） （d） （e）

图 3-2-19 转身运球

动作要点：当对手靠近自己的右侧时，以左脚为中枢脚做后转身，右手按球的前上方，将球拉向身体的后侧方，之后换左手运球。转身时要降重心，拉球动作和转身动作要连贯、协调一致。

运球练习方法

（1）原地运球

原地高运球、低运球，体会基本动作练习，如图 3-2-20 所示。

（a） （b）

图 3-2-20 原地运球练习

（2）移动中运球

① 直线运球（图 3-2-21）。直线快速运球，返回时换手，目光看前方，余光看球。

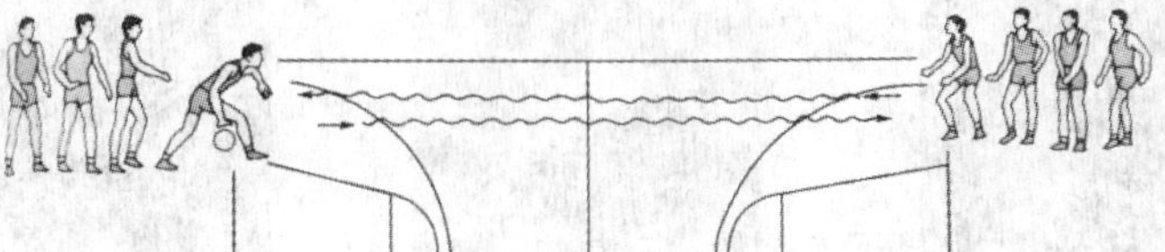

图 3-2-21 直线运球练习

② 体前变方向运球或转身运球（图 3-2-22）。运球至障碍物时做体前变方向或转身运球，练习完后站在队尾。

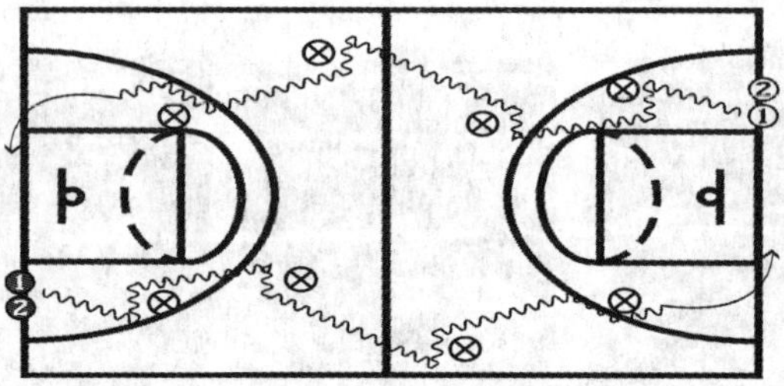

图 3-2-22　体前变方向或转身运球练习

练习要求：练习时要养成屈膝、抬头、扩大视野和观察情况的良好习惯。

3. 投篮

投篮是篮球运动的主要进攻技术，是唯一的得分手段。而投篮得分的多少决定一场比赛的胜负。因此，掌握好投篮技术并不断提高投篮命中率，对于在比赛中取胜具有十分重要的意义。

如果你的目标是要做一名投手，那你应该重视正确的投篮预备姿势（图 3-2-23）和出手方法的学习（图 3-2-24）。

（a）　（b）

图 3-2-23　正确的投篮预备姿势

（a）　（b）　（c）

图 3-2-24　正确的出手方法练习

提示：

投篮预备姿势：持球，五指自然张开，拇指成“八”字形相对，手心空出，两肘自然下垂，置球于胸前，面对篮站好，双腿微屈。

出手投篮：手臂向前上方用力，手腕前屈（扣腕），食指、中指拨球，通过指端将球投出。

1）单手肩上投篮

它是比赛中应用比较广泛的投篮方法。具有出手点高、出手快、灵活以及能在不同位置和距离上应用的特点。

（a） （b） （c） （d） （e）

图 3-2-25 单手肩上投篮

动作要点：双手持球于胸前，投篮时自下而上发力，手臂向前上方用力，手腕前屈（扣腕），食指、中指拨球，通过指端将球投出。全身动作协调，用力一致，如图 3-2-25 所示。

2）双手胸前投篮

这种投篮虽然出球点较低，但出手前稳定性好，出手力量大，便于与传球、突破相结合，多被女生用于远距离投篮。

动作要点：投篮时下肢蹬地发力，腰腹伸展，两臂同时向前上方用力，两手腕同时向内翻转，拇指下压，食指、中指拨球，通过指端将球投出。全身动作协调，用力一致，如图 3-2-26 所示。

（a） （b） （c）

图 3-2-26 双手胸前投篮

3）行进间投篮

行进间投篮是比赛中广泛运用的一种投篮方法。一般多在快攻或切入篮下时运用。跨第一步的同时接球，跨第二步的同时跳起空中投篮，投篮出手后，脚落地屈膝缓冲。

（1）行进间单手高手投篮

动作要点：右脚跨出一大步的同时接球，紧接着左脚跨出一小步并蹬地跳起，同时双手举球于右肩上方，当身体接近最高点时，右臂向前上方伸直投篮，如图 3-2-27 所示。

（a）（b）（c）（d）

图 3-2-27　行进间单手高手投篮

（2）行进间单手低手投篮

动作要点：右脚跨出一大步的同时接球，紧接着左脚跨出一小步并蹬地跳起，同时双手向前上方举球，当身体接近最高点时，左手离球，右手掌心向上托球，食指、中指拨球将球投出，如图 3-2-28 所示。

（a）（b）（c）（d）

图 3-2-28　行进间单手低手投篮

4）跳投

跳投，常见的投篮动作之一。具有突然性强，出手点高，不易防守的特点。经常与移动、传接球、运球突破等技术动作结合运用。

动作要点：投篮时，两脚突然用力向上起跳，两手持球迅速上举，当身体接近最高点时，手臂向前上方伸直，手腕前屈（扣腕），食指中指拨球，通过指端将球投出，如图 3-2-29 所示。

(a)　(b)　(c)　(d)

图 3-2-29　跳投

投篮练习方法：

（1）个人练习

练习要求：初学者开始可站在距离球篮 2 米左右处练习。可以用单手和双手在正面，也可以在侧面，反复练习，形成正确的投篮动作，如图 3-2-30 所示。当在这一距离投篮达到熟练、自如以后，就可以逐步后退，在新的位置上练习。千万不可急于求成！

(a)　(b)　(c)

(d)　(e)　(f)

图 3-2-30　个人练习投篮动作

（2）集体练习

移动中接球投篮协作练习。

练习要求：练习时，如图 3-2-31（a）所示的篮球练习要求，可根据个人力量大小自行调整投篮距离，接球后要确保身体对篮，传球的同学要尽可能地给你的同学传好球；如图 3-2-31（b）所示的篮球练习要求，运球中要选好起跳点，拿球、起跳、举球要协调。待熟练以后加快速度。

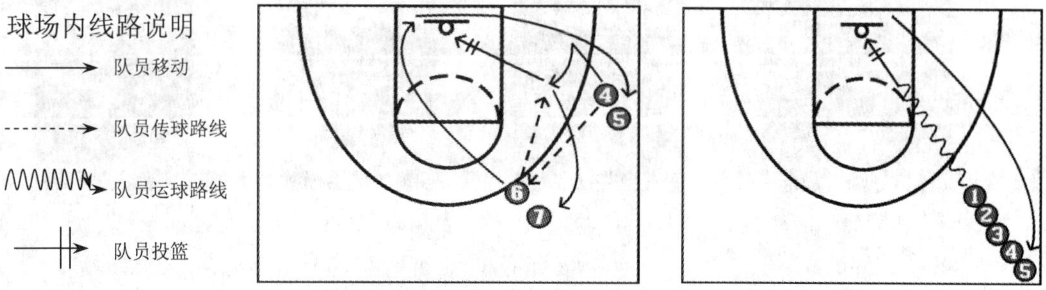

（a）移动接球投篮　　（b）运球投篮

图 3-2-31　移动中接球投篮协作练习

3.2.4　篮球基本战术

篮球战术是篮球比赛中队员之间相互协调配合，有效地运用技术的组织形式。目的是充分发挥本队的特长，制约对方，力争掌握比赛的主动权，争取比赛的胜利。

1. 进攻基础配合

进攻基础配合是指两三名进攻队员为了创造攻击机会，合理运用技术而组成的合作方法。

1）传切配合

传切配合是持球队员利用传球和切入技术超越防守，并接同伴的回传球进行投篮的一种配合方法，如图 3-2-32 所示。

配合要求：队员配合的距离要拉开，切入队员利用假动作迷惑对手，并掌握好切入时机；传球队员注意用假动作吸引牵制对手。

练习方法如图 3-2-33 所示。

2）掩护配合

掩护配合是进攻队员之间合理运用身体挡住防守同伴对手的移动路线，使同伴借以摆脱防守的一种配合方法，如图 3-2-34 所示。

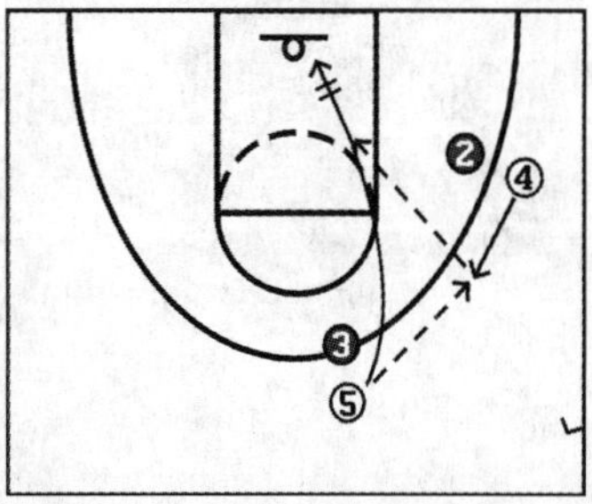

图 3-2-32　传切配合示例

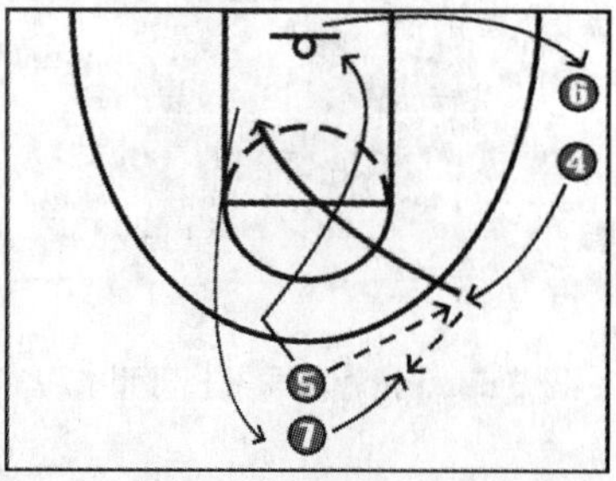

图 3-2-33　传切配合练习

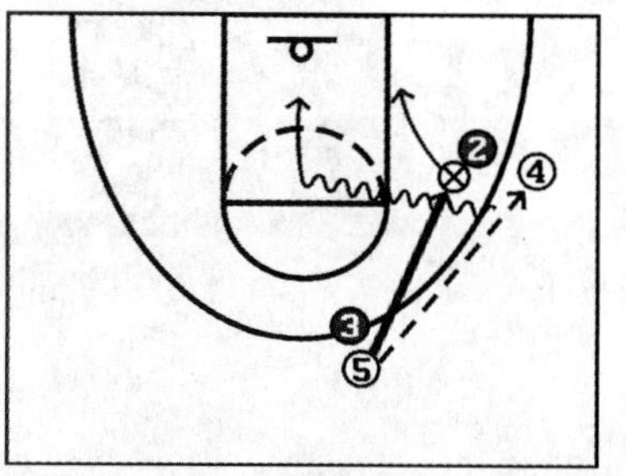

图 3-2-34　掩护配合示例

配合要求：掩护队员身体姿势要正确，行动要隐蔽快速；被掩护队员要注意用假动作吸引对手，当同伴到达掩护位置时，摆脱对手动作要突然、快速。并根据情况变化，争取第二个进攻机会。

练习方法：如图 3-2-35 所示。

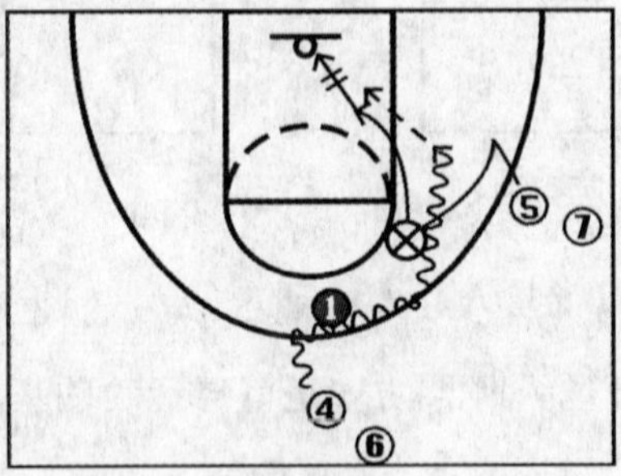

图 3-2-35　掩护配合练习

2. 防守基础配合

防守基础配合是指两三名防守队员之间为了破坏对方进攻配合，或在同伴出现困难时，及时相互协作的方法。

配合要求：运用交换配合时防掩护者要及时提醒同伴，两名防守队员要防守到位后才能交换，以免防守漏人。

1）交换防守配合

交换防守配合是为了破坏进攻队员的掩护配合。当进攻队员进行掩护时，两防守队员之间及时地交换自己所防守对手的一种配合方法，如图 3-2-36 所示。

练习方法：如图 3-2-37 所示。

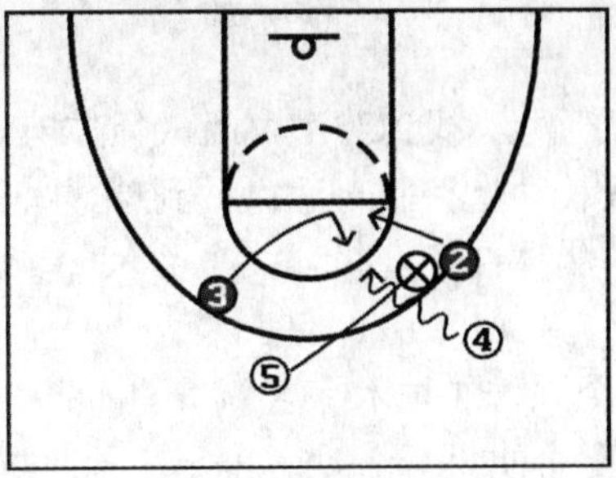

图 3-2-36　交换防守配合示例

图 3-2-37　交换防守练习

2）补防配合

补防配合是指防守队员在同伴漏防时，立即放弃自己的对手，去补防威胁最大的进攻者，而漏人的防守队员应及时换防的一种协同防守方法，如图 3-2-38 所示。

配合要求：补防时，要随时观察本队的防守情况，补防意识要强，一旦出现漏防，临近队员要果断补防，漏防队员要及时调整防守位置，注意保持人、球兼顾的位置。

练习方法：如图 3-2-39 所示。

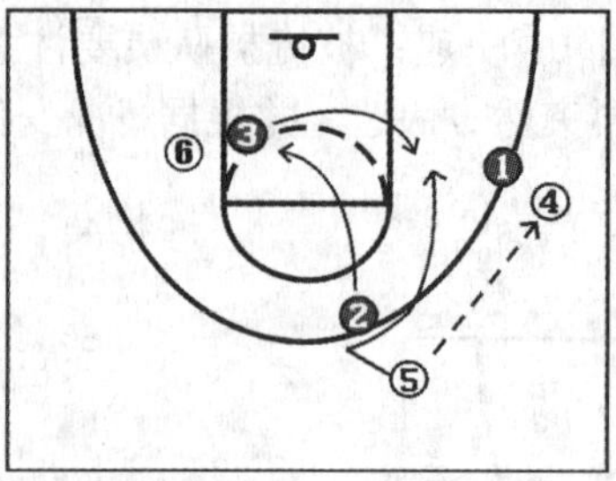

图 3-2-38　补防配合示例

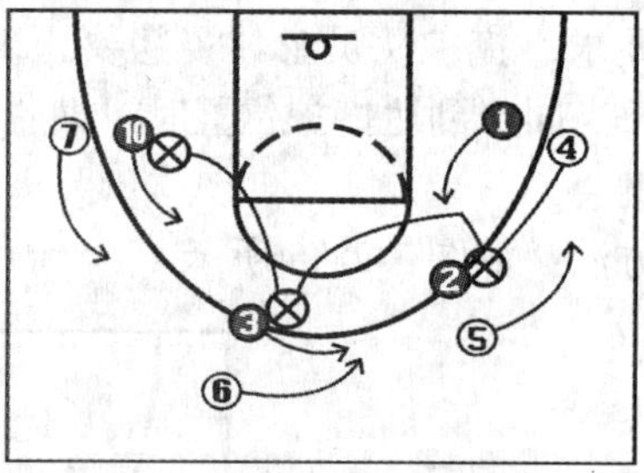

图 3-2-39　补防配合练习

3. 半场人盯人防守与进攻半场人盯人防守

半场人盯人防守与进攻半场人盯人防守是篮球运动的基本战术，是比赛中运用最多、最广泛的攻防作战术。

1）半场人盯人防守

半场人盯人防守战术是指由攻转守时，全队以最快的速度退回后场，每个防守队员盯住自己对手的同时，协助同伴进行集体防守，如图 3-2-40 所示。

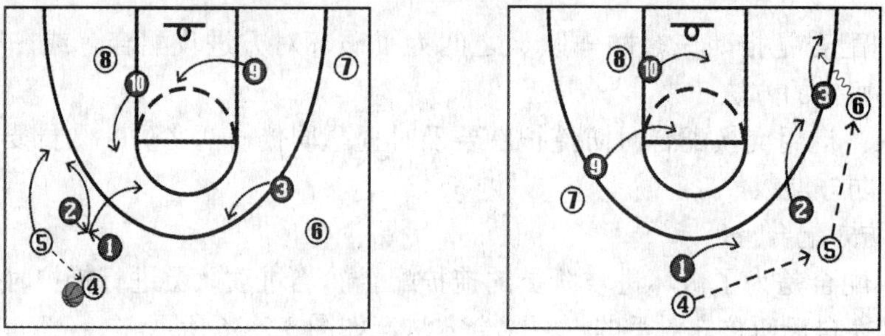

（a）　（b）

图 3-2-40　半场人盯人防守

（1）半场人盯人防守要求

由攻转守时，每个队员都要快速退回到自己的后场，找到对手，组成集体防守；选择有利位置，有球紧，无球松；近球紧，远球松；积极移动，控制对手；做到球、人、区兼顾，与同伴协同防守，破坏对方进攻配合，加强防守的集体性配合。

（2）半场人盯人防守练习方法

① 全场或半场一对一的攻守对抗练习，提高个人防守技术练习。

② 半场二打二或三打三对抗练习，提高防守配合质量。

③ 半场四对四或五对五对抗练习。提高全队防守配合意识及实战能力。

2）进攻半场人盯人防守

进攻半场人盯人防守战术是由进攻基础配合组成的全队战术打法。根据对方防守情况，结合本队的实际，扬长避短而设计的全队进攻战术。

（1）进攻半场人盯人防守要求：

进入前场后应合理地组织进攻队形迅速落位。利用基础配合来制造进攻机会。球的转移做到人动球动相结合，造成防守漏洞，创造进攻机会。组织拼抢篮板球，注意攻守平衡，保证攻守转换速度。

例如，单中锋落位进攻如图 3-2-41 所示，无固定中锋进攻如图 3-2-42 所示。

图 3-2-41　单中锋落位进攻

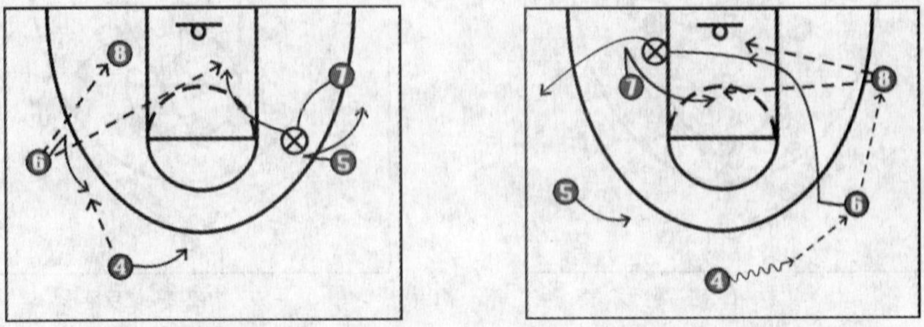

（a）　　　　（b）

图 3-2-42　无固定中锋进攻

（2）进攻半场人盯人防守练习方法

通过全场比赛（教学比赛或正式比赛）提高或检验全队进攻战术的运用质量，不断提高全队的战术意识。

4. 区域联防与进攻区域联防

区域联防是将区域与人、球联系在一起而进行整体防守的战术。进攻区域联防是针对防守而设计的攻击方法。它们成为篮球战术体系重要的组成部分。

区域联防是由进攻转入防守时，防守队员退回后场，每个队员分工负责防守一定的区域，严密防守进入该区域的球和进攻队员，并与同伴协同防守，用一定的队形，把每个防守区域有机地联合起来，组成区域联防战术。

1）区域联防

区域联防的形式是根据 5 个防守队员所占据的防守位置不同而组成各种区域联防。运用最多的有“2-1-2”、“ 2-3”、“ 3-2”等阵形如图 3-2-43 所示。

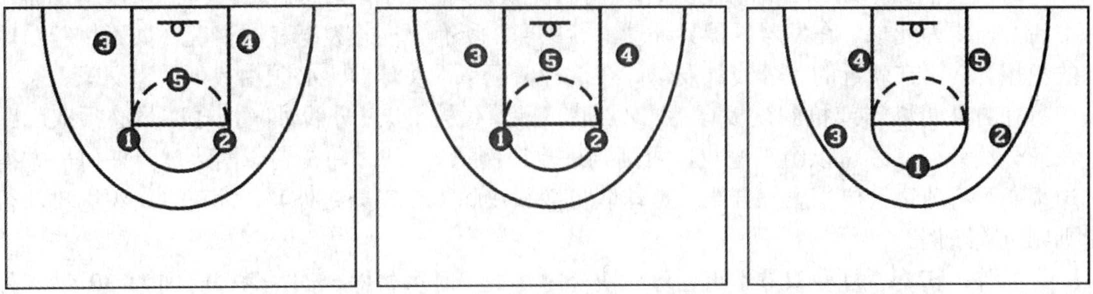

（a）“2-1-2”阵形　　（b）“2-3”阵形　　（c）“3-2”阵形

图 3-2-43　区域联防的阵形

每个位置上的队员必须认真负责自己的防区、积极阻挠进入该区的进攻队员的行动，并联合进行防守。要以球为重点，做到人球兼顾，不让持球队员突破和传球给内线防区。严防进入罚球区附近和罚球区的进攻队员，不让对手轻易接球、传球或投篮。加强篮下区域防守。队员之间要相互呼应，随时准备协防、换位、“护送”等，加强防守的集体性。

2）进攻区域联防

进攻区域联防是针对区域联防的特点、队形、方法和变化所采用的进攻战术。进攻区域联防运用较多的有“1-3-1”、“1-2-2”进攻阵形，如图 3-2-44 所示。

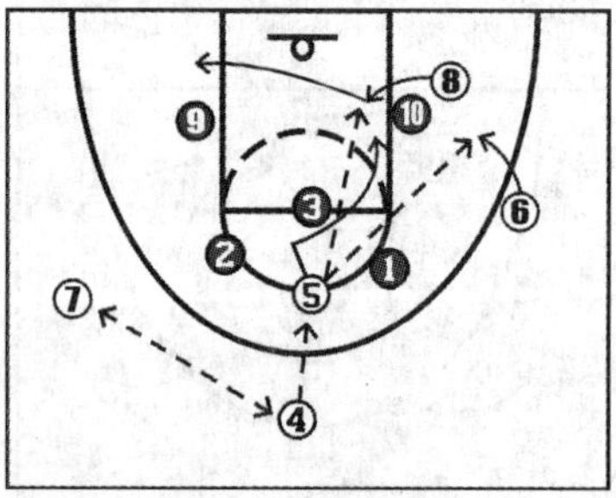

（a）“1-3-1”进攻阵形

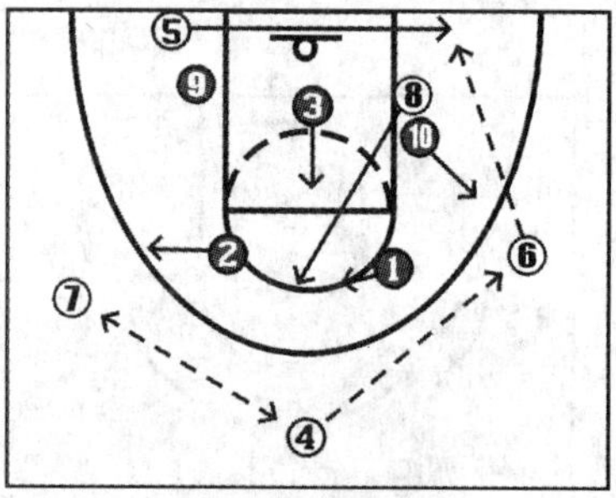

（b）“1-2-2”进攻阵形

图 3-2-44 进攻区域联防的阵形

无论采用什么样的进攻，进攻联防时，应首先争取快攻，即趁对方尚未组织好防守队形之前进行攻击。根据对方区域联防队形，采用针对性落位队形，组织对薄弱地区的攻击。要积极拼抢篮板球，争夺二次进攻机会，同时还要保持攻守平衡，及时退防。

3.2.5 街头篮球

街头篮球（Street-ball）起源于美国，是美国篮球文化的一部分。街头篮球比赛的条件相对宽松；比赛形式也比较简单，基本是半场三对三；比赛中运动员的个人技术与攻击作用更加突出，战术以小配合为主。所以，深受学生的喜爱。街头篮球比赛方法如下。

初赛、复赛不分上下半时，全场比赛时间为 10 分钟（组织者可根据参赛队数多少修订时间为 12 分钟或 15 分钟）；决赛分上下两个半时，每半时 8 分钟，比赛中除在罚球、暂停、球员受伤及比赛结束等情况下停止计时表外，其余情况均不停。比赛开始由双方以掷硬币的形式决定发球权，然后在发球区掷界外球开始比赛（发球区为中场弧线内）。

每次投篮命中后，都由对方发球。所有交换发球权的情况（如违例、界外球及投篮命中后），均为死球，在发球区掷界外球继续比赛。所有不交换发球权的情况（如不执行罚球的犯规），则在就近的三分线外发球。在这种情况下，发球前，必须由裁判员递交球。

守方队员断球或抢到篮板球后，必须将球运（传）出三分线外（持球队员必须双脚踏在三分线外），才可以组织进攻，否则判进攻违例。 争球时，在罚球圈跳球，任何一方得球都必须将球运（传）出三分线（持球队员必须双脚踏在三分线外），才可以组织进攻，否则判进攻违例。

另外，初赛、复赛双方不得暂停，决赛时，每半时可暂停一次，暂停时间为 30 秒。替换队员只能在比赛计时钟停止的情况下替换，被换下的队员不能再被替换上场（场上队员不足 3 人时除外）。

比赛中，每个队员允许 3 次犯规，第 4 次犯规罚出场。任何队员被判取消比赛资格的犯规，则取消该队比赛资格。每个队累计犯规达 5 次后，该队的第 6 次以后的侵人犯规由对方执行 2 次罚球。前 5 次犯规中，凡对正在做投篮动作的队员犯规；如投中，记录得分、对方个人和全队犯规次数，不追加罚球，由守方发球继续比赛；如投篮不中，则判给攻方被侵犯的队员 1 次罚球，如罚中得 1 分，并由攻方继续掷界外球，如罚不中，仍由攻方掷界外球。

比赛时间终了，以得分多者为胜方。初赛及复赛阶段，比赛时间终了，如得分相等，执行一对一依次罚球，只要出现某队领先 1 分即为胜方，比赛结束。在决赛阶段，比赛时间终了，如得分相等，则增加 3 分钟决胜期，发球权仍以掷硬币的形式决定。如果决胜期得分仍相等，执行一对一依次罚球，只要出现某队领先 1 分即为胜方，比赛结束。

3.2.6　初学者如何打篮球比赛

一个篮球运动的爱好者，掌握了一定的篮球技术后，怎样去打比赛呢？下面就简单地介绍一些技术运用等方面的知识，希望能对你初打篮球有所帮助。

首先，上场前要明确自己的职责和任务，做好准备活动。充分的准备活动，可以避免不必要的受伤，而且在比赛一开始就能很快适应紧张激烈的比赛，发挥出自己的水平。同时，在准备活动期间，注意了解对方队员的情况和特点，做到心中有数。在离比赛还有 3 分钟时，要冷静听取指导意见和要求，明确自己的任务。

其次，初学打篮球要具有顽强的意志品质和敢打敢拼的精神，只要上场，就要注意力集中，兢兢业业地打好每一个球。

最后，全队场上场下要团结一致，一切以集体利益为重，场上打球决不能相互埋怨，决不可以随意指责队友和对方。

思考题

1. 篮球运动起源于哪个国家？发明者是谁？何时传入中国？
2. 你对世界著名篮球运动员了解多少？
3. 参加篮球运动对健康有哪些方面的促进作用？
4. 篮球运动常见进攻与防守的阵形有哪些？

3.3　排球

3.3.1　排球运动概述

1895 年排球运动诞生于美国，体育干事威廉·摩根先生将篮球与网球的运动元素有机结合，形成了活动量适中、老少皆宜的隔网对抗性娱乐活动。这项运动最初被命名为 Mintonette（小网子），后来艾·特·哈尔斯戴特博士根据项目运动特点将其更名为

Volleyball，意为“空中飞球”。国人最初将其译为“华利波”，后来将其定名为“排球”。

时光荏苒，100 多年间排球运动由一种娱乐手段发展为遍及五大洲的让广大群众喜闻乐见的体育项目。排球问世后，美国的传教士和驻外军官、士兵首先将该项目带向世界。此时排球运动重点在于休闲娱乐，竞技水平发展缓慢。1921—1938 年间，随着技术的发展、规则的修订，排球开始由娱乐性向竞技对抗性过渡。第二次世界大战后，国际排球联合会成立，正式的国际排球比赛进入大众视野。到 20 世纪 60～70 年代，世界排坛出现了群雄纷争的局面，技战术打法不断创新、发展、衍生。到 20 世纪 80 年代，世界排坛进入了现代排球阶段。强调全攻全守的战略思想；强调社会化、商业化、职业化的发展规划；强调竞技排球和娱乐排球共存的“大排球”推广理念。

排球运动于 1905 年传入中国，经历了十六人制—十二人制—九人制—六人制的演变历程。1954 年 1 月 11 日中国排协正式加盟国际排联，开始了中国排球冲出亚洲、走向世界的道路。1981 年 11 月第三届世界杯赛，中国女排七战七捷获得世界冠军，极大地振奋了国民的民族精神。在随后的世锦赛、奥运会比赛中中国女排创造了五连冠的佳绩。中国男排在技战术上也锐意进取，“拉三”、“拉四”、“背飞”等新颖战术让中国男排以巧制胜，接连获得世锦赛第五和第七的好成绩。随后几年中国男女排的成绩不同程度地出现了滑坡。近些年来，世界排坛竞技日趋激烈，中国女排却始终在第一集团军中力争上游。在 2008 年北京奥运会上，中国女排和中国男排分别取得第三和第五的好成绩。

3.3.2 排球基本技术

排球的基本技术包括准备姿势与移动步法、垫球、传球、扣球、发球、拦网等，由于排球不可持球的时空特点，要想在排球场上游刃有余，只有掌握并灵活地使用基本技术。

1. 准备姿势与移动步法

如何在排球场上练就潇洒的凌波微步？如何保持合适的人球关系？让我们共同掌握准备姿势和移动步法。

1）准备姿势

准备姿势按身体重心的高低分为深蹲、半蹲和稍蹲三种。半蹲为最常见最基本的准备姿势，我们将重点学习半蹲的准备姿势。

动作方法：两脚左右开立比肩稍宽，一脚稍前，脚尖内收提脚跟。膝关节垂影超脚尖，上体前倾，重心靠前。两臂放松置于腹前，两眼注视来球，双腿保持微动，如图 3-3-1 所示。

图 3-3-1 排球准备姿势

2）移动步法

移动步法分为并步与滑步、交叉步、跨步、跑步等，步法的技术动作较为简单，关键在于身体的协调。

（1）并步与滑步

当球距离身体一步时使用并步，连续的并步称为滑步。

动作方法：以向右运动为例，左脚内侧蹬地的同时，右脚向外跨出一步，在右脚落地时，左脚迅速并上，形成击球前的准备姿势，如图 3-3-2 所示。

图 3-3-2　滑步

（2）交叉步

当来球距离身体 3 米左右时采用交叉步击球。

动作方法：以向右移动为例，上体稍向右转，右脚支撑，左脚从右脚前方向右跨一步，重心过渡到左脚，然后右脚向右方迅速跨步，身体转回，形成击球前准备姿势，如图 3-3-3 所示。

图 3-3-3　交叉步

（3）跑步

当球距离身体较远时，采用跑步姿势，手脚协调移动，根据来球方向，判断转体移动方向。

练习方法：

① 个人徒手模仿练习；

② 按教师手势等视觉信号或口令指挥，加入反应元素的趣味性移动步法练习（图 3-3-4）；

③ 小组结合球的练习（图 3-3-5）；

两人一组，一人将球高高抛出，另一人根据球的距离和方向采用合理的移动步法将球接住；数次后，交换练习。

可由教师在场地一侧下手发球，对面场地 4、5、6 号位站三名队员，练习移动步法将球接住，球不可落地。

图 3-3-4 移动步法练习

图 3-3-5 小组结合球的练习

（4）结合场地的游戏对抗赛（图 3-3-6）。

游戏规则：

每两组划定面积相等的比赛区域，隔网对抗。每组有一名队员在场内进行对抗，每接完一球，轮换下一队员入场。

可以用双手接抱球，接住球后，在原地或跳起将球抛回对面场地，由对方下一名球员接抱球。将球掷入对方场区，无人接防，球落地得一分，7 分一局。

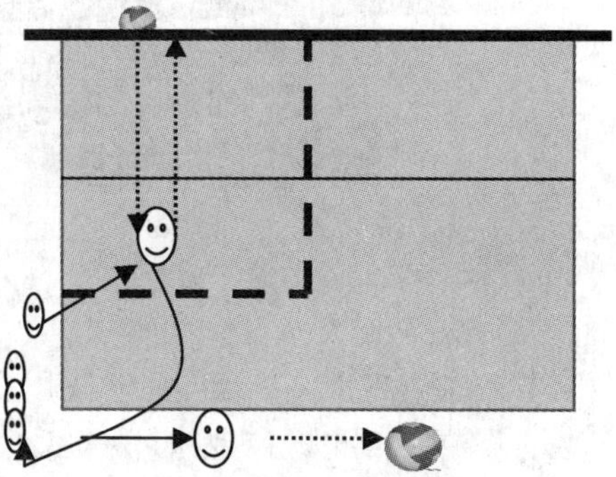

图 3-3-6 游戏对抗赛

2. 垫球

垫球的方法繁多，如正面双手垫球、侧垫球、背垫球、挡球、跨步垫球、跪垫球、单手垫球、鱼跃垫球、脚垫球等，在此重点介绍正面垫球、变方向垫球和背垫球。手臂垫球经常出现青紫现象，是由于皮下毛细血管破裂造成的。建议冬秋季节练习垫球前，充分活动前臂肌肉，伸展抻压手指、手腕，可穿长袖薄衣垫球。

1）正面双手垫球

正面双手垫球是垫球中最基础的技术方法，广泛应用于接发球和防反环节中，如图 3-3-7 所示。

垫球葵花宝典
夹臂压腕球下插，
蹬地抬臂真潇洒。
重心随腰向前架，
力量方向要变化。

图 3-3-7 正面双手垫球

动作要点：（1）垫球手形，叠掌式（双手手指相叠，掌根靠拢，拇指平行）；

（2）击球点，腹前一臂，手腕下压，插到球下，两臂外翻形成击球平面；

（3）击球部位，用腕上 10 厘米左右桡骨内侧平面击球后下方；

（4）全身协调发力，蹬地抬臂击球，身体重心随击球动作前移。

2）侧垫球（图 3-3-8）

动作方法：以右侧垫球为例。半蹲准备姿势迎球，左脚前掌内侧蹬地，右脚向右跨出，左膝保持弯曲，身体重心移至右脚。两臂加紧向右伸出，对准来球方向，利用转腰收腹的力量在体侧击球的后下方。

动作要点：注意垫击面，转腰收腹协调发力。

3）背垫球（图 3-3-9）

动作方法：迅速判断来球落点、方向和离网距离，背对出球方向，两臂加紧插到球下，击球点高于肩，击球前下方部位，向后上击出。击球时运用挺胸展腹加抬臂的力量将球垫出。

图 3-3-8　侧垫球

图 3-3-9　背垫球

动作要点：击球点高于肩，抬头挺胸展腹，协调发力。

练习方法：

（1）徒手模仿练习；

（2）对墙的自垫球练习；

（3）变化要求的自垫球练习，向前行进结合向后行进的一高一低的垫球（图 3-3-10）；

（4）两人一组，一人持球置于对方腹前一臂远处，另一人做徒手击球练习，体会击球部位和协调发力；

（5）两人一组，相距 4～5 米，一人抛球，另一人将球垫回；

（6）两人一组，相距 6 米左右，隔网与不隔网的对垫练习（图 3-3-11）；

（7）三人一组的变方向垫球练习；

（8）分组对抗游戏，平分成若干组，每组围成一个圆圈，保持球不落地，所有队员随意击球；既可以单位时间累计垫球个数决胜负，又可以取一次球落地前，小组所垫总个数决胜负（图 3-3-12）；

图 3-3-10　单人练习

图 3-3-11　两人练习

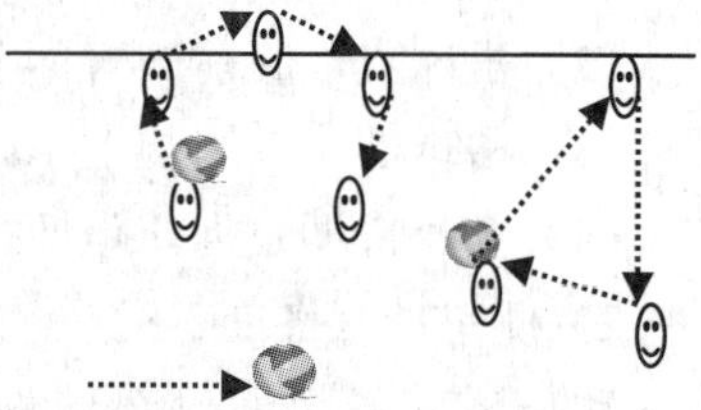

图 3-3-12　多人练习

（9）分组后，采用垫球技术隔网对抗比赛。

3. 传球

传球是组织进攻和防守反击中一项常用的基本技术，是一种依靠手指、手腕的弹送和身体协调发力的击球方法。由于手指手腕的灵敏性，传球准确性变得更好。传球种类很多，包括有正面传球、侧传球、背传球、跳传球等。在此介绍的正面传球、变方向传球、二传球更易将初学者带入实战。

1）正面传球

正面传球是传球中最基本的技术，也是其他传球技术演变发展的基础，如图 3-3-13 所示。

图 3-3-13　正面传球

动作方法：采用稍蹲准备姿势，抬头看球，双手自然抬起，屈肘放松置于脸前。当球接近额时，蹬地、伸膝、抬臂迎球，在额上方一球的距离处击球。触球时，两手自然张开成半球形，手腕稍后仰，两拇指相对成“一”字形或“八”字形。两手间有一定距离，用拇指内侧，十指全部，中指的二三指节触球的后下部，无名指和小指在球两侧辅助控制传球方向（图 3-3-14）。两臂夹角约为 90°，依靠蹬地抬臂和手指手腕的协调发力及球的反弹力将球传出。

动作要点：手形，半球形（图 3-3-14）；击球点，额上方一球处（图 3-3-15）；全身协调发力。

（a）　（b）

图 3-3-14　传球手形

图 3-3-15　击球点

2）侧传球

身体侧对目标并向体侧传出的球称为侧传球。

动作方法：（以向右传球为例）采用稍蹲准备姿势，迎球时蹬地抬臂，重心稍右移。击球点在额右前上方，传球手形同正面传球，全身协调用力，上体和手臂向右侧伸展，左侧手臂动作速度和幅度以及用力的距离大于右侧臂，如图 3-3-16 所示。

图 3-3-16　侧传球

动作要领：击球点，额偏向一侧的前上方；用力方向，传球方向对侧手臂动作速度和幅度要更大。

3）顺网正面二传

传球技术在比赛中主要用于组织进攻，即用作二传。顺网正面二传是二传中最基本的技术。传球动作与正面传球相似，其区别在于顺网正面二传传球时身体不宜面对来球，要适当转向传球方向，尽可能保持正面传球。

动作方法：依靠伸肘动作、手指手腕力量以及全身协调的发力使球顺网飞行，如图 3-3-17 所示。

练习方法：

（1）抛起球，将球接住固定传球手形的练习；

（2）连续自传球，高度不低于 50 厘米，体会正确传球手形和手指手腕的发力动作（图 3-3-18）；

（3）连续的对墙自传球练习；

（4）两人一组，一人持球举到对方头上一球处，另一人按传球手形做传球练习；持球人可稍加力，让搭挡体会手指手腕的触球部位和全身的协调发力；

（5）一抛一传或一垫一传练习，如图 3-3-19 所示；

图 3-3-17　顺网正面二传

图 3-3-18　连续的传球练习

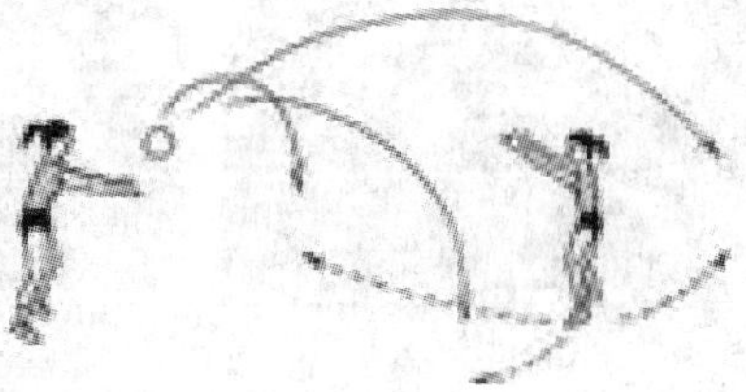

图 3-3-19　抛传练习

（6）对传球练习；

（7）多人传球练习，三人一组变方向传垫球练习等；

（8）分组对抗游戏，平分成若干组，每组围成一个圆圈，保持球不落地，所有队员随意传球，既可以单位时间累计垫球总数决胜负，又可以取一次球落地前，小组所垫总个数决胜负。

4．发球

发球是进攻的开端，是由 1 号位队员在发球区内自己抛球后，用一只手将球直接击入对方场区的击球方法。攻击性发球是比赛进攻的利器，可破坏对方的战术，加大进攻的砝码，振奋队伍的士气。发球技术主要分为发旋转球和飘球。旋转球包括正面上手发球、跳发球、正面和侧面下手发球、侧旋球等；飘球包括上手飘球、勾手飘球以及跳飘球。在此介绍基本的侧面下手发球。

动作方法：（以右手发球为例）左肩对球网，双脚左右开立，与肩同宽，两腿微屈，上体前倾，左手持球于腹前，重心放在右腿上。左手将球轻轻抛起在体前右侧一臂距离，离手高为 20～30 厘米处，在抛球同时右臂伸直以肩为肘向后摆至后下方。抛球引臂后，借蹬地转体的力量带动右臂迅速前摆，以全手掌、掌根或虎口击球的后下方，击球后重心前移，身体面向球网入场，如图 3-3-20 所示。

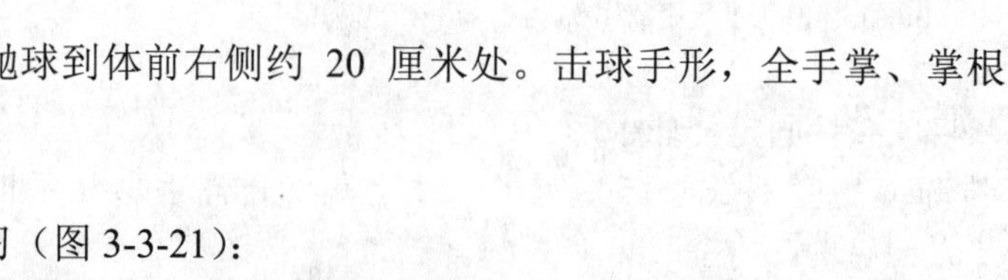

图 3-3-20　侧面下手发球

动作要点：抛球到体前右侧约 20 厘米处。击球手形，全手掌、掌根或虎口。协调发力。

练习方法：

（1）抛球练习（图 3-3-21）：

① 固定高度抛球练习，两眼始终注视球，看准击球部位；

② 抛球引臂练习；

③ 击固定球练习，持球人将球固定在距离练习人一臂距离位置，练习人击球体会全身

协调发力动作（图 3-3-22）。同时，两人相互纠正错误动作。

图 3-3-21　抛球练习

图 3-3-22　击固定球练习

（2）有一定距离发球练习：

① 墙或隔网上限定高度的发球练习；

② 隔网发球练习，由进攻线处、6 米距离处、端线处，循序渐进地练习，学习巩固技术，提高发球质量（图 3-3-23）；

③ 两人一组，分站场地边线，相距 9 米不隔网，一发一接练习，要求球要发准；

④ 结合比赛，实战练习发球。

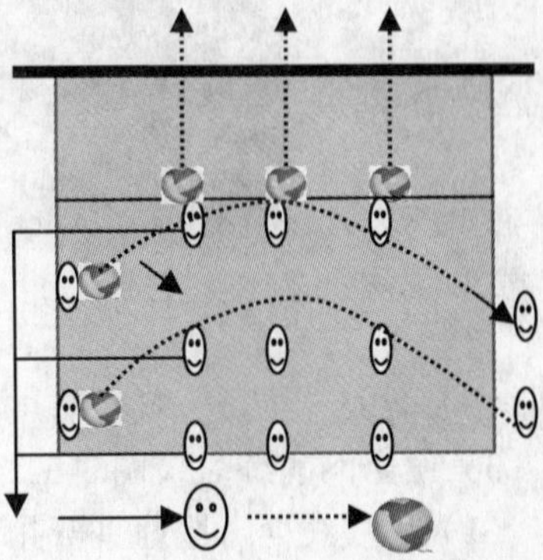

图 3-3-23　隔网发球练习

5. 扣球

扣球是进攻中最精彩最有效的进攻利器，在战术系统华丽外衣的包装下，扣球无疑成了排球比赛中的魅力核心。

扣球技术按动作划分为正面扣球、勾手扣球、小抡臂扣球和单脚起跳扣球等。下面就以正面扣球为例进行介绍。

正面扣球是排球扣球技术中最基本的击球方法。正面扣球，面对球网，视野开阔，动作简单易学，是扣球入门的极佳选择。

动作方法：两步助跑，右手扣球为例。采用稍蹲的准备姿势，站在进攻线后，身体面对来球方向，视线随球而动。选择合适的路线助跑，左脚先迈出一步，接着右脚迅速跨一大步，左脚及时并上且制动，踏在右脚前方，发力由脚后跟向脚前掌过渡，双腿起跳。两臂在体侧做弧线向上的摆臂运动。助跑节奏由慢到快。起跳后，挺胸展腹。上体稍向右转，右臂向后上方抬起，身体成反弓形。挥臂时，以迅速转体、收腹动作发力，依次带动肩、肘、腕部位成鞭打动作向前上方挥动。击球时，五指微张成勺形并保持紧张，以全手包满球，掌心为击球中心，击球的后中部，主动用力屈腕向前推压。落地时，两脚前脚掌先落地再过渡到全掌着地，顺势屈膝缓冲，为下一个动作做准备，如图 3-3-24 所示。

动作要点：①助跑起跳，注意起跳时机的把握，人球关系的控制；②空中击球，腰腹发力，上肢各关节做鞭打动作；③击球点，跳起和手臂伸直最高点的前上方；④击球手形，全手掌击球，手腕向前推压；⑤击球部位是球的后中部。

练习方法：

1）个人练习

（1）个人练习左手持球，右手做挥臂练习；

（2）徒手挥臂击固定球练习；

（3）对挡网或墙自抛自扣练习；

（4）对墙连续扣球的练习。

2）两人练习

（1）两人一组，一人持球，一人做扣球练习，体会协调发力和扣球手形以及击球部位。持球人尽量将球举到对方直臂最高点击球的地方，如图 3-3-25 所示。

图 3-3-24 正面扣球

图 3-3-25 两人练习

（2）两人一组，一打一防过渡到连续打防的练习。

3）结合网的练习（图 3-3-26）。

（1）进攻线处，原地直臂扣球过网。

（2）进攻线处，自抛球起跳扣球过网。

（3）四号位扣球练习。

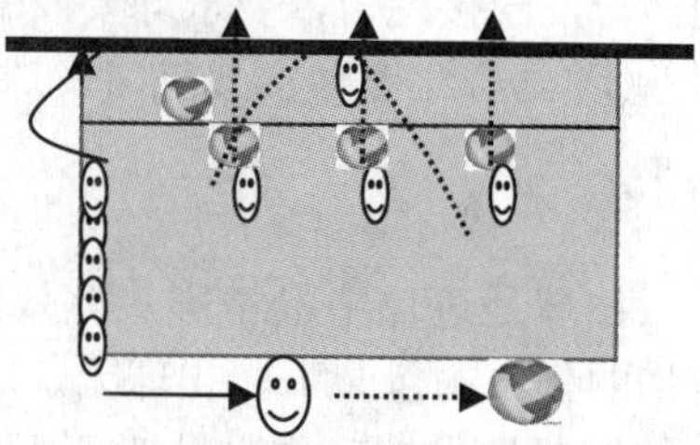

图 3-3-26 结合网的练习

6. 拦网

20 世纪 60 年代对于拦网手可以过网的规则进行了修订，赋予了拦网进攻的权利，拦死或拦回对方扣球，给对方造成巨大的心理压力。拦网按人数可分为单人拦网和集体拦网。

动作方法：队员面对球网，距网 30～40 厘米，双膝微屈，两臂在胸前自然屈肘，原地起跳时，重心降低，双膝弯曲，用力蹬地，使身体垂直起跳。跳起后两手从额前平行球网向网上沿前上方伸出，两臂平行，两肩尽量上提，两臂尽力伸过网向对方上空，两手接近球，自然张开，手触球时要突然紧张，主动盖帽捂球。

动作要点：垂直起跳，含胸收腹，提肩伸臂，过网拦击。

3.3.3 排球基本战术

运动员针对临场情况，根据排球的比赛规律，有效的运动技术及所采取有预见、有目的、有组织的行动称为排球战术。通过战术的奇正变化，能有效地破坏对手的防守意图。排球战术组合有接发球及其进攻、接扣球及其进攻、接拦回球及其进攻、接传垫球及其进攻。在此重点介绍“中一二”进攻战术、接发球防守战术和接扣球防守战术。

1. “中一二”进攻战术

“中一二”进攻形式是排球进攻中最基本、最简单的形式，由前排中间的 3 号位队员作二传，其他 5 名队员将来球垫传给二传队员，再由二传将球传给 2、4 号位队员进攻的组织形式，如图 3-3-27 所示。其优点是一传向网中 3 号位垫球比较容易，因而有利于组成进攻，适合初学者采用；二传队员在网前接应一传的移动距离近，向 2、4 号位传球的距离较短，目标明确，容易传准。

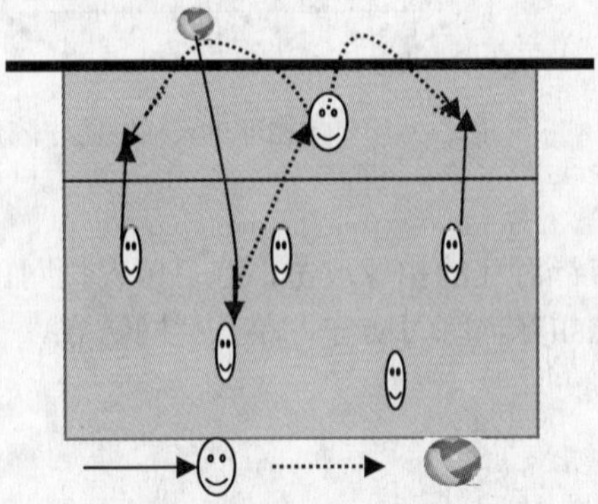

图 3-3-27 “中一二”进攻战术

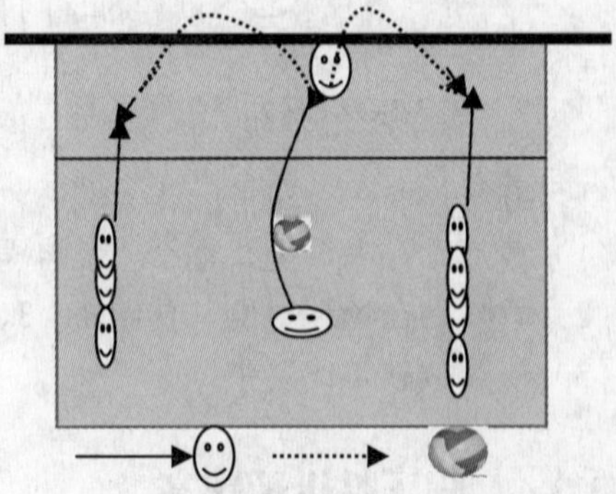

图 3-3-28 进攻战术练习

练习方法：

（1）两路纵队，分站在 2、4 号位。教师在 6 号位向 3 号位抛、传球，3 号位二传队员将球交替传给 2、4 号位队员扣球，扣球后两纵队互相交换位置，如图 3-3-28 所示。

（2）场上 6 名学生站成接发球站位阵形，教师从对场区抛球，学生接发球练习“中一二”进攻战术。

2. 防守战术

1）接发球防守阵形

初学者在采用“中一二”进攻阵形时，多采用“W”形站位阵形，也称“一三二”形站位，如图 3-3-29 所示。5 名队员分布均衡，前面 3 名队员接前场区的球，后排 2 名队员接后场区的球，职责分明。缺点为队员之间“结合部”多，也不利于接对方边角上的球。

练习方法：

（1）教师在对场区发球，针对队员、“结合部”、两边大角发球，练习队员移动接发球能力；

（2）在实战教学比赛中，练习队员发球技术，提高队员发球的心理素质。

2）接扣球单人拦网防守阵形

当对方技术水平一般、进攻能力较弱时；当对方战术多变，本方移动不到位，无法组织集体拦网时，可采用单人拦网防守战术。

对方 4 号位扣球，本方 2 号位队员单人拦网，3 号位队员后撤防吊球，4 号位队员后撤防小斜线扣球或吊球，后排 3 名队员每人防守一定区域。对方 2 号位扣球，防守方法相同。

对方 3 号位扣球，4、2 号位后撤防守，6 号位队员向前防吊，每位队员负责各自防守区域，如图 3-3-30 所示。

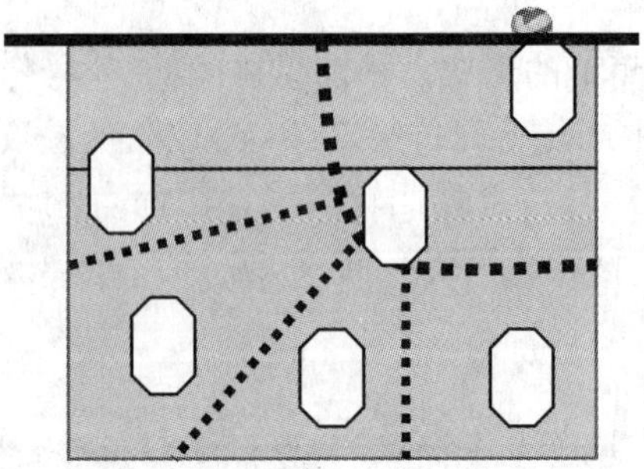

图 3-3-29　接发球防守阵形

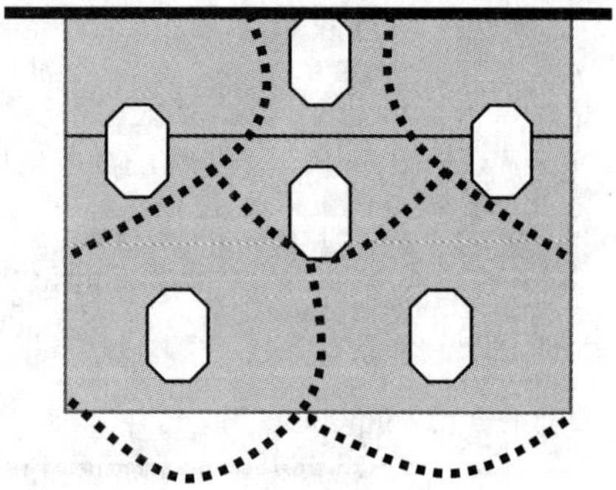

图 3-3-30　接扣球单人拦网防守阵形

练习方法：

（1）教师站在高台上，在 2、3、4 号位做有针对性的扣球攻击，练习单人拦网。

（2）教师站在场地对侧，传给 2、3、4 号位扣球，练习防守方单人拦网防守。

（3）在实战教学比赛中练习。

3.3.4　娱乐性排球比赛

可以根据人数，灵活采用二对二、三对三、四对四人制的娱乐形式，缩小比赛的场地，简化比赛的规则，加之提出一些限制性因素，保障比赛的连续性。

思考题

1．排球运动包括哪几项基本技术？

2．列举两种排球防守战术。

第4章

体育与健康

健身与健美

4.1 健美操

4.1.1 健美操概述

健美操英文名“Aerobics”，即有氧体操，是有氧运动的一种。它是融体操、舞蹈、音乐、娱乐为一体，在音乐伴奏下，以身体练习为基本手段、以有氧运动为基础，达到增进健康、塑造形体和娱乐目的的一项体育运动。健美操源于现代社会人们对于健身、健美的需要，符合青年人“求新、求趣、求知、求动、求美”的心理，具有鲜明的时代气息。它通过徒手、持轻器械和用专门器械的操化练习达到改善体质、增进健康、塑造体形、控制体重、愉悦精神、陶冶情操等健身、健美和健心的目的，具有体育、舞蹈、音乐、美育等多种社会文化功能，从而成为一个观赏型的体育项目。20 世纪 80 年代以来，健美操运动不仅已成为世界范围的大众体育活动内容，而且也是国际性竞技体育项目之一。因此，健美操又分为健身和竞技两大类。

目前，健美操已流行于学校体育健身课程，尤其是健身性健美操已成为学校体育不可缺少的内容之一。它练习的主要目的是“锻炼身体、保持健康”。其主要特点是：①动作简单，易学，适合于不同性别和年龄层次；②动作形式不拘一格，流行时尚，且不失优美大方，有益塑造人体良好、健美的身体形态和高雅的气质；③以集体练习为主，为学生提供了互相学习、交流和挑战的空间，可增强学生的团队意识和交往能力。④练习在音乐伴奏下进行，动作伴随着音乐明快的节奏，形成强劲的动感，充满青春的活力，可帮助学生缓解紧张的学习压力，调节情绪、振奋精神、陶冶情操，培养人开朗、积极向上的良好个性和审美能力。

4.1.2 健美操教学内容

近几年，学校体育蓬勃发展，健身健美操课程逐步演变成多种形式、风格各异，如以瑜伽、街舞、啦啦操、爵士舞、跆拳道、搏击等形式为健身健美操，这也折射出人们审美标准和情趣的不同口味，是随着时代的变化而提高的。但是健美操无论练习形式有多种的不同，其基础动作来源仍是徒手体操、艺术体操和舞蹈的基本动作元素，它们是健美操基本动作的核心，是创编各种动作和组合套路的基本素材，在此基础上产生和发展的。

下面介绍一套以徒手体操、舞蹈为基本动作元素的组合范例供教学参考。

4.1.3 健身操成套范例

第一个八拍至第四个八拍分段动作，如图 4-1-1 所示。

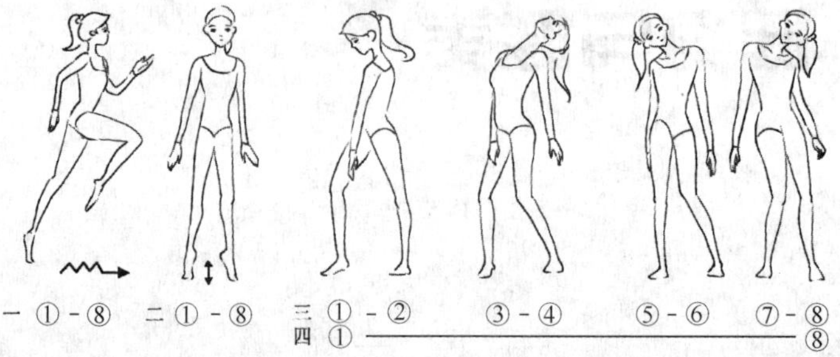

图 4-1-1 第一个八拍至第四个八拍分段动作

第一个八拍 ①—⑧跑跳步出场。

第二个八拍 ①—⑧分腿立踵原地脚踝弹动(压脚跟，连压两次，停两拍；重复两遍)。

第三个八拍 ①—②身体右前 45° 转，原地双膝前后依次屈伸弹动两次，同时头向前连续屈颈两次；

③—④继续弹动头向后伸颈两次；

⑤—⑥身体转正朝前，双腿继续弹动，头向右侧屈颈两次；

⑦—⑧左侧重复⑤—⑥动作。

第四个八拍重复第三个八拍动作，动作方向相反。

第五个八拍至第八个八拍分段动作，如图 4-1-2 所示。

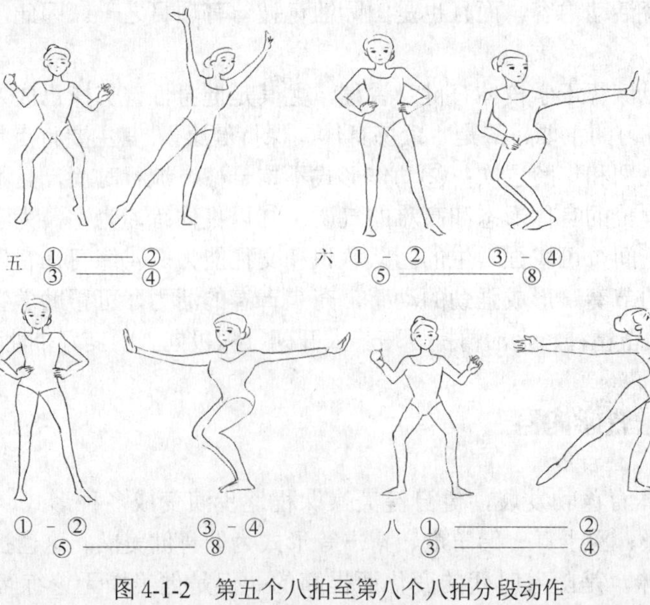

图 4-1-2 第五个八拍至第八个八拍分段动作

第五个八拍 ①—②向左侧移重心，同时双手经屈臂向上伸举；

③—④向右侧移重心重复①—②动作，并以此重复动作八拍。

第六个八拍 ①—②向左分腿立踵，双手叉腰；

③—④右脚向左侧并腿半蹲， 同时左臂向侧平举推掌伸臂；

⑤—⑧重复①—④动作，动作方向相反。

第七个八拍 重复第六个八拍动作，将单臂推掌伸臂动作换为双臂。

第八个八拍 ①—②左脚向前迈步移重心，右脚侧点地，同时双手向右侧伸臂，上体向右侧屈，挺胸抬头，

③—④重复①—②动作，动作方向相反，⑤—⑧重复①—④动作。

第九个八拍至第十个八拍分段动作，如图 4-1-3 所示。

图 4-1-3　第九个八拍至第十个八拍分段动作

第九个八拍 ①—②左脚向左侧开步、右脚并左脚转体 180°，再左开步转体 180°，共转体 360°，两臂保持侧平举；

③—④右脚并左脚，并腿的同时拍手；

⑤—⑧重复①—④，动作方向相反。

第十个八拍 ①—②左脚跟前 45°点地，上体前屈，手指交叉、臂前伸向下压腿，

③—④重复①—②动作，左右相反；

⑤—⑥左腿屈膝勾脚面侧吸踢腿，同时上体向侧弯曲；

⑦—⑧重复⑤—⑥动作，左右相反。

第十一个八拍至第十三个八拍分段动作，如图 4-1-4 所示。

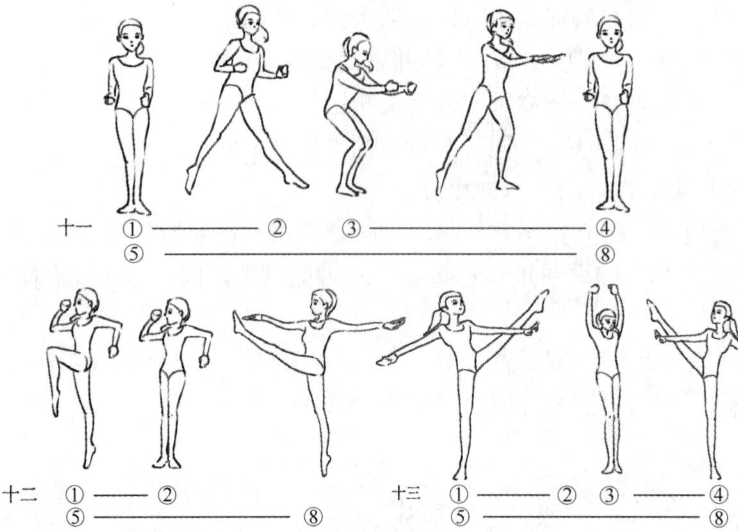

图 4-1-4 第十一个八拍至第十三个八拍分段动作

第十一个八拍 ①—②左腿向左前 45° 角伸直抬腿，同时右脚蹬地跃起，双脚并腿落地半蹲，同时双臂屈肘握拳由腰间向前推掌；

③—④左脚蹬地跳跃，右脚向后摆动返回原地，双臂收回还原；

⑤—⑧重复①—④动作，动作方向相反。

第十二个八拍 ①—②身体右转 45°，左腿向前高吸腿跳一次；

③—④左腿直膝向前高踢腿跳一次；

⑤—⑧重复①—④动作，动作方向相反。

第十三个八拍 ①—②左腿直膝向侧高踢腿一次；

③—④重复①—②动作，右腿高踢腿；

⑤—⑧重复①—④动作。

第十四个八拍至第十八个八拍分段动作，如图 4-1-5 所示。

图 4-1-5 第十四个八拍至第十八个八拍分段动作

第十四个八拍 ①—②右腿向前并步跳；

③—④左腿重复①—②动作；

⑤—⑧向后退重复①—④并步跳动作。

第十五个八拍 ①—④右腿向左 45°角弹踢腿跳两次；

⑤—⑧左腿向右 45°角弹踢腿跳两次。

第十六、七个八拍①—②右腿半蹲左腿前吸腿，同时上体向前屈，两臂向前波浪摆动；

③—④换腿重复①—②腿的动作，上体伸展向体后屈，两臂向侧波浪摆动；

⑤—⑥体前屈摆动、立身，同时手臂由侧举向内交叉摆臂；

⑦—⑧再体前屈摆动、立身，同时两臂由交叉向侧摆臂伸展。

第十八个八拍 ①—④向前做鞠躬敬礼动作；

⑤—⑧跑跳步退场结束动作。

思考题

1. 健美操是一项什么样的运动？
2. 请查阅资料，健美操基本步伐分为几大类？每一类包括哪些内容？

4.2　武术

4.2.1　武术概述

武术属于中国民族传统的技击术。它是以技击为主要内容，以套路和搏斗的运动形式，注重内外兼修的中国传统体育项目。其技击动作以踢、打、摔、拿、击、刺等为主要内容，通过徒手或借助于器械的身体运动来表现攻防格斗的能力。运动形式包括套路和搏击两种，它们既是结合的，又是分离的，这种发展模式，有别于世界上其他技击术。作为体育项目的武术，它不仅有丰富的攻防技击内容，还有东方文明所特有的哲理性、科学性和艺术性，并较集中地体现了中国人民在体育领域中的智慧结晶。青少年学习武术，既符合他们的活泼好动的年龄特点，全面发展他们的灵敏、协调、柔韧、力量等身体素质，还能培养他们吃苦耐劳、勇敢顽强、机智果断及努力向上的精神风貌。对于弘扬和传承祖国民族文化，激励学生的爱国热情，以及民族责任感和自豪感等方面，都起着其他体育运动项目不可替代的独特作用。

4.2.2　武术基本技术

武术入门先从学拳开始。下面就介绍一些常用的基本功和基本动作。武术基本技术是指武术拳术中最基础、最具有代表性的动作，包括肩、臂、腰、腿、手型、手法、步型、步法、身形、身法、跳跃、平衡、跌扑滚翻、眼法等。

1. **基本功**

基本功是指为了更好地掌握武术技法，发展力量、速度、柔韧、耐力、灵敏等专门素质的基础练习。不同的拳种、器械所要求人的身体素质、基本功和技术不尽相同。扎实的基本功须通过长期训练才能获得，它既是初学者的基础功夫，又是技术进一步提高的保证，也是防止损伤、延长运动寿命的有效措施。

1）柔韧

武术的柔韧练习方法包括肩、腿、腰三部分。既有静力性的柔韧练习，又有动态的柔韧练习。

练习方法：

（1）压肩，如图 4-2-1 所示。

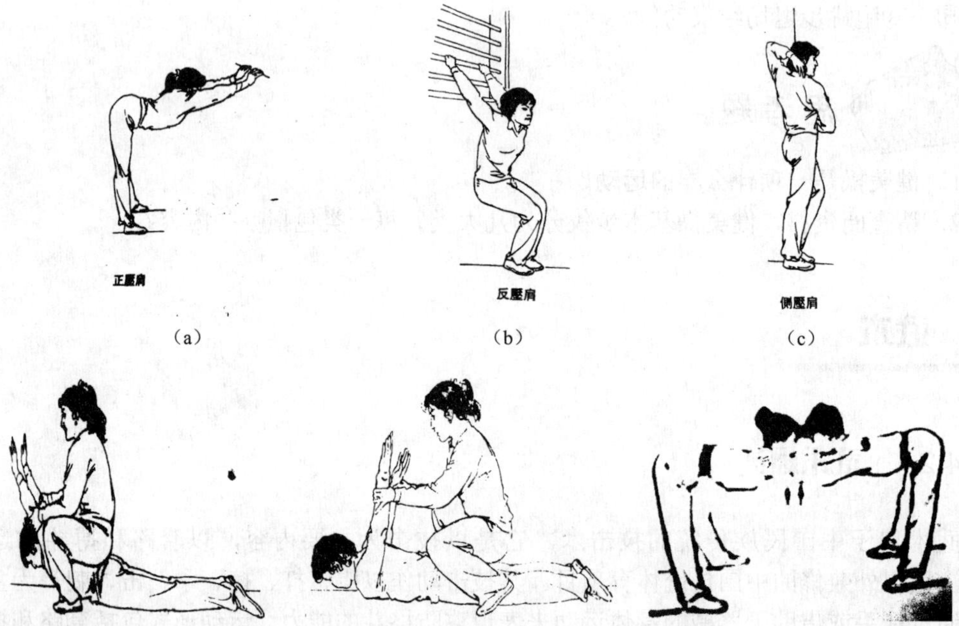

（a）（b）（c）（d）（e）（f）

图 4-2-1 压肩练习

动作要点：两臂、两腿要伸直，振幅应逐步加大，压点集中于肩部；增加助力应由小到大。

（2）肩部运动。单臂绕环、双臂绕环，双臂绕环包括前后绕环、左右绕环、交叉绕环、仆步抡拍等，以及不同拳种特有的肩臂动作练习，如通臂、劈挂拳中的劈、拍、摔、抡。

（3）压腿。主要是拉长腿部的肌肉和韧带，加大髋关节的活动范围。

① 正压腿，如图 4-2-2 所示。

动作要点：直体向前，向下压振；逐渐加大振幅、逐步提高腿的柔韧性；先以前额、鼻尖触及脚尖，然后过渡到下额触及脚尖。

（a）正压腿　（b）正耗腿　（c）高压腿　（d）低压腿

（e）低耗腿　（f）搬腿　（g）正撕腿

图 4-2-2　正压腿练习

② 侧压腿，如图 4-2-3 所示。

动作要点：直体向前，向下压振；逐渐加大振幅；逐步过渡至上体侧卧在被压腿上。

（a）侧压腿　（b）侧耗腿　（c）低压腿　（d）高压腿　（e）侧搬腿

图 4-2-3　侧压腿练习

③ 后压腿，如图 4-2-4 所示。

（a）后压腿　（b）后踢腿　（c）后搬腿　（d）后撕腿

图 4-2-4　后压腿练习

动作要点：两腿挺膝，支撑腿全脚掌着地，脚趾抓地，挺胸，展髋，腰后屈。

（4）踢腿。包括正踢腿、侧踢腿、里合腿、外摆腿、侧踹腿、弹踢、蹬腿、后撩踢等，以及不同拳种特有的腿法练习。例如，戳脚的鸳鸯腿、勾踢。

（5）跳跃。包括侧空翻、旋子腾空飞脚、旋风脚、外摆莲、箭弹腿等。

（6）翻滚。

2）桩功

桩功是一种以意领气、以气运身、外静内动的内功练习方法。又称站桩。习练传统武术中的特有练功手段，各个流派都有其独道的桩功练法。桩功动作简单，内涵却极为丰富，不仅体现了各拳种武功特点，更蕴含着其各自的理法、宗旨，称得上化繁为简、返朴归真的重要练功手段。

（1）马步桩。马步桩也称骑马桩，是武术运动中的基本桩式之一。两脚平行开立，间距为脚长的 3 倍；上肢可变换练习，如图 4-2-5 所示。

动作要点：头正、颈直、屈膝半蹲，膝部不得超过脚尖，大腿接近水平，五趾抓地，身体重心落于两脚之间。

（2）常见基础桩功，如图 4-2-6～图 4-2-8 所示。

图 4-2-5　马步桩

图 4-2-6　弓步桩

图 4-2-7　仆步桩

图 4-2-8　虚步桩

2. 四击八法

1）四击

踢、打、摔、拿是武术的 4 种技击方法，也是武术的核心部分。武术内容一般都离不开这 4 种技击方法，如图 4-2-9 所示。

（a）踢法　（b）打法　（c）摔法　（d）拿法

图 4-2-9　武术的 4 种技击方法

2）八法

八法是指手法、眼法、身法、步法、精神、气息、劲力、功夫。

4.2.3　武术基本动作组合

1. 基本手形

武术的基本手形如图 4-2-10 所示。

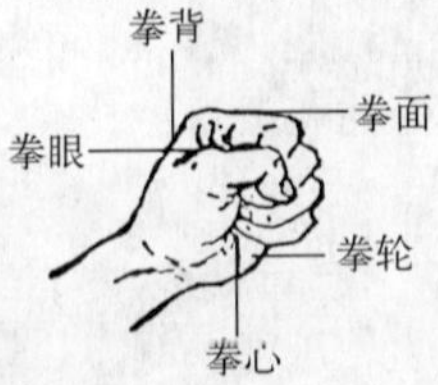

（a）拳

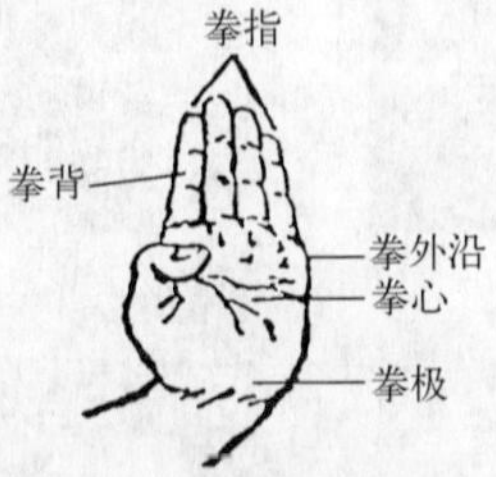

（b）掌

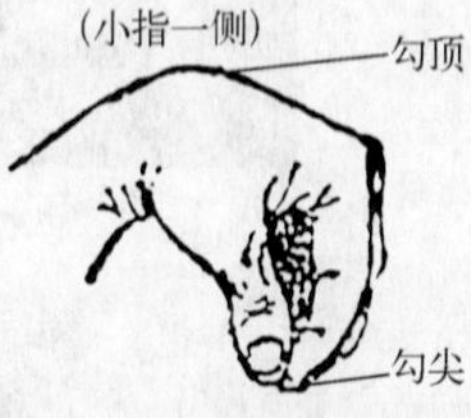

（c）勾

图 4-2-10　武术的基本手形

2. 基本手法动作组合

（1）冲拳，如图 4-2-11 所示。

动作要点：拧腰、顺肩、急旋前臂，打出寸劲、力达拳面。

（a）预备（开步抱拳）

（b）冲拳（平拳）

（c）冲拳（立拳）

图 4-2-11　冲拳练习

（2）原地推掌，如图 4-2-12 所示。

图 4-2-12　推掌

动作要点：掌由腰间旋臂向前立掌推击，快速有力，臂要直，力达掌外沿。

练习形式：可采用以不同方向的冲拳、推掌节拍的变化等进行练习。

（3）拳、掌、勾手形变化练习，如图 4-2-13 所示。

（a）预备开步抱拳

（b）双冲拳

（c）亮掌

（d）勾手

（e）抱拳（复原）

图 4-2-13　拳、掌、勾手形变化练习

动作要点：冲拳快速有力；亮掌时肘微屈，抖腕翻掌清楚；勾手时手腕向下由伸到屈，力达手指。

3. 基本步型

基本步型包括弓步、马步、虚步、仆步、歇步五种常见基本步型，如图 4-2-14 所示。

（a）弓步

（b）马步

（c）仆步

（d）虚步

（e）歇步

图 4-2-14　武术的基本步型

4. 基本腿法动作组合

蹬腿—侧踹腿—后撩腿（左右交换练习）：左脚上一步→右脚向前蹬出→落步重心移到左腿，同时身体左转 90°，左脚侧踹→落左脚再右转 90°，身体背向进攻方向，右腿向后撩踢，如图 4-2-15 所示。

（a）蹬　（b）踹　（c）撩

图 4-2-15　基本腿法动作组合练习

动作要点：（1）出腿速度快，身体转动灵活，衔接动作要快，力达脚跟，击打部位准确。

（2）蹬腿时，腿由屈到伸，脚尖勾起，用脚跟猛力蹬出；

（3）侧踹时，腿由屈到伸，脚尖勾起内扣或外展用脚底猛力踹出；

（4）后撩腿时，上体前俯，抬头挺胸。用脚跟向后上方用力撩踢。

5. 五步拳（图 4-2-表 1）

五步拳，即五种步型、腿法结合手法动作的连贯练习，如表 4-2-1 所示。

动作说明：并步抱拳→搂手弓步冲拳→弹腿冲拳→马步架冲拳→歇步冲拳→转身提膝插掌→仆步穿掌→虚步挑掌→并步抱拳（反向动作一样）。

表 4-2-1　五步拳动作说明

 动作名称：1 并步抱拳	 动作名称：2 搂手弓步冲拳	 动作名称：3 弹腿冲拳	 动作名称：4 马步架冲拳
 动作名称：5 歇步冲拳	 动作名称：6 提膝插掌	 动作名称：7 仆步穿掌	 动作名称：8 虚步挑掌

技术要点：步型、步法准确、上下肢配合协调，冲拳、弹腿发力一致，精神贯注。

攻防内涵：左手搂、右手冲（左防右攻）弹踢与手法同时进攻。架掌与侧冲拳（左架为防守，右冲为进攻）盖掌为防守，冲拳为进攻，插掌为进攻，力达指尖，穿掌为防守，挑掌为进攻。

4.2.4 武术基础长拳（完整套路的演示，共两段 20 个动作）

学武先学做人，先德后武。在学习套路前，首先要了解武术的礼仪，抱拳礼（图 4-2-16）的含义是：“左手为掌，表示德、智、体、美齐备，屈拇指表示不自大。右手为拳，表示勇猛。左掌右拳拢屈、两臂屈圆，表示天下武林是一家，谦虚团结，以武会友。左掌为文，右拳为武，文武兼学，渴望求知，恭候师友，前辈指教。” 这也是武术尊师重道的教育手段之一。

图 4-2-16 抱拳礼

1. 第一段动作说明（10 个动作，如表 4-2-2 所示）

表 4-2-2 第一段动作说明

动作名称：并步站立 动作要点：头正直，挺胸、塌腰、收腹	预备式：并步抱拳 动作要点：转头有力，身体微前倾	动作名称：1 前侧双冲拳 1-1、1-2、1-3、 动作要点：拳心向下，高与肩平，速度要快，转头有力，眼看左方		

动作名称：2 马步摆掌 动作要点：马步是三个脚长，手与脚动作同时完成	动作名称：3 左弓步冲拳 动作要点：后腿蹬转有力，前腿与脚尖垂直，臂与肩平	动作名称：4 蹬腿冲拳 动作要点：支撑腿伸直，右腿尽量与腰平，左臂与肩平，上下肢协调用力	动作名称：5 顺弓步冲拳 动作要点：前落时脚跟先着地，拳背要平	动作名称：6-1 提膝上举 动作要点： 左脚用力蹬地的同时，右腿提膝

动作名称：6-2 并步砸拳 动作要点：砸拳和振脚须同时，挺胸、塌腰停于体前，声音清脆响亮	动作名称：7 右转身跳马步侧冲拳 动作要点：跳转与冲拳要协调一致，拳眼向上。注意八字脚	动作名称：8 上步右左弓步推掌 动作要点：右左推掌要连贯，掌外沿用力	动作名称：9 十字拍脚 动作要点：支撑腿尽量伸直，腿踢摆达最高点时击拍，清脆响亮	动作名称：10 弓步架推掌 动作要点：左脚下落时脚跟先着地，动作完整，快速有力

2. 第二段动作说明（10 个动作，如表 4-2-3 所示）

表 4-2-3 第二段动作说明

动作名称：11 仆步勾手 动作要点：屈膝腿脚跟落实，左手尽量高抬，挺胸，眼看右脚	动作名称：12 弓步撩掌 动作要点：搂和撩要连贯，速度要快，后手尽量高抬	动作名称：13 左、右弹腿插掌 动作要点：绷脚面、小腿弹出脆快有力、高不过腰	动作名称：14 腾空箭弹腿插掌 动作要点：空中手的路线要清楚，力达指尖	动作名称：15 弓步架冲拳 动作要点：落步时脚跟先着地，动作协调完整

动作名称：16 转身弓步撩掌 动作要点：转体、蹬脚快，身体稍前倾，眼看右手	动作名称：17 歇步砍掌 动作要点：下蹲和砍掌同时，协调、稳定、有力，眼看左方	动作名称：18 弓步顶肘 动作要点：撤步和顶肘要同时，快速有力，转头有力，目视右方	动作名称：19 马步分掌 动作要点：弓马步转换清楚，分掌有力，注意神态	动作名称：20 并步抱拳 动作要点：身体稍前倾，挺胸、收腹、立腰

武术基础长拳练习方法：

（1）加强基本技术动作组合的熟练性练习，包括基本手型、基本腿法、基本步型。

（2）加强小组练习的团队意识，促进学生之间对于练武、习武的交流。

（3）注意长拳套路的分节、分段练习，督促学生掌握武术运动的节奏感，以及建立起武术的攻防意识。

（4）套路练习与拳法对练模拟场景练习相结合。

（5）个人整套长拳练习与集体练习相结合。

（6）运用好武术课的准备活动，以武术的各种柔韧性基本功练习为主要内容，使学生的身体素质得到全面发展。

4.2.5 组织课内或校园武术比赛

1. 课内武术技术评比

可采用分组形式，每组出一名或两名动作掌握较好的同学进行交流，组织小组之间进行武术技术评比，结果与体育课成绩相联系，激励同学主动练习，掌握所学技术，提高课堂质量。

2. 组织一次校内武术比赛

武术运动竞赛项目包括长拳、太极拳、南拳、剑术（图 4-2-17）、刀术（图 4-2-18）、枪术（图 4-2-19）、棍术（图 4-2-19）、其他拳术（形意、八卦、八极、通臂、劈挂、翻子；地躺、查拳、少林拳等）、其他器械、对练项目、集体项目。

图 4-2-17 剑术

图 4-2-18 刀术

图 4-2-19 枪术

图 4-2-20 棍术

根据学校武术群众基础，比赛内容可以做如下安排：

（1）集体的基本手法、步型、腿法的组合练习比赛；

（2）集体五种步型比赛；

（3）个人基础长拳、器械比赛；

（4）自编小套路（结合武术的基本手法、步法、腿法等创编）。

思考题

1. 根据所学过的武术基本动作，以四人为一组，创编一个 10 个动作左右的长拳小套路。

2. 青少年学习武术的意义是什么？

第5章

体育与健康

娱乐体育

5.1 乒乓球

5.1.1 乒乓球概述

乒乓“PingPong”是英国人给它起的名字。乒乓球运动起源于英国，衍生于网球，风靡世界。20 世纪初传入中国。中华人民共和国成立以后人们更加喜爱乒乓球运动，现今被誉为我国的“国球”。乒乓球运动集健身、娱乐、竞技于一体。具有设备简单、容易学习、参与人群广泛、趣味性和技巧性强等优点。经常打乒乓球可以锻炼眼力、提高智力、增强反应速度，培养协调能力等。通过乒乓球比赛能促进人们的交流、增进友谊，培养机智勇敢、沉着顽强和勇于拼搏的良好心理素质。

5.1.2 乒乓球运动基础知识

选择球拍，了解击球的基本环节，了解击球的基本原理是学习打乒乓球的基本知识。

1. 握拍方法

握拍方法说明如表 5-1-1 所示。

表 5-1-1 握拍方法说明

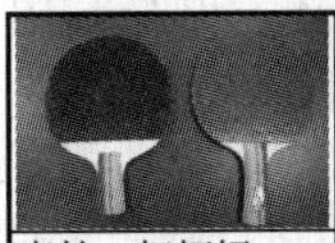	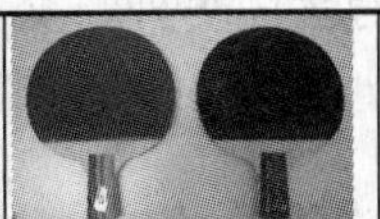		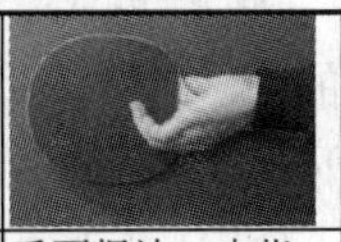		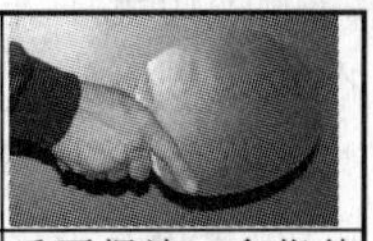
直拍：把柄短 横拍：把柄长	正胶：覆盖物颗粒向外 反胶：覆盖物颗粒向内的海绵胶	正面握法：拇指、食指握住球拍	反面握法：中指、无名指、小指自然弯曲顶住球拍	正面握法：虎口轻微贴拍，拇指靠近中指握住球拍	反面握法：食指伸出，中指、无名指、小指握住球拍

正确的握拍方法示例，如图 5-1-1 所示。

图 5-1-1　握拍方法示例

2. 击球的基本环节

乒乓球击球动作千变万化，打出的球也各有不同。尽管每个动作方法和技术要点不同，但是每次的击球动作，其基本环节是有共同规律的，即首先是选位；接着是引拍；再接下来是击球；再接着是挥拍；最后是还原。

3. 击球发力的三要素

击球发力时要讲究力度、力道和力点。它就是“力的三个要素”，即力的大小、方向、作用点。学习提高乒乓球击球技巧必须关注“这三个要素”。我们在讲解技术动作时，一定要讲到击球时用力的大小、发力方向和拍触球的点，这三项之间有着密切的关系，即力度（发力的大小）、力道（发力的方向）、力点（球拍的击球点）。

5.1.3 乒乓球基本步法

乒乓球基本步法包括基本站位、基本姿势和基本步法。

1. 基本站位与准备姿势

（1）基本站位

通常运动员靠近球台，站在球台中间偏反手位的地方，身体稍转向正手。

基本站位与每个人的打法有关，不同的打法在站位上略有不同。

（2）基本姿势

两脚左右开立约与肩同宽。两膝微屈，上体前倾，重心置两脚之间。执拍手持拍于腹前，球拍呈半横状。球拍放置与球台同高。非执拍手自然弯曲，置身体左侧。两眼注视来球。

2. 基本步法

乒乓球中常见的四种基本步法包括单步、并步、跳步、跨步，另外，交叉步也是常用的移动步伐。交叉步时，反方向的脚先向来球方向前交叉跨出一大步，另一脚随即迈出。

（1）动作要点，如表 5-1-2 所示。

（2）练习方法：

① 单步：准备姿势站好，以左脚为轴，向前、后、左、右迈出一步，模拟击球动作，然后还原，各练习 5～10 次；反方向做同样练习。

表 5-1-2　基本步法说明

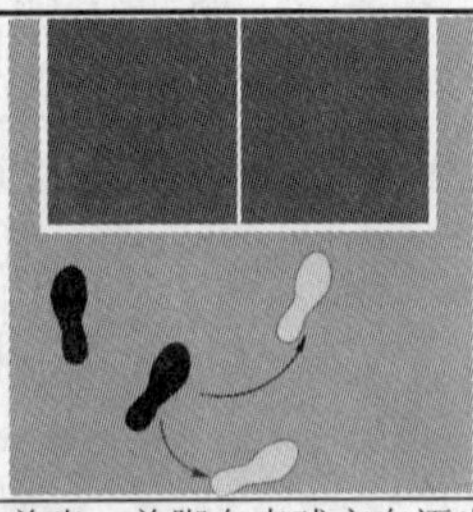	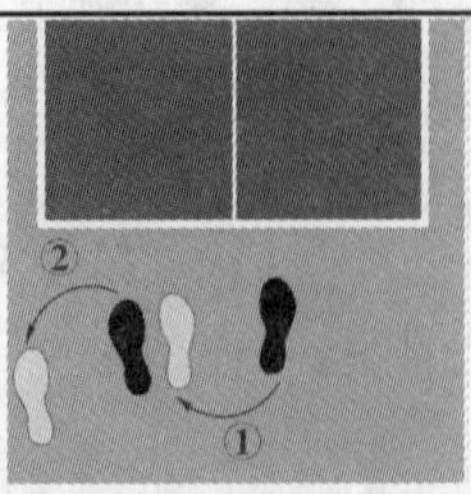	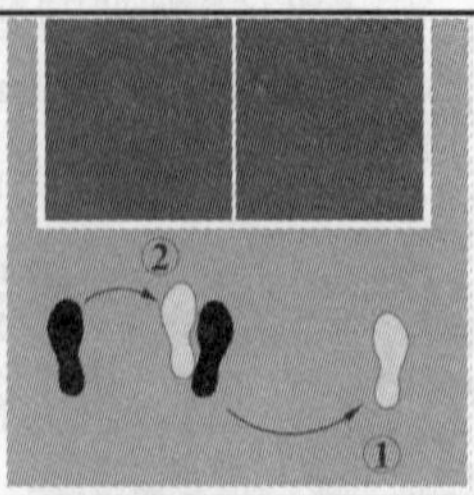	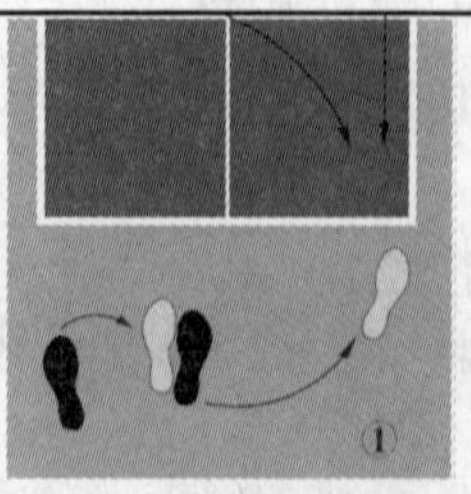
单步：单脚向来球方向迈出一步，随即调整重心，找到击球的最佳位置	并步：远侧脚先并向来球方向移动，另一脚随即向来球方向迈出	跳步:远脚的前脚掌内侧先用力蹬地，使两脚几乎同时离开地面，向来球方向跳动	跨步:近脚向来球方向跨出一大步，另一只脚跟着移动

② 并步：准备姿势站好，用并步向右移动一步，模拟击球动作，练习 5～10 次；反方向做同样练习。

③ 跳步：准备姿势站好，用跳步向前、后、左、右方向各跳动一步，模拟击球动作，然后还原，各练习 5～10 次。

④ 跨步：准备姿势站好，用跨步向前、后、左、右方向各跨出一大步，模拟击球动作，然后还原，各练习 5～10 次。

⑤ 交叉步：准备姿势站好，用交叉步向正手位移动，模拟击球动作，练习 5～10 次。

5.1.4　乒乓球基本技术

乒乓球基本技术包括推挡球技术、正手攻球技术、搓球以及发球、接发球技术等。学习乒乓球基本技术，即是学习乒乓球基本的击球手法，是帮助同学建立正确的击球概念和规范的击球动作。

1. 发球技术

1）正手平击发球

正手平击发球是初学者比较容易掌握的一种发球技术。发球熟练后可以要求发出“低、平、快、变” 的球。

（1）动作要点，如表 5-1-3 所示。

表 5-1-3　正手平击发球动作要点说明

选位：近台偏右，向上抛球至少 16cm	引拍：当球下降时击球。执拍手向后引拍 ，拍形稍前倾	击球：击球的中上部，向前发力为主	挥拍：前臂向前平行挥摆至胸前，第一落点靠近本方端线	还原：重心移至两脚间，还原成准备姿势

（2）练习方法

① 抛球练习 10 次；根据发球规则的要求，练习正确的抛球。注意观察下降期击球点的位置，建立良好的球与球台和身体之间的空间位置感。

② 练习慢速的平击发球，注意球的第一落点要在靠近端线 1/3 处，力量较轻。连续练习 5 次。

③ 练习快速的平击发球；要求第一落点靠近端线，弧线低平，出手突然，发出斜、直两条线。

2）正手发下旋球

正手发下旋球的特点是下旋强烈，对方还击容易下网。

（1）动作要点，如表 5-1-4 所示。

表 5-1-4　正手发下旋球动作要点说明

站位：站在球台的左侧，身体右转，侧对球台	引拍：抛球时向后上方引拍，拍形稍后仰，手腕外展拍头仰起	击球：球拍由后上向前下摩擦球的后下部	挥拍：前臂带动手腕，向前下方挥摆	还原：球的第一落点在本方球台中区，然后还原

（2）练习方法

① 连续发 5 个下旋球；练习用球拍摩擦球的后下方，弧线低平。对手练习用搓球技术接发球。

② 提高下旋球的摩擦质量；拍触球瞬间加速摩擦球，出球低平转，迫使对手加转搓。

③ 练习发出转与不转的球；动作还要尽量相似。

3）正手发左侧下旋球

正手发左侧下旋球其特点是角度大、速度快、旋转强球，便于制造进攻机会，一般配合左侧上旋一起使用。

（1）动作要点，如表 5-1-5 所示。

（2）练习方法

① 纯侧旋球练习发 5 个球为一组；要求拍面与地面垂直，从后向前挥拍摩擦球。

② 侧下旋球练习发 5 个球为一组；要求拍面稍后仰，球拍从后上方向前下方挥拍摩擦球。

表 5-1-5 正手发左侧下旋球动作要点说明

站位：站在球台的左侧，身体右转，侧对球台	引拍：向右后上方引拍，拍面垂直稍后仰，手腕充分外展	击球：球拍向左前下方发力摩擦球，击球的左侧下部	挥拍：前臂带动手腕，向左前下方挥摆	还原：球的第一落点在本方球台中区，然后还原

4）反手发右侧下旋球

反手发右侧下旋球其特点是弧线低平、旋转强，便于制造进攻机会，一般配合右侧上旋一起使用。

（1）动作要点，如表 5-1-6 所示。

表 5-1-6 反手发右侧下旋球动作要点说明

选位：球台左侧，持球于身前，球拍位于球的后下方	引拍：在向上抛球同时持拍手向左侧后方引拍，拍面稍后仰	击球：球拍由左向右摩擦球后下部，继续向右前下方发力摩擦球	挥拍：前臂带动手腕，由左后方向右前下方挥摆	还原：球的第一落点在本方球台中区，然后还原

（2）练习方法

① 练习转腰引拍；用力向右摩擦球，5 个一组。

② 练习用腰带动手臂发力；用力向右摩擦球，5 个一组。

2. 基本击球技术

1）直拍正手攻球

直拍正手攻球的特点是站位近、动作小、变化多、球速快，是比赛中常用技术，用以调动对方，伺机扣杀，也可直接得分。

（1）动作要点，如表 5-1-7 所示。

表 5-1-7　直拍正手攻球动作要点说明

选位：近台，两脚开立约与肩同宽，左脚稍前	引拍：转腰将球拍引至身体右侧，前臂和球拍成一直线与台面平行	击球：在上升期，击球的中上部，拍形稍前倾	挥拍：前臂主动向前上方发力，手腕内旋拇指压拍，使拍形前倾	击球后：球拍顺势挥至前额，然后还原

（2）练习方法

① 打一板球练习，每人连续打 10 次，对方将球发到正手位，练习者全神贯注打好一板球。

② 一推一攻练习。对手用推挡送正手位球，练习者练习连续正手攻球，力争连续打 10 板球。

③ 对攻练习。两人对攻练习，从轻、慢逐渐到适度发力，力争连续打 20 板球。

2）横拍正手攻球

横拍正手攻球的特点是站位近、动作小、变化多、球速快，是比赛中常用技术，用以调动对方，伺机扣杀，也可直接得分。

（1）动作要点，如表 5-1-8 所示。

表 5-1-8　横拍正手攻球动作要点说明

选位：近台，两脚开立约与肩同宽，左脚稍前	引拍：转腰将球拍引至身体右侧，前臂和球拍成一直线与台面平行	击球：在上升期，击球的中上部，拍形稍前倾	挥拍：前臂主动向前上方发力，前臂内旋压拍，使拍形前倾	还原：球拍顺势挥至前额，然后还原

（2）练习方法

① 打一板球练习，每人连续打 10 次；对方将球发到正手位，练习者全神贯注打好一板球。

② 一推一攻练习，对手用推挡送正手位球，练习者练习连续正手攻球，力争连续打 10 板球。

③ 对攻练习，两人对攻练习，从轻、慢逐渐到适度发力，力争连续打 20 板球。

3）直拍反手推挡球

推挡球是直拍运动员反手位的一个必备技术，其特点是站位近、动作小、变化多；推挡球包括挡球、快推、快拨、加力推、减力推、推下旋。

（1）动作要点，如表 5-1-9 所示。

表 5-1-9　直拍反手推挡球动作要点说明

选位：近台，两脚开立约与肩宽，两膝微屈，球拍位于腹前	引拍：肘关节内收，前臂、手腕外旋，食指压拍	击球：在上升期，击球中上部，拍形稍前顷	挥拍：前臂主动迎击来球，向前上方推击来球	击球后：球拍顺势前送，然后还原

（2）练习方法

① 反手对推练习。从轻挡，逐渐到向前推出，带有一定的速度和力量。

② 反手连续对推练习，力争连续打 20 个来回。

③ 反手半台推挡球比赛练习。要求必须发平击球，必须用推挡球技术，必须打反手半台，不得用其他技术。

4）横拍反手快拨球

反手快拨球是横拍运动员常用的一项技术，其特点是站位近、动作小、速度快，是在反手相持过程中非常重要的得分手段。

（1）动作要点，如表 5-1-10 所示。

表 5-1-10　横拍反手快拨球动作要点说明

选位：近台，两脚开立约与肩同宽，两膝微屈	引拍：转腰的同时拍引至腹前左侧，肘关节外展，拍头稍向下	击球：在上升期，击球中上部，拍形稍前倾	挥拍：前臂主动迎击来球，向前上方发力，而后手腕继续向前拨球	还原：球拍顺势挥前送，然后还原

（2）练习方法：

① 反手对拨练习。从轻挡，逐渐到向前拨出，带有一定的速度和力量。

② 反手连续对拨练习，力争连续打 20 个来回。

5）搓球技术

搓球是用来对付下旋球的一种过渡的手段。搓球主要可以通过旋转变化得分或者为下一步进攻创造机会。

（1）动作要点，如表 5-1-11 所示。

表 5-1-11　搓球技术动作要点说明

选位：两脚开立约与肩同宽，两膝微屈	引拍：球拍后仰位于腹前，稍向后上方引拍	击球：在上升期，摩擦球的中下部	挥拍：前臂向前向下发力摩擦球	还原：球拍顺势挥前送，然后还原

（2）练习方法

① 一人练习发下旋球，一人练习用搓球接发球。每人连续 5 次交换练习。

② 二人对搓练习；对搓练习 10 板球。

③ 搓球技术比赛练习。搓球技术比赛的特殊要求：必须发下旋球，必须用搓球技术，不得用其他技术，用其他技术算失分，只打反手半台，过中线算失分。

6）正手弧圈球技术

正手弧圈球的特点是速度快、旋转强、稳定性好，是一种靠旋转制胜、命中率较高的进攻手段。

（1）动作要点，如表 5-1-12 所示。

表 5-1-12　正手弧圈球技术动作要点说明

选位：稍退台，两脚略比肩宽，两膝微屈，重心低	引拍：身体右转，球拍引至身体右下方至右膝处，重心至右脚	击球：在下降期，摩擦球的中上部，拍形稍前倾	挥拍：向上、向前发力摩擦球，大臂带动前臂快速收缩	还原：球拍顺势挥至前额，然后迅速制动还原

（2）练习方法

① 一人练习拉弧圈球，体会摩擦球（加转弧圈球或前冲弧圈球都可以），另一人用减力挡回击。练习正手斜线（两人交换）。

② 练习拉下旋球，一人发下旋球，另一人练习拉球，体会摩擦球。

3. 结合性技术

1）发球抢攻练习

发球抢攻技术是实战中最实用的技术，是前三板技术中的两板球技术，是直接得分或争取主动的关键。

（1）动作要点，如表 5-1-13 所示。

表 5-1-13　发球抢攻技术动作要点说明

站位：选择侧身位发球	发球：用正手发下旋球或侧旋球	引拍：发球后迅速准备用正手打球	击球：在球的高点期，迅速向前上方击打（摩擦）来球	击球后：顺势向前上方挥拍，然后快速制动还原

（2）发球抢攻练习方法：

① 练习发球后找机会抢攻（二人交换）；

② 特定发球，特定接发球，练习抢攻技术，提高命中率（二人交换）。

2）正、反手结合技术

它是实战中最实用的结合性技术之一，是在对攻相持阶段常用的技术。运用得当能充分发挥快速多变的特点。

（1）动作要点，如表 5-1-14 所示。

表 5-1-14　正、反手结合技术动作要点说明

站位：偏反手位站立	反手击球：来球到反手位时，用反手击球	来球到正手位：迅速调整步法，选择最佳位置用正手击球	正手击球时：迅速转腰调整好拍形用正手击球	击球后：快速制动还原，准备反手击球

（2）练习方法：

① 一人练习推挡变线技术，推给对方左边一板球，右边一板球。另一人练习左推右攻技术，左边的来球用推挡，右边的来球用正手攻球（二人交换练习）；

② 双斜双直两人同时练习左推右攻（即正、反手结合技术）。

5.1.5　乒乓球基本战术

（1）发球抢攻战术：发不同旋转和落点球后为自己创造进攻机会。特别是以发转与不

转球为主伺机抢攻，如发转与不转球后抢攻、发右侧上下旋球后抢攻、发左侧上下旋球后抢攻、发长短球后抢攻。

（2）两面攻战术：以上旋球为主，利用速度和落点变化争取主动，如攻两角、压反手打正手等。

（3）弧圈结合快攻战术：以弧圈球对付下旋球，如拉左杀右、拉右杀左、拉中路杀两角，以及拉、吊结合伺机突击。

5.1.6 比赛组织方法

一场比赛由奇数局组成，如 3 局 2 胜、5 局 3 胜等。一局比赛为 11 分制；每人发 2 分球，先得 11 分的一方为胜方。如果 10 平后，每人发 1 分球，先胜出 2 分的一方为胜方。

（1）组织单循环赛、单淘汰赛。

（2）组织 3 人或 4 人一组的循环赛，安排没有比赛的学生做裁判。

（3）组织多人的循环赛。

（4）组织排名比赛。

将全班学生分成几个小组，先组织分组循环赛决定出小组名次，再用淘汰赛决定最终比赛的名次。

思考题

1. 正手攻球练习，力争完成连续对攻 40 板。

2. 反手技术练习，力争完成反手连续 40 板。

3. 组织教学比赛。

5.2 羽毛球

5.2.1 羽毛球运动概述

1. 羽毛球发展概述

羽毛球运动起源于英国格拉斯哥郡的伯明顿镇，因此伯明顿成为羽毛球运动的发源地，后将羽毛球运动命名为“Badminton”（ 伯明顿）。

1893 年，英国的 14 家羽毛球俱乐部一致倡议并组成了世界上第一个正规的羽毛球协会，进一步修订了规则，规定了统一的场地标准。1981 年 5 月，国际羽毛球联合会和世界羽毛球联合会正式合并。目前，国际羽联已拥有 100 多个会员国。国际羽联管辖的世界性比赛有苏迪曼杯赛（混合团体赛）、汤姆斯杯赛（男子团体）、尤伯杯赛（女子团体）、世界锦标赛（单项比赛）、全英锦标赛（非正式传统单项比赛）。

羽毛球是一项深受广大群众喜爱的体育运动项目，它具有球小、速度快、变化多等特点。运动量可大可小，不同年龄、性别和身体条件的人都可以参加。因此，有人称它是我国的“第一运动”。羽毛球运动是在 20 世纪初传入我国的。1980 年以后，中国选手在世界大赛中连续取得优异成绩。

2. 羽毛球及其特点

羽毛球由 16 根羽毛插在半球形软木托上。球拍框总长度不超过 68cm，宽不超过 23cm，球场中央网高 1.524m。场地上空 12m 以内和四周 4m 以内不应有障碍物。尤其羽毛球比赛形式是两个人以上的运动。因此，对于初学者来说，在练习基本技术中强调相互之间的配合是必不可少的，这样可以为以后的实战奠定基础。

5.2.2 羽毛球基本技术（实例均以右手持拍）

1. 握拍

正确而灵活多变的握拍方法，是击球手法的前提条件。握拍分为正手握拍和反手握拍两种，如图 5-2-1 所示。

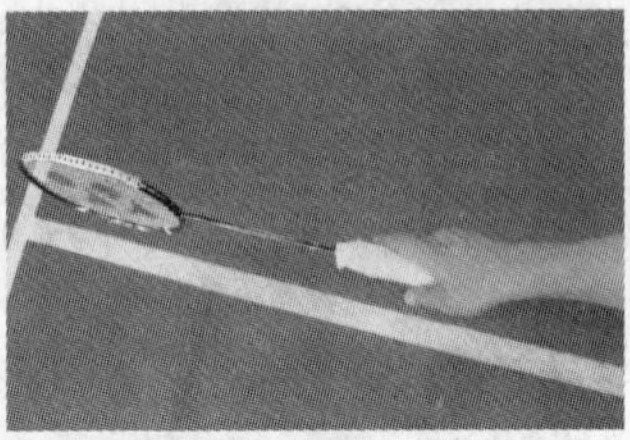

（a）正手握拍

（b）反手握拍

图 5-2-1 握拍方法

正手握拍时虎口对准拍子左面的内棱角（左手则相反），拇指自然贴住拍柄的左侧，其他手指自然握住拍柄，手法不可太僵硬。反手握拍时拇指弯曲顶住拍子的左侧（左手则相反），其他手指则握紧拍柄。

提示：有些初学者握拍击球时，食指不要伸直击球，尤其提醒女生。

2. 发球技术

发球技术作为羽毛球技术的基础技术，其质量的好坏直接关系一个回合甚至一场比赛的成败。发球技术分为正手发球和反手发球。正手发高远球则多用于女子单打比赛中，而反手发网前球则多用于双打和男子单打的比赛中。

1）正手发高远球

（1）动作要点，如表 5-2-1 所示。

（2）练习方法。

按照表 5-2-1 动作所示，两人一组。你来我往对应发球，练习之间相互提醒动作。在暂时没有同伴时，自己可以多练习发球技术，练习发球的同时逐渐找落点。

表 5-2-1　正手发高远球动作要点说明

左手持球，脚下呈丁字步，转髋 90°，重心放在右脚	开始向前转髋、转体，大臂带动小臂，逐渐转移重心至左脚	身体即将转正时，左手自然松开球，使球落在右前方	小臂带动手腕，手腕展腕击球，击球点在右前下方，击球时拍面一定要正	击球后自然引拍至左上方

（3）注意事项。

练习时，多体会小臂带动手腕向前上方加速发力的动作。初学者先击准球、尽量发高远球，并在练习中注意培养和建立场地意识。单打场地是窄长的，所以练习发球时尽量发高发球，赢得下一拍主动。双打场地发球与接发球瞬间是短、宽线。大多数习惯反手发网前球。发球时多体会前臂、手腕动作，学会发力。

2）反手发网前球

（1）动作要点，如表 5-2-2 所示。

表 5-2-2　反手发网前球动作要点说明

左手拇指与食指掐住球毛，球自然下垂。反手握拍位置尽量靠拍柄的前端	手腕横行动，向后引拍	放松并且快速地向前击球	手腕横动，把球送过网，动作要小	自然还原动作

（2）练习方法。

方法同上。技术上要求球在过网时紧贴球网，并且球身稳定。

（3）注意事项。

练习反手发网前球时，手腕不要上扬，动作一定要小，且不要犯规和违例，整个动作要连贯自然。

3. 击球技术

击球技术包括击高远球、扣杀、推球、搓球、吊球等，因攻守战术的需要，采用不同的技术。根据羽毛球的落点，又分为前场球、中场球和后场球。在学校体育教学中重点掌握以下几种击球基本技术。

1）高远球击球技术

高远球一般用于后场的主动进攻或调动对方。在比赛过程中，后场区域往往是双方必争之地，尤其对于初学者来说，中后场球是练习重点。和平球，强调配合极其重要。积累手感，增加回合，以提高技术，奠定一定的基础。

（1）动作要点，如表 5-2-3 所示。

表 5-2-3　高远球击球技术动作要点说明

脚下移动至球的后方，身体向持拍手一边转体 90°，同时架起双臂	向后引拍，向上挥臂，手腕外展	击球时手腕瞬间发力，击球点在头顶正上方偏前 20cm，手腕发力要明显	最后连带到左下方。整个动作要放松自然，左脚自然向前	还原并回到中心

（2）练习方法。

两人一组，一人先发高远球，另一人按照表 5-2-3 所示进行练习，练习击打高远球。每人可以练习 5 分钟，然后换人。

两人一组，用半场区域，练习击打高远球。要求积极移动尽量用上手打球。同时，给出具体指标，完成一定拍数。最后相互比较，鼓励完成优胜者。

（3）注意事项。

击打高远球时，不要使蛮力。要注意使用大臂带动小臂、小臂带动手腕的鞭打动作。一定要在最高点击球，击球点一定要放在自己身体的前方，便于发力。

2）原地杀球

杀球技术是进攻的主要技术。它力量大，弧线直，落地快，会给对手造成很大的威胁。现介绍两种杀球技术，即原地杀球技术和双脚起跳杀球技术。原地杀球主要是达到将球下压的目的。

（1）动作要点，如表 5-2-4 所示。

表 5-2-4　原地杀球动作要点说明

快速移到来球后方，做打高远球的准备姿势，重心在右脚	引拍展腹，击球点要比高远球更前	击球时手腕下压，并且快速收腹	自然连带下来	放松回位

（2）练习方法。

两人一组，一人先发高远球，另外一人按照表 5-2-4 所示进行练习。10～15 次一组，一般做 4 组。注意多球练习，可以连续体会动作。

（3）注意事项。

练习杀球时，球拍一定要握紧，拍面要正，否则击球力量会被分散，达不到预期目的。

3）双脚起跳杀球

双脚起跳杀球，力大、势沉，会给对手致命一击。

（1）动作要点，如表 5-2-5 所示。

表 5-2-5　双脚起跳杀球动作要点说明

脚下快速调整到位，退到球的后面，然后双脚起跳，做击打高远球的动作	引拍、充分展腹，准备击打	快速收腹，击球点要前于头顶正上方为 50～60cm	落地时缓冲，膝盖略弯	右脚自然向前，快速回位

（2）练习方法。

两人一组，一人先发高远球，另外一人按照表 5-2-5 所示进行练习。10～15 次一组，一般做 4 组。

（3）注意事项。

双脚起跳杀球时，技术要领和原地杀球一样，但移动要快，抢较高的击球点；杀球时球拍不要侧向切击，要正对击球，否则力量会分散；同时还要注意在击球后落地时，膝关节要有一定的缓冲，以避免对膝关节造成很大的损伤。

4）正手搓球

当代羽毛球运动向快速、全面、进攻的方向发展，前场越来越成为双方取胜展开攻守争夺的重要场区。

网前搓球技术，作为网前富有进攻性的放网技术，运动员常用它把对手吊至网前，以寻找进攻机会。

（1）动作要点，如表 5-2-6 所示。

表 5-2-6 正手搓球技术动作要点说明

右脚朝前，身体呈45°站于右侧网前	来球时，持拍手迎前，在空中从上到下包住来球	手指、手腕放松，在右上方向左下方切球的侧面	手腕平行将球向前送过网	自然回位

（2）练习方法。

两人一组，一人先用手给另外一人扔球，另外一人按照表 5-2-6 所示进行练习。若干次为一组，每人每边练习 3 组。

（3）注意事项。

练习时，切记要抢高点，握拍要放松。包、切、送三个动作要明显，整个动作要连贯放松，动作要柔和。

5）反手搓球

（1）动作要点，如表 5-2-7 所示。

表 5-2-7 反手搓球技术动作要点说明

右脚朝前，身体呈45°站于右侧网前	来球时，持拍手迎前，在空中从上到下包住来球	手指、手腕放松，在左上方向右下方切球的侧面	手腕平行将球向前送过网	自然回位

（2）练习方法。

两人一组，一人先用手给另外一人扔球，另外一人按照表 5-2-7 所示进行练习。若干次为一组，每人每边练习 3 组。

（3）注意事项。

练习时，切记要抢高点，握拍要放松。包、切、送三个动作要明显，整个动作要连贯放松，动作要柔和。击球点在球网以上尽量抢高点。

.6）正手推球

在自己准备较充分，对手已回至前半场，一击快速的推球，可给对手造成很大威胁，甚至可以取得该回合的胜利，为自己争取主动。推球包括正、反手推球。

（1）动作要点，如表 5-2-8 所示。

表 5-2-8　正手推球动作要点说明

站在场地右前场，右脚在前。持拍手始终抬起做迎前准备，拍面竖起 45°	主动向前，手腕立起	展手腕，手腕快速将球推出，动作要小	向前自然出拍，拍面对着想要推的落点	自然还原到准备动作

（2）练习方法。

两人一组，一人先用手给另外一人扔球，另外一人按照表 5-2-8 所示进行练习。若干次为一组，每人每边练习 3 组。

（3）注意事项。

练习推球时，注意选择不同的推球角度。可以利用调整拍面的角度来达到预期效果。例如，拍面向上 50° 左右推出的球有一些弧度，拍面朝前或小于 45° 推出的球则以平快为主。

7）反手推球

（1）动作要点，如表 5-2-9 所示。

表 5-2-9　反手推球动作要点说明

站在场地左前场，右脚在前。利用正确的反手握拍技术，拍面竖起 45°	主动向前，手腕立起	展手腕，手腕快速将球推出，动作要小	向前自然出拍，拍面对着想要推的落点	自然还原到准备动作

（2）练习方法

两人一组，一人先用手给另外一人扔球，另外一人按照表 5-2-9 所示进行练习。若干次为一组，每人每边练习 3 组。

（3）注意事项。

练习推球时，选择不同的推球角度可以利用调整拍面的角度来达到预期效果。例如，拍面向上 50° 左右推出的球有一些弧度，拍面朝前或小于 45° 推出的球则以平快为主。

8）吊球

在后场区用正手握拍将对方打来的后场球还击到其网前区域位置的球称为后场正手吊球。这项技术在实战中较有使用价值，在这里加以介绍。

（1）动作要点：其准备姿势、引拍动作与击高远球相同。击球点选择在右肩的前上方，较高远球稍前一点的位置。击球时由伸腕到屈收带动手指捻动发力，并以手指转动使球拍形成一定的外旋，用斜拍面“切击”球托后部的右侧，主要靠手腕、手指控制力量。

（2）练习方法。

① 徒手挥拍模仿吊球练习。

② 一人发后场高球，另一人在后场练习吊网前球，10 次后交换，每人 3 组。

（3）注意事项。

① 拍面“切击”球托。触及球同时裹住球向前下方减力送球。

② 吊球动作与高远球动作一致。

4. 基本步法（实例均以右手持拍）

灵活、多变的快速步法移动，是保障击球技术正常发挥的条件，也是战术顺利实施的基础。

1）基本步法介绍

（1）垫步：分为前垫步和后垫步两种。前垫步是指握拍手一侧脚的脚尖向外侧先出脚，然后后脚跟上。后垫步是指髋关节转向你想垫步的方向，并且先出外侧的脚，后脚跟上。

（2）滑步：向左或向右时快速滑动脚步。脚前掌着地，脚跟离地，膝盖呈 120° 。

（3）交叉步：分为前交叉和后交叉。左、右脚交替向你的目标方向移动。

（4）蹬步：重心降低，一脚向你的目标方向的相反方向蹬地，另一脚缓冲撑地。

（5）蹬转步：重心降低，以一脚为轴，另一脚向你的目标方向的相反方向蹬地，顺势转体。主要在后场头顶球的运用。

最好在室内地板或地面平整开阔地练习。长为 15～20m，宽为 8～10m。练习前要充分活动开踝膝等关节。练习时重心要低，在熟练的情况下，可以尝试变速进行练习。

2）步法练习

步法练习，可以单一技术练习，也可以不同步法组合练习，要根据情况而定。每人半边场地，按步伐介绍进行有球或无球的单个步法重复练习。10～15 次一组，做 4 组。或者无球条件下的几种步法结合练习。

注意事项：注意动作启动要迅捷、蹬转连贯，移动步法结束后，要自然回位。

5.2.3 羽毛球基本战术

1. 单打战术

（1）压后场战术

通过高远球或平高球反复压制对方后场两角，伺机采用杀球和吊球攻击对方。此战术用于后退步法慢或急于上网的对手。

（2）发球强攻战术

以发网前球和平快球为主，限制对方的进攻，促使对方挑球，伺机采用杀球和吊球进攻对方的空挡。

（3）打对角线战术

无论进攻与防守，前场或后场，采用对打对角线球。此战术主要用于灵活性较差、转体慢的对手。

2. 双打战术

双打战术包括攻人、攻中路、攻后场等。攻人战术是对付两名技术有差距的较弱一方；攻中路战术就是把球打在两人中间，造成两人抢接，以限制或破坏对方回球的质量；攻后场战术就是对付后场扣杀能力差的对手。

5.2.4 比赛组织方法

各种技术练习千头万绪，要为实战、比赛做准备。怎样组织班级的羽毛球比赛呢？比赛可以分为单循环和双循环。班级比赛一般采取单循环。每人参与打同等场次比赛。例如，36人参赛，可以分为两个阶段打。6人一组，分为6组（也可以分9人一组分4组）。

第一阶段，最好把种子选手推出来，其他人抽签。6 人组每人打五场比赛。按积分排定名次。若遇小组内积分相等，则按相互之间胜负比例及小分计算。第二阶段，同等名次再打五场比赛。第一和第一打，排出全班前 6 名；第二和第二打，排出全班前 7～12 名；以此类推。

每个阶段由小组长 1 号负责。注意每打完一场比赛都要及时登记在积分表上。赢一场积2分，输1场积1分，弃权为0分。

1. 确定比赛轮次

抽完签以后给大家讲比赛轮次，明确具体比赛对手。轮次为 1 号位不动，其他号呈 U 字形排列。如遇单数，第一轮第一场右位为 0，第二轮的排列为前一组右边号左下移位。继续呈 U 字形排列，以此类推。

1——6	1——5	1——4	1——3	1——2
2——5	6——4	5——3	4——2	3——6
3——4	2——3	6——2	5——6	4——5

2. 记录比赛积分（表 5–2–10）

表 5-2-10　比赛积分

第　组

姓名	1	2	3	4	5	6	积分	名次
1								
2								
3								
4								
5								
6								

思考题

1. 学练羽毛球对哪些身体素质有较高的要求？
2. 你怎样组织班级的羽毛球比赛？需要做好哪几步程序？

5.3 网球

5.3.1 网球运动概述

网球运动最早起源于 12—13 世纪法国传教士在教堂走廊里用手掌击球的一种游戏。到了 14 世纪中叶，法国的一位诗人把这种球类游戏介绍到法国宫廷中，作为皇室贵族男女的消遣。在 1358—1360 年间，这种球类游戏从法国传到了英国。现代网球运动的历史一般是从 1873 年开始的。现代网球运动的发展，国际网球联合会（International Tennis Federation，ITF），简称国际网联，1913 年在法国巴黎成立。ATP 是 Association of Tennis Professional 的缩写，可以译为职业男子网球协会。职业女子网球协会 WTA 成立于 1973 年，球员总部设在佛罗里达的圣彼得斯堡。网球四大满贯：澳大利亚网球公开赛、温布尔顿网球公开赛、法国网球公开赛、美国网球公开赛。

1885 年前后，网球运动传入我国，先是上海、广州等大城市的外国传教士和商人之间出现网球活动，然后一些教会、学校也开展起这项运动，1898 年，上海圣约翰书院举行斯坦豪斯杯赛，这是中国网球史上最早的校内比赛。

1906 年，北京汇文学校、协和书院、清华大学之间，上海圣约翰大学、南洋公学、沪江大学，以及南京、广州、香港的一些学校开始举行校际网球赛，促进了网球运动在中国的传播。我国女子网球运动员创造了历史性的突破是在 2004 年雅典奥运会，李婷/孙甜甜夺得女子双打冠军。2011 年我国优秀网球选手李娜获得历史性突破取得法网女单冠军的好成绩，对我国网球运动的推动起了巨大作用。

网球运动是世界上最流行的运动项目之一。经常打网球能够强身健体，增强体魄，同时网球运动可以提高人们的综合素质，影响着人们的思想和行为。由于网球运动的运动量和运动强度可以调控，可快可慢、可张可驰，使得参与者的运动量在不知不觉中相当于跑完几里路程的运动。实现了增强体质、增进健康的目的。

5.3.2 网球入门基础

学练网球，关键在于如何能做到准确地击球，落到对方的场地内。现在介绍击球三要素，即“看、跑、打”。学生在进行网球技术以及进行对打练习时，强化打球过程的 “一看，判断”；“二跑，跑位”；“三打，击球”，建立打球三要素的意识，对提高网球专项技术起着关键性的作用。

1. “看”——判断

击球的第一阶段，要先能够看到球，看准球，再进行步伐移动；找到打球最佳击球点，再进行挥拍，用所学的技术动作把球打出去。

判断练习方法：两个同学隔网站立，相互地投球、接球。眼睛跟随来球，判断球在空中的飞行路线，同时配合小步的移动接球，如图 5-3-1 所示。

图 5-3-1 判断练习方法

2. “跑”——专项步伐

球从对面飞行过来，要快速步伐移动，比较准确地跑到打球的位置。以下介绍两种专项步伐移动练习，把脚下的基本功打牢固。

1）摸线跑练习

（1）由场地中线开始，向两边的单打边线做交叉步、小碎步移动，重心下降摸边线。

（2）如果没有网球场地，任意找块空场，进行左右、前后的身体移动摸地练习即可。

2）地滚球练习

两个同学一组，一人固定位置不动，给步伐移动的另一同学进行左右、前后地滚球喂球，这名同学快速跑动拿到球，再以地滚球方式把球送回来，20 次地滚球两名同学相互交换。注意练习者进行专项左右步伐练习，拿到球后再送回来，喂球人固定不动，向左右方向送球。

3. “打”——击球

在打球实践过程中，每次击球都要通过以下步骤：知觉—决策—动作—反馈。也可解释成：判断（看球）—跑位（步伐移动）—击球（正反拍技术）—回位准备，所以挥拍打球是在判断、移动的基础上进行的。注意：同学们相互练习的时候，如果你的球打到隔壁的场地里了，一定不能即刻冲过去捡球。这是非常危险的，容易被球打到，同时对正在打球的同学很不礼貌。

5.3.3 网球基本技术

同学们要想打好网球，合理地运用网球技术，并经过一个学期或一个学年的网球专项学习，同学之间能够相互对打来回球。首先，学习和掌握打球的正反手握拍方法、掌握几种培养球感的练习方法以及底线正、反拍击球技术、发球技术和一些基本步法移动等网球运动的基本技术。同学们能够有效地掌握好以上的技术，就可以自行地参与网球锻炼了。

1. 握拍方法

初学者掌握适合于自己的网球握拍方法，是打好网球的基础和有效保障。正手击球握拍方法分为东方式握拍法、半西方式握拍方法、西方式握拍方法、大陆式握拍方法；反手击球握拍方法包括双手握拍、单手握拍方法。同学们在学习期间要学会掌握一种握拍方法就能够比较有效地运用到网球练习中，下面介绍大陆式、东方式握拍方法以及双手反手握拍方法，其握拍方法说明如表5-3-1所示。

表5-3-1 握拍方法说明

东方式正手握拍方法： 握拍手五指自然张开，从穿线的拍面向拍把滑行，握住球拍的根底部位，中指、拇指和食指如扣扳机一样固定住拍面	大陆式握拍方法： 拇指与食指自然分开，形成一个V形弧口，从拍框向拍面下滑，达到拍子的根底部位，中指、拇指和食指扣住拍把	双手反手握拍方法： 右手从拍框向拍面自然下滑，左手从有弦的拍面向拍把滑动，双手不能重叠地握在一起，自然地分握在拍把上，不能用力地握住球拍，双手处于比较放松的状态

东方式正手握拍方法的适用技术是底线正手击球技术。这种握拍方法，在进行底线正手击球时，持拍手不用上翻与下压拍面，拍面自然达到适宜击球的拍面角度。如果同学们能

够比较好地掌握这种握拍方法，提高击球技术效果明显。

大陆式握拍方法的适用技术是上手发球技术，高压球技术、网球截击技术、削球技术，都用到大陆式握拍方法。希望同学们能够很好地掌握这种握拍方法。

双手反手握拍方法的适用技术是双手反手击球。在进行底线对打时，比起单反技术在初级阶段更加的稳定。而且，由于两个手一起用力，使得拍面晃动减少，避免了一定的手臂、手腕受伤。

2. 底线正拍击球

底线正拍击球动作，主要由准备姿势—侧身引拍—向前挥拍击球—随挥动作组成。

（1）动作要点，如表 5-3-2 所示。

表 5-3-2 底线正拍击球动作要点说明

准备姿势：两脚与肩同宽，膝关节弯曲，中心下降，双手持拍在胸前，头向前看，准备判断对方来球	侧身引拍：侧身踏左腿进行支撑身体平衡，左手指向斜前方的来球方向，右手向侧后方向开拍。初学者特别注意不能开拍过大，容易造成击球点过后的问题	向前挥拍：转动膝关节、腰、上肩的力量，协同发力向前挥拍。 易犯错误：只用手臂的力量挥拍	触球：在身体的斜前方位置上打到球，拍面保持基本平行前方，拍面正对着来球	随挥动作:当身体各部位膝、腰、肩协同发力，击球结束后，挥拍动作不能即刻停下来，要继续向前向上挥行，完成完整的挥拍动作。

（2）练习方法。

① 反复多次地挥拍练习。按照动作要求，每次训练课安排 25 次×4 组正手挥拍。

② 进行手持小器械模拟挥拍练习。任何地点，手握书本、水瓶等小器械挥拍，如图 5-3-2 所示。

（a） （b）

图 5-3-2 底线正拍击球动作练习

③ 打多球练习。打多球练习方法过程中，体验正手挥拍技术动作。

3. 底线反拍击球

使用双手握拍，对于初学者来说，能够获得更大的击球力量。

（1）动作要点，如表 5-3-3 所示。

① 双手持拍在体侧，手臂略微弯曲。

② 持拍双手尽量保持放松，击球时握紧球拍，两手臂同时发力。

表 5-3-3　底线反拍击球动作要点说明

引拍动作:双手持拍侧身站位，屈膝，身体重心移向来球方向。 易犯错误：两个手臂拿拍僵硬，开拍过大	前挥拍和触球阶段:转膝—转腰—转肩，协调发力，击打球瞬间，球拍拍面正对着球，拍头低于球，形成由下至前上的挥行路径	随球动作：球击出后，顺势向上收拍，左手的上臂与自己的下颚紧贴

（2）练习方法。

① 反复多次地挥拍练习。按照动作要求，每次训练课安排 25 次×4 组反手挥拍。

② 进行手持小器械模拟挥拍练习。任何地点，手握书本、水瓶等小器械挥拍，如图 5-3-3 所示。

（a）　　　　（b）

图 5-3-3　底线反拍击球动作练习

③ 打多球练习。打多球练习方法过程中，体验反手挥拍技术动作。

底线正、反拍击球技术动作，是初学者必须要学习掌握的基本技术，要想打好网球，先把正、反拍的挥拍技术动作掌握好，掌握牢固。

5.3.4 发球技术

1. 下手发球

网球教学比赛中，通常的发球方法有上手发球和下手发球练习。在初级阶段，同学们不能够很好地掌握上手发球的各项技术环节。所以，同学们通常是先学习下手发球方法，保证先能把球发进场，确保成功率。随着技术水平的逐步提高，再进行上手发球的学习。

（1）动作要点。把球拍的位置摆好，引拍到身体的侧面。左手向身体的斜前方抛球，眼睛盯好发球区域的位置，右手挥拍，使得拍头由下向前向上击球过网，如图 5-3-4 所示。

（a） （b） （c） （d）

图 5-3-4 下手发球动作练习

（2）练习方法。

① 站在发球线的位置上，进行下手发球的练习。

② 可以对墙进行下手发球练习。

2. 上手发球

（1）动作要点。上手发球的主要环节，要把球抛准、抛稳，抛球高度依据发球人的身高，要有不同的调整，如表 5-3-4 所示。

（2）练习方法。

① 个人模仿技术练习。学生站在发球线位置，反复地进行引拍抛球练习。

② 个人发球练习。将学生分为发球组和捡球组两组。根据人数、场地情况，可分为两人一组、四人一组或多人一组。发球同学在一侧，另一组同学在场地另一侧捡拾场地里的球。

表 5-3-4　上手发球动作要点说明

站在发球线位置，准备进行引拍抛球练习	引拍、抛球同时进行	抛球、引拍蹲腿，前臂做绕背收拍动作	蹬腿向上做伸拍击球	动作结束随挥球拍

5.3.5　熟练球性

“看”——判断，是学练网球的第一个要素，即眼睛看着球运动的轨迹，养成判断球路的习惯。重视培养判断能力，应从第一个熟练球性练习开始，并贯彻始终。

1. 颠球

进行腰间位置的上颠球手感练习，50 次一组×2 组。

2. 拍球

进行腰高和膝高位置上的拍球练习。

3. 隔网来回球

两个同学一组，间距约为 3m，进行隔网控球手感练习，如图 5-3-5 所示。如果没有场地，在任意一块空地都可以进行控球练习。

图 5-3-5　隔网控球手感练习

4. 对墙控球

单人练习时，可找一面墙，进行球不落地的控制球练习。首先反复对墙控球 5 次，慢慢过渡到能够控球 10 次、20 次，如图 5-3-6 所示。

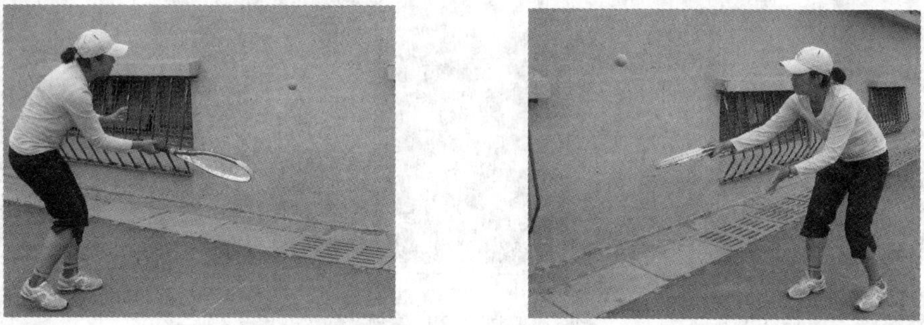

(a) (b)

图 5-3-6 对墙控球练习

5.3.6 网球专项训练方法

加强击球三要素“看、跑、打”能力练习，为网球基本技术的进一步提高奠定基础。学练者眼睛追随球飞出的方向看，进行同一方向的步伐移动，随即回到准备位置上，养成判断、移动、回位的打球好习惯，这为今后的练习打下良好的基本功和培养专项意识的准备。

1. 喂多球方法

同学们在学习网球对打前，要先进行多球的单项训练。同学们之间要相互喂球，进行多球训练。喂球方法说明如表 5-3-5 所示。

表 5-3-5 喂球方法说明

身体重心下降，屈膝，右手持拍置于身体斜前方 45° 位置	左手手心向上抛球，右手持拍向下放拍	左手抛球，右手由下至上拍面触球，击球出手。左、右手配合	喂球后动作继续向上完成随挥送球动作

两名同学隔网相站，喂球同学站在发球中线上，侧身站位，持拍手与抛球手置于身体斜前方45°位置上。左手抛球，右手顺势地向上喂球。体验左、右手交替配合，左手抛右手喂球。

2. 对墙喂球

对着墙壁进行喂球练习，如图5-3-7所示。

（a）（b）（c）（d）

图5-3-7　对墙喂球练习

3. 多球练习方法

通过运用多球练习，将球连续不断地送向固定区域里击球的学生，使其建立正确的肌肉概念，纠正错误动作，较快地掌握正确动作，形成动作定型。因初学两人相互配合中，需控制喂球力量、送球力量和速度都较缓慢，这样使学生比较容易进行击球练习，有助于判断能力的提升，有助于打下坚固的专项步伐基本功。随着课次增加，逐步过渡到有所变化，如力量加大、速度加快。每名学生击打 20 次一组×2 组练习，这样学生的技术动作会有明显的提高。多球教学阶段，是人大脑皮层的活动由泛化进入分化，即对动作技术的掌握，由技术粗糙到技术变得细致阶段。

（1）动作要点

“看、跑、打”判断是击球三要素。打多球过程中，要特别注意积累判断、跑位、打球的反应顺序，从中找到最佳的击球位置。这对于提高网球专项技术尤为重要。

（2）练习方法

① 正拍打多球练习：25次一组×4组，相互交换，如图5-3-8所示。

图 5-3-8　正拍打多球练习

② 反拍打多球练习：25 次一组×4 组，相互交换，如图 5-3-9 所示。

图 5-3-9　反拍打多球练习

③ 左右移动多球练习：左右移动打多球练习有一定的难度，不能给球的速度太快了，主要体验正反拍交换打球，20 次×4 组。

④ 不定点多球练习。同学追随对方送球路线、方向进行击球练习，20 次一组×4 组。

⑤ 对着软网自抛自打练习，如图 5-3-10 所示。

图 5-3-10 对着软网自抛自打练习

⑥ 正拍单个动作击球练习。

⑦ 反拍单个动作击球练习。

4. 网球对打练习

底线技术正、反拍连续对打，对于很多的初学者来说，是比较困难的，如果没有进行前面介绍过的练习方法的保障，很难完成连续对打。关键在于要把判断、跑位、击球技术动作融合起来运用。其中任何一个环节没有做好，都不能很好地完成有效连续对打。

练习方法：

（1）两人一组，对场站位，进行连续对打球练习。

要求：每个来球都要特别地观察球的飞行路线、落地的位置、球的旋转，并充分地判断来球。

（2）对着墙进行连续的打球练习，如图 5-3-11 所示。

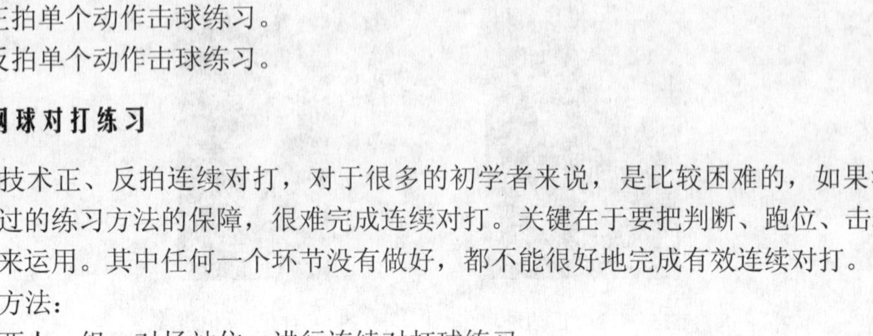

图 5-3-11 对着墙进行打球练习

要求：看准球，盯住拍面触球的瞬间，不断地进行小碎步的移动，控制手上的力量，减少发力打球。

（3）在没有练习场地的情况下，在田径场、空场都可以进行连续的打球练习。

要求：要注意练习时自身的安全问题。不是固定的网球场，身边环境的安全因素要勘察好。

5.3.7 网球基本战术

当同学们能把球打过网，在理论上来说，就具备了打比赛的条件。网球只是一个隔网将球来回击打的游戏运动。即使作为一种娱乐运动，人们也不愿意经常输球。这就有了战术存在的必要。单打战术通常分为底线进攻型、网前得分型、综合型战术。

1. 底线进攻战术

同学们在进行网球初级技战术学习期间，能正确掌握底线正、反拍技术，并且能很好地运用正、反拍技术，进行有效的进攻，就能够在同级别的小比赛里崭露头角了。

（1）正拍进攻战术（图 5-3-12）

腿由下向前向上蹬起，身体重心由后脚向前脚过渡，整个身体的力量向前向上发力，随着发力动作，致使身体进场，明显的全身发力压迫对手。给自己的下拍击球创造有利的条件。

（2）反拍进攻战术（图 5-3-13）

图 5-3-12 正拍进攻

图 5-3-13 反拍进攻

同学们由于身体力量的限制，双手同时握拍，拍面的稳定性很强，使得同学们有机会运用反拍打出有质量的回球。同学们或初学者双手反拍的进攻意识，其成功率往往高出正拍进攻。

2. 网球教学比赛

教学比赛主要是让同学们感受到比赛带给同学们心里的刺激。通过一个学期，一个学年的教学后，同学们基本能够掌握一定的底线技术，能够掌握一定的发球技术，基本上就能够上场打上一盘比赛了。在教学过程中，常采用组织同学们进行双打比赛，利用双打比赛过程中两名同学自身技术的配合与发挥，相互弥补技术打法。

在采用淘汰赛制方法时，为了使水平较高的选手不致在初赛时就相遇而被淘汰，在分组时就把他们分布在不同的组里，这些选手被称为“种子选手”。一般排名在前 16 位的选手称为种子选手，并尽可能将他们合理分组。校内的网球赛通常采用的是淘汰赛，一旦一场比赛失败，就会被淘汰出局。

网球比赛中时刻充满着战术的变化。网球比赛比的是什么？这是一个关键的问题，比的是控制。它包括了对球的控制、对自己情绪的控制、对自己注意力的控制、对力量的控制等。技术是控制的基础，而战术是控制的实施。

思考题

1. 掌握教材中介绍的练习方法，反复加以实践、掌握、运用。
2. 一个学期，一个学年下来能够完成底线对打 5～10 个回合球。
3. 如何在实践中运用“看、跑、打”方法，提高技术？

5.4 毽球

5.4.1 毽球运动概述

据历史文献和出土文物证明，踢毽子起源于我国汉代，盛行于六朝、隋、唐。唐朝《高僧传》二集卷十九《佛陀禅师传》中记载：有一个叫跋陀的人到洛阳去，在路上遇到了十二岁的惠光，在天街井栏上反踢毽子，连续踢了五百次，观众赞叹不已。跋陀是南北朝北魏人，为河南嵩山少林寺的祖师，他非常喜欢惠光，并将他收为弟子。另外，宋朝高承在《事物记源》一书中，对踢毽子有较详细的记载：“今时小儿以铅锡为钱，装以鸡羽，呼为毽子，三四成群走踢，有里外廉、拖抢、耸膝、突肚、佛顶珠等各色。”明、清时期，踢毽子进一步发展，关于踢毽子的记载也就更多了。明代进士、散文学家刘侗在《帝京景物略》中写道：“杨柳儿青放空锺，杨柳儿死踢毽子。”至清末踢毽子已达到鼎盛时期。参加的人越来越多，不仅用它来锻炼身体，而且还把踢毽子和书画、下棋、放风筝、养花鸟、唱二黄等相提并论。现如今民间仍广泛流行着踢毽运动。以北京为例，街头巷尾或花园、广场、空地，常常会遇到热闹的踢毽人。每逢城乡庙会，各路能手观摩、比赛，甚是热闹。

毽球是从我国古老的民间踢毽子游戏演变而来，英文名字叫 Shuttlecock，是中国民族传统体育宝库中的一颗灿烂的明珠。在花毽的健身性、趣味性、观赏性基础上，毽球增加了对抗性，集羽毛球的场地、排球的规则、足球的技术为一体，是一种隔网相争的体育项目。其场地、器材简便易行，深受人民群众的喜爱，同时也是很好的学校体育选择项目。

5.4.2 毽球基本功

对于初学者来讲，要把毽球踢好，首先具备的一项必要条件是扎实的基本功练习。

1. 脚内侧颠球（以右脚为例）

1）技术要点

左脚为支撑脚，脚尖内扣 45°，屈膝，同时抬起右腿，小腿与大腿的夹角 90°为适宜，膝关节外展，脚踝向上翻使足弓端平，踢球时，右脚足底与出球方向平行，如表 5-4-1 所示。

表 5-4-1 脚内侧颠球技术要点说明

准备姿势，单手持毽	手心朝上用食指、中指夹起毽球，毽球羽毛朝下进行抛球，目视来球	抬起右腿，足弓端平，用足弓正中间击球的下部	支撑腿屈膝，击球的同时支撑腿重心移到前脚掌上	踢球时，支撑脚要移动到位，调整动作准备击球，击球腿随击球同时向上摆

2）练习方法

（1）无球练习：

① 原地摆脚型，如表 5-4-2 所示；

② 左右移动摆脚型（移动距离 1～3m 范围），如表 5-4-3 所示；

③ “十”字形移动摆脚型（移动距离 1～2m 范围），如表 5-4-4 所示。

表 5-4-2 原地摆脚型练习方法说明

准备姿势，选择好出球方向，以出球方向为参照物	支撑脚脚尖向前内扣 45°，重心下降	支撑腿屈膝，同时抬起右腿膝关节外展，足弓端平	动作完成后右腿自然下落	还原成准备姿势

表 5-4-3 左右移动摆脚型练习方法说明

准备姿势，双脚开立与肩同宽，双手张开	身体重心下降，利用侧滑步或交叉步向右移动	抬起右脚、足弓端平，支撑腿屈膝	以站立点为中心，身体重心下降，利用侧滑步或交叉步向左移动	抬起左脚、足弓端平，支撑腿屈膝，回到中心点还原

表 5-4-4　“十”字形移动摆脚型练习方法说明

准备姿势，双脚开立与肩同宽，双手张开	以站立点为中心，身体重心下降向前移动抬右脚摆脚型	从前退回中心点，再向后移动抬起左脚摆脚型	从后回到中心点，再向右移动抬起右脚摆脚型	从右回到中心点，向左移动抬左脚摆脚型，回到中心点还原

（2）有球练习（以右脚为例）

① 每人一球自抛自踢。选好出球方向，脚内侧颠球踢一个用手接住，循序渐进增加次数，连续两个、三个、四个……

② 两人一球练习。两人准备姿势面对面站立，一人抛球另一人踢球。踢球者目视来球，身体重心下降，抛球者将球抛向击球者的身前；踢球者面对来球，做脚内侧击球动作，将球踢回抛球者身体前。注意踢回的球要有高度。重复练习。

2. 正足背颠球（以右脚为例）

1）技术要点

选好击球方向，右脚脚背绷直，抬起右腿，大腿与小腿形成小于 90° 的角度固定、正面击球，如表 5-4-5 所示。当掌握熟练技术后，可抖动脚踝发力击球，击球部位为脚趾跟与正足背最高点之间。正足背颠球有两种：一种是练习球性，近似足球里的脚背颠球；另一种是毽球比赛中用到的正足背击球方法。

表 5-4-5　正足背颠球技术要点说明

准备姿势，单手持毽	手心朝上用食指、中指夹起毽球、羽毛朝下进行抛球，目视来球	右脚脚背绷直，抬起右腿，大腿带动小腿上提	支撑腿微屈，调整好与球的距离	足背与踝关节绷紧平伸击球，击球后右腿做随球上提动作

2）练习方法（以右脚为例）

（1）每人一球自抛自踢。选好出球方向，正足背颠球踢一个用手接住，循序渐进增加次数，连续两个、三个、四个……

（2）两人一球练习。两人准备姿势面对面站立，一人抛球另一人踢球。抛球者将球抛掷击球者的身前，踢球者，身体重心下降，支撑脚调整好来球距离，面对来球做正足背击球动作，将球踢回抛球者身体前。注意踢回的球要有高度。击球时膝关节放松，足背与来球方向垂直，加强左、右脚交换练习。重复练习。

3. 脚外侧颠球（以右脚为例）

1）技术要点

选好击球方向，单脚支撑身体重心，另一只脚由大腿带动小腿自然外旋外展，勾脚尖，用脚外侧踢球，如表 5-4-6 所示。

表 5-4-6　脚外侧颠球技术要点说明

准备姿势，单手持毽	手心朝上托或捧毽球，随即抛球，目视来球	抬起右腿，足弓端平用足弓正中间击球的下部	支撑腿屈膝，右腿大腿带动小腿自然外旋外展，勾脚尖	踢球时，支撑脚多移动调整击球位置，击球后同时向上随摆

2）练习方法（以右脚为例）

（1）每人一球自抛自踢。选好出球方向，脚外侧颠球踢一个用手接住，循序渐进增加次数，两个、三个、四个……。

（2）两人一球练习。两人准备姿势面对面站立，一人抛球一人踢球。抛球者将球抛掷击球者的身前，踢球者身体重心下降、身体侧向来球，做脚外侧击球动作，将球踢回抛球者身体前。注意膝、踝关节紧张，髋关节放松，踢回的球要有高度。重复练习。

4. 触球

在人体膝关节以上部位的踢球都称为触球。可以分为大腿触踢球、腹部触踢球、胸部触踢球和头部触踢球。

1）大腿触踢球

（1）技术要点

触踢球时，抬起大腿正面迎球，放松小腿，用大腿正面前段也就是膝关节向上 10cm 左右击球。

（2）练习方法（右脚为例）

① 单腿颠球练习，如表 5-4-7 所示。

表 5-4-7　单腿颠球练习方法说明

准备姿势，单手持毽	手心朝上用食指、中指夹起毽球、羽毛朝下进行抛球，目视来球	单腿支撑身体重心，大腿带动小腿自然弯曲上提，髋、膝关节紧张	屈膝正面对球，用力上提将球击起	击球时，支撑脚多移动调整击球位置，完成动作后腿自然下落

② 双腿颠球练习，如表 5-4-8 所示。

表 5-4-8　双腿颠球练习方法说明

准备姿势，单手持毽	手心朝上用食指、中指夹起毽球、羽毛朝下进行抛球，目视来球	左腿支撑重心，右腿大腿带动小腿自然弯曲上提击球，完成后腿自然下落	右腿支撑重心，左腿大腿带动小腿自然弯曲上提击球，完成后腿自然下落	双腿交替大腿颠球，支撑腿调整击球位置

2）腹部、胸部、头部触踢球

（1）技术要点

触球时，将用腹部、胸部或头部稍向前去主动迎接球，尽量让毽球向上有一定的高度，给自己充足的时间来调整步伐，并且控制球落在自己的前方，随即用脚将球踢出。在教学中我们主要以胸部触球练习为主，腹部、头部触球给大家简单介绍。

（2）练习方法

① 胸部触踢球练习，如表 5-4-9 所示。

表 5-4-9 胸部触踢球练习方法说明

准备姿势，两人面对面站立，一人抛球一人踢球	踢球者身体重心下降目视来球，抛球者将球抛掷击球者身前	身体正面主动迎球用胸部触球，双手张开	让毽球向上翻转控制在自己身前，调整好步伐准备击球	用脚内侧或正足背将球传出

② 腹部触踢球练习，如图 5-4-1 所示。

（a）腹部触踢球练习准备

（b）腹部触踢球练习

图 5-4-1 腹部触踢球练习示例

③ 头部触踢球练习，如图 5-4-2 所示。

（a）头部触踢球练习准备

（b）头部触踢球练习

图 5-4-2 头部触踢球练习示例

5.4.3　毽球专项技术

专项技术包括：传球技术、接球技术、发球技术、扣球技术，根据不同位置运动员所担当职责的不同，进行有针对性的专项技术训练。对于初学者来说，在具备扎实的基本功练习基础之上，可进一步选择适合于自身特点的专项技术练习。

1. 传接球

传接球练习是比赛中进攻前的重要环节，一定要扎扎实实、循序渐进地练习。

1）两人传接球

（1）技术要点

两人面对面站立，选好出球方向，在规则允许的情况下利用脚内侧、正足背等部位传球，两人互相传接球。

（2）练习方法

① 脚内侧传接球练习，如表 5-4-10 所示。

表 5-4-10　脚内侧传接球练习方法说明

准备姿势，两人面对面站立	一人抛球，另一人脚内侧颠球	用脚内侧将球缓缓传出	将球踢回抛球者身体前，注意踢回球要有高度	两人互相用脚内侧传接球

② 正足背传接球练习，如表 5-4-11 所示。

表 5-4-11　正足背传接球练习方法说明

		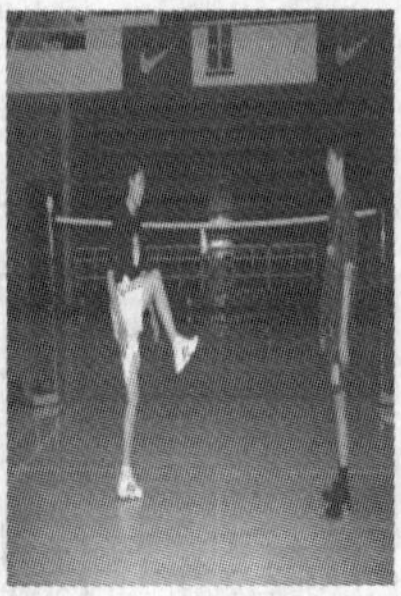		
准备姿势，两人面对面站立	一人抛球，另一人正足背颠球	用正足背将球缓缓传出	将球踢回抛球者身体前，踢回球要有高度	两人互相用正足背传接球

2）多人传接球

（1）技术要点

多人传接球练习时，无球队员注意保护，一定注意自己的步伐移动要到位，然后做传接球动作。传球可以不按照站位顺序传接球，或者按照站位顺序顺时或逆时传接球。

（2）练习方法

多人传接球练习，如表 5-4-12 所示。

表 5-4-12　多人传接球练习方法说明

准备姿势，多人围成圆形站位	一人抛球，另一人可以用其他颠球部位接球，然后将球传给下一人	传球人将球准确地传到下一位身前，传球要有高度	接球人主动接球，其他人在身旁做保护补位	可以按顺序踢球，也可以就近原则传接球

2. 发球

发球由抛球和踢发球组成。

（1）正足背发球（以右脚为例），如表 5-4-13 所示。

表 5-4-13　正足背发球练习方法说明

准备姿势，单手持毽	将毽球抛向身体的侧面，支撑腿屈膝	看准球的下落点，用正足背击球	支撑腿微屈，调整好与球的距离	正足背与踝关节绷紧平伸击球，击球后右腿做随球上提动作

（2）脚内侧发球（以右脚为例），如表 5-4-14 所示。

表 5-4-14　脚内侧发球练习方法说明

准备姿势，单手持毽	将毽球抛向身体的侧面，支撑腿屈膝	看准球的下落点,用脚内侧击球	支撑腿微屈，调整好与球的距离	踝关节绷紧平伸、足弓击球，击球后右腿做随球上提动作

发球，在规则允许的情况下，运动员在底线利用脚内侧、正足背、脚外侧将球踢到对方场地内的一项技术。技术要求，发球者面向对方场地，重心下降，支撑腿屈膝，将球向上抛起，大腿带动小腿，小腿鞭打摆动将球击出。

3. 扣球

扣球是毽球比赛中最直接、最有效的得分手段。它包括脚底踏球、凌空倒勾扣球、腾空转体扣球。对于初学者来说，以学习脚底踏球技术为主，其他扣球技术简单了解。

脚底踏球（以右脚为例），如表 5-4-15 所示。

表 5-4-15 脚底踏球练习方法说明

准备姿势，单手持毽	将毽球抛向身体正面与球 1～2m 距离	看准球下落点，抬腿到最高点、勾脚尖做正踢腿动作	支撑腿挺直，右腿大腿带动小腿，踝关节迅速下压用脚底击球	右腿击球后做随摆动作

当正面直腿踏球熟练后利用髋关节和大腿的柔韧性可做左、右变线踏球。另外，扣球技术动作对人身体的柔韧性、协调性、弹跳力等素质要求很高。注意加强辅助身体素质练习。

5.4.4 毽球基本战术

战术是技术在实践中的组合与运用。当一支毽球队在掌握了一定基本技术后，就应进行相关的基本战术训练。毽球的基本战术包括进攻战术和防守战术两方面。在通常情况下，一侧场地队员有 3 人，对于初学者，多采用基本的站位，即两人在前、一人在后成倒三角形进行接发球，并组织进攻。

1. 进攻战术

毽球的进攻战术包括“一攻二传”、“二攻一传”、“三攻”，如图 5-4-3 所示。

2. 防守战术

毽球的防守战术包括“弧形防守”；“一拦二防”；“二栏一防”和“拦—堵—防”等，如图 5-4-4 所示。

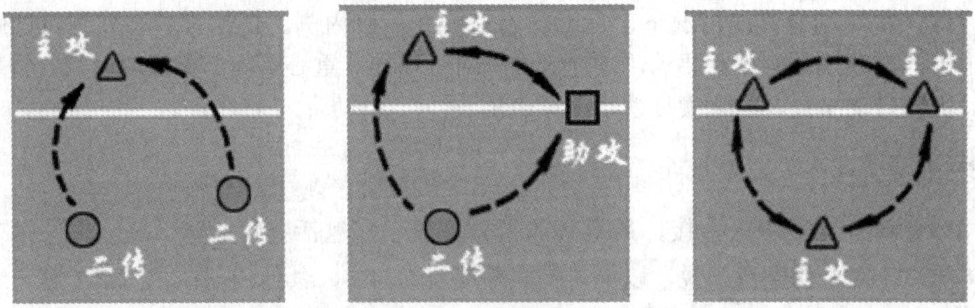

（a）“一攻二传”　（b）“二攻一传”　（c）“三攻”

图 5-4-3　毽球的进攻战术

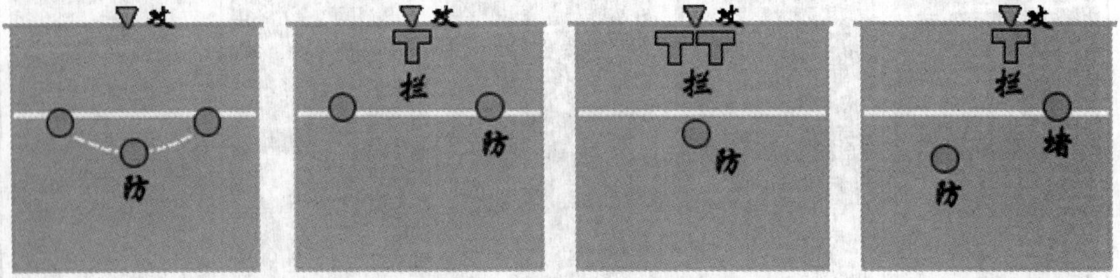

（a）弧形防守　（b）一拦二防　（c）二拦一防　（d）拦—堵—防

图 5-4-4　毽球的防守战术

毽球是一项集体运动项目，它讲究团队相互协作、互相配合，能增进同学们之间的感情，培养团队精神。毽球不受场地的限制，一人可单踢，双人可对踢，多人可围成圈踢。青少年踢毽球，不仅可锻炼身体、提高身体素质，同时也可发展心理素质。培养完整人格。

思考题

1. 毽球运动对学生身体素质发展有哪些好处？
2. 你从毽球运动中获得哪些乐趣？

第6章

体育与健康

生存与技击

6.1 游泳

6.1.1 游泳运动概述

游泳是人们凭借自身肢体的动作同水的相互作用力而进行有意识的活动技能。国际上对古代游泳起源比较一致的观点是，靠近自然水域生活的古代人由于生存需要，必然要和水发生关系。所以，游泳的产生与发展和人类与大自然的斗争紧密相连。游泳是一门重要的求生技能。

游泳运动发源于英国。1837 年第一次正式游泳比赛在英国举行。1896 年雅典第 1 届奥运会，游泳被列为奥运会竞赛项目；1900 年巴黎第 2 届奥运会，将仰泳分出；1904 年圣路易斯第 3 届奥运会时，分出蛙泳；1956 年墨尔本第 16 届夏季奥运会上又增加了蝶泳。从此定型为自由泳、蛙泳、蝶泳、仰泳、个人混合泳和团体接力 6 个大项 32 个小项。在 2008 年北京奥运会上增加了男子和女子 10 公里马拉松游泳，成为奥运会仅次于田径运动的金牌大户。

中华人民共和国成立以后，群众性游泳活动广泛开展，竞技游泳水平迅速提高。1952 年全国游泳竞技大会，是中华人民共和国发展竞技游泳的起点。20 世纪 80 年代我国游泳竞技水平开始上了一个台阶。先后站在亚运会、世锦赛和奥运会的最高领奖台上。北京奥运会后中国游泳队出现不少让人惊叹的小将。近年中国游泳队的实力比北京奥运会时有所提升。游泳世界冠军榜上不断出现中国运动员的名字。

6.1.2 游泳的锻炼价值

经常进行游泳锻炼，能够有效提高人体心血管系统的机能。一般情况下，人们游泳时的水温都会比人的体温低一些。冷刺激通过人体的热量调节作用与新陈代谢促进血液循环。除此之外，水的压力和阻力还会对心脏的泵血和血液的循环起到特殊的作用。在安静状态下，一般人安静时心率为 70～80 次/分钟，而长期参加游泳的人，在同等情况下心率每分钟为 50～60 次。

在进行游泳练习时，由于抵抗了更大的阻力，消耗了更多的能量，就离不开大量的氧气供应。人在游泳时要想使身体获得足够的氧气，其呼吸肌就必须不断地克服这种压力；另外，游泳时呼气技术都是在水下完成的，而水的密度比空气的密度要大得多，这样一来，不管是吸气还是呼气都能增加呼吸肌的收缩力，从而增强呼吸系统的功能，加大肺活量。一般健康男子的肺活量为 3000～4000mL，而经常从事游泳锻炼者，可以达到 5000～6000mL。

在游泳时由于水温的刺激，散热较快，皮肤血管扩张，改善了对皮肤血管的供血，这样长期坚持锻炼能使皮肤血液循环得到加强。从而使皮肤得到更好的放松和休息。所以，经常参加游泳锻炼的人，都有一身光滑柔软的皮肤。

6.1.3 初学游泳

游泳是在水的特殊环境中进行的一项运动，所以首先要掌握正确、合理的呼吸方法，就成为参加游泳的一项重要内容。

1. 呼吸练习

在水面上深吸一口气，然后闭口把面部浸入水后用鼻子呼气。要发出“嗯”的长音，要有气泡出现。当气快要呼完抬头时，首先要发出“啪”的一声，这样将剩余的气体呼出，再张嘴吸气。练习水中憋气时间由短到长；浸水部位由面部到整个头部浸入水中，循序渐进练习。

2. 熟悉水性

初学游泳的人开始下水都有心理负担害怕水。这里介绍熟悉水性练习。

（1）水中蹲起练习及各种转身等，如图 6-1-1 所示。

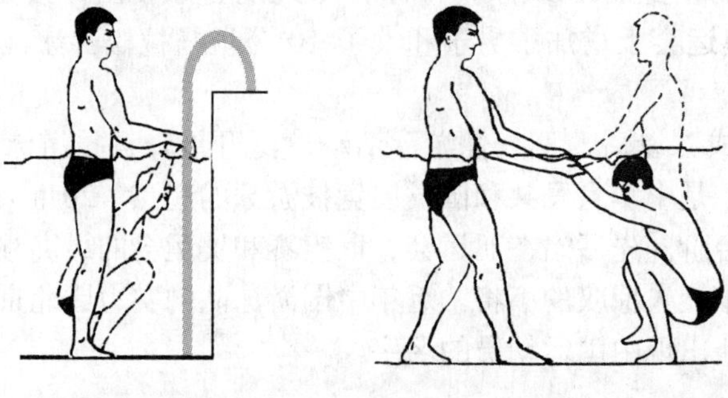

（a）　　（b）

图 6-1-1　水中蹲起练习

（2）水中各种方向的行走（图 6-1-2）及跳跃练习。

图 6-1-2　水中行走练习

（3）水中抱膝、展体浮体练习，分别如图 6-1-3 与图 6-1-4 所示。

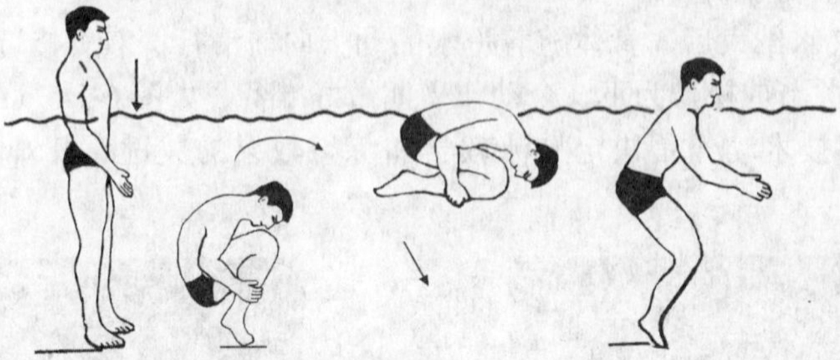

图 6-1-3　水中抱膝浮体练习

图 6-1-4　水中展体浮体练习

6.1.4　蛙泳介绍

蛙泳是模仿青蛙游泳动作的一种游泳姿势，并因此而得名。有些人自学游泳，虽然可以游一些，但动作很不规范。建议改进动作使其标准规范化。蛙泳技术环节分为身体姿势、腿部技术动作、手臂技术动作、整体配合技术动作。

1. 身体姿势

在蛙泳过程中，身体并不是固定在一个位置上，而是随着手、腿的动作在不断地变化。当一个动作周期结束后，身体应展胸、稍收腹、两腿并拢，两臂尽量伸直，颈部稍紧张，头置于两臂之间，眼睛注视前下方。

2. **腿部技术动作**

蛙泳的腿部动作是推动身体前进的主要动力之一。它主要可分为收腿、翻脚、蹬夹水和滑行四个阶段，但它们是前后紧密相连的完整动作。

（1）动作要点

① 收腿。两脚逐渐向臀部靠拢，边收边分。收腿时力量要小，以减少回收时的阻力。大腿收至与躯干成 120°～140° 角。两膝内侧大约与髋关节同宽，大小腿之间为 40°～50° 角，如图 6-1-5（a）所示。这样是为翻脚、蹬夹水创造有利的条件。

② 翻脚。边收边翻脚的同时逐渐向外侧翻开，两脚在两膝外侧，形成“w”形状，如图 6-1-5（b）所示。正确的翻脚动作在收腿未结束前就已开始，在蹬夹水开始时完成。

③ 蹬夹水。由大腿发力，向后做弧形蹬夹水的动作，如图 6-1-5（c）所示。蹬夹水的速度从慢到快，力量从小到大。

④ 滑行。蹬夹水结束后，身体随着蹬水的动力向前滑行，双脚接近水面并尽量伸直并拢，腿部肌肉和踝关节放松，为下一个动作周期做好准备，如图 6-1-5（d）所示。

掌握蛙泳腿部技术动作是决定蛙泳教学和练习效果的关键。其难点是翻脚和蹬夹水动作。

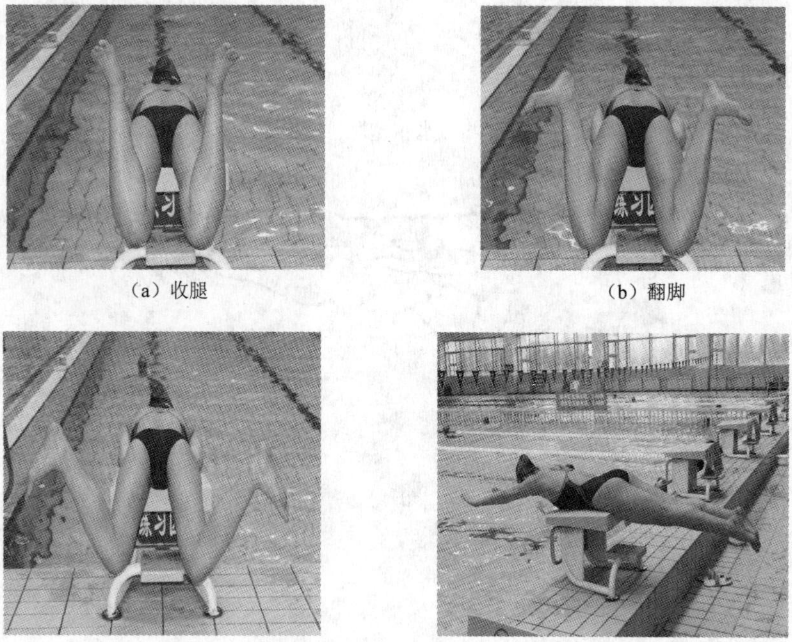

（a）收腿　（b）翻脚　（c）蹬夹水　（d）滑行

图 6-1-5　蛙泳腿部技术动作

（2）练习方法

① 趴在（仰卧）池台或岸边用分解教学法对收腿、翻脚、蹬夹水、滑行进行示范讲解，再连贯起来做腿的完整动作。

② 手扶池壁或扶板在水中练习。肩膀浸入水中，臀部靠近水面，腰腹肌稍紧张，防止塌腰、挺腹、臀部下沉。放松身体做慢收翻弧形蹬夹动作。

③ 扶板做腿部技术动作结合呼吸练习，收腿要慢，蹬腿用力，然后过渡到呼吸。从做

两三次蛙泳腿呼吸一次，逐渐一次一呼吸。

蛙泳腿部技术动作练习方法示例，如图 6-1-6 所示。

（a） （b） （c）

图 6-1-6 蛙泳腿部技术动作练习方法示例

（3）常见错误

① 收腿时不翻脚。纠正方法：陆上强化翻脚动作，做绷脚勾脚动作。

② 只蹬水不夹水。纠正方法：强调弧形蹬夹脚跟并拢。

③ 臀部上下起伏。纠正方法：平稳收蹬，注意收腿角度不要过大。

3. 手臂技术动作

掌握合理的手臂技术，并且使之与腿和呼吸动作协调配合，就能有效地提高游进速度。它的主要动作可分为开始姿势、向外分手抱水、收手、向前伸臂四个阶段。

（1）动作要点

① 开始姿势。两臂与水面平行掌心向下，手指自然并拢，使身体成一条直线，如图 6-1-7（a）所示。

② 向外分手抱水。两手分别向外约 45° 角分手，前臂两手向后沿弧形划水，速度由慢到快，至收手时应达到最快速度，如图 6-1-7（b）所示。

③ 收手。收手时手的运动方向为向内、向上、向前。前臂外旋，掌心逐渐转向内。肘关节要有意识地做向内夹的动作。这时大臂不应超过两肩的横向延长线，如图 6-1-7（c）所示。

④ 向前伸臂。双掌合在一起向前伸出，在最后结束前逐渐转向下方，如图 6-1-7（d）所示。

（a）开始姿势 （b）向外分手抱水 （c）收手 （d）向前伸臂

图 6-1-7 蛙泳手臂技术动作

（2）练习方法

① 陆上模仿练习。上体前倾、手臂前伸，向外划约 45° 角时抱水夹臂。此时注意手腕不要放松转动。

② 手臂与呼吸配合练习。分手抬头吐气；收手抱水吸气，前伸低头呼气。

③ 手臂、呼吸与完整动作练习。分手抬头吐气，收手吸气，伸手低头吐气，蹬夹腿漂一会儿。

（3）常见错误

① 划水时手臂超过双肩的延长线，划水无力。纠正方法：划水时两手分至 45° 角开始收手。

② 划臂时蹬腿动作顺序颠倒不协调。纠正方法：划手腿不动，伸手再蹬腿。

4. 整体配合技术动作

蛙泳与呼吸配合有稍早稍晚之分。初学者稍早呼吸，即分手抬头吐气。一定水平之后抱水时抬头换气。在蛙泳的游进过程中，一般都是一个周期一次呼吸，这样有利于机体的有氧供应，从而延缓疲劳。

蛙泳陆上模仿练习方法示例，如图 6-1-8 所示。

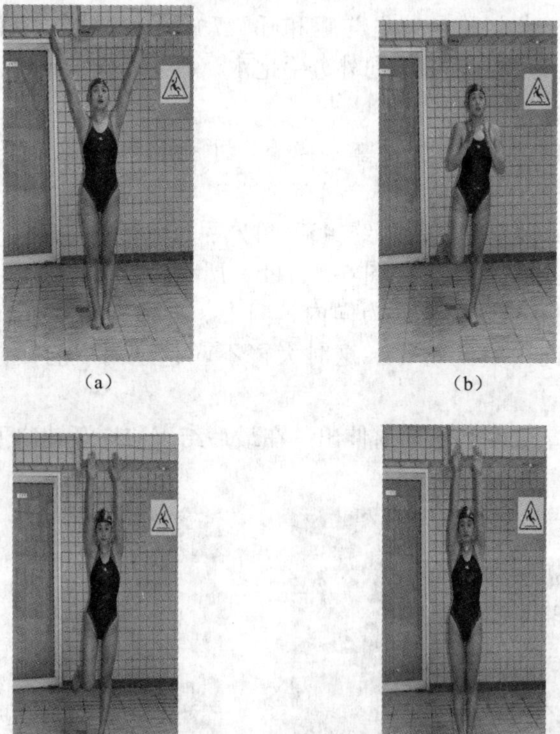

（a） （b）

（c） （d）

图 6-1-8 蛙泳陆上模仿练习方法示例

图 6-1-9 是蛙泳水中完整技术配合图形。

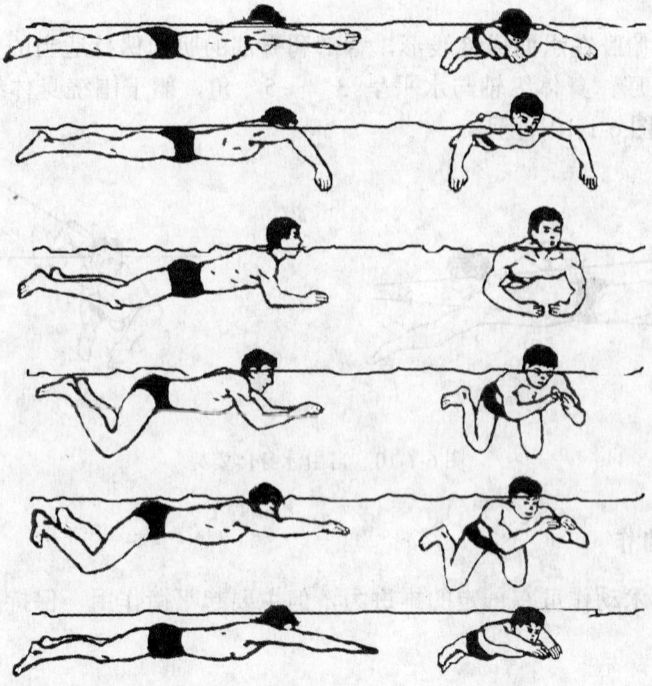

图 6-1-9　蛙泳水中整体配合技术动作

6.1.5　蛙泳教学进度与安排

下面介绍一些教学步骤。首先你要对游泳场馆有一定了解（浅水区适合初学者学习）。出于安全需要初学者游泳时要有同伴，同时也可以互相学习、交流体会。

第一次课重点：呼吸。学会张嘴吸气，低头鼻子呼气。憋气时间逐渐加长，抬头换气时，不呛鼻子。把熟悉水性的方法逐一练习。学会团身站立，以及初步掌握漂浮动作。

第二、三次课重点：复习呼吸漂浮。站立动作基本自如。学习蛙泳腿部技术动作。

第四次课重点：巩固蛙泳腿部技术动作。能够做出快慢节奏。开始配合呼吸，做扶板蛙泳腿，加抬头呼吸动作。开始模仿蛙泳手臂技术动作。

第五次课重点：改进腿部的动作提高质量。学习蛙泳手臂动作。做手腿分解练习。

第六次课重点：学习蛙泳手腿与呼吸的完整配合。

在第七次课以后继续巩固和提高蛙泳完整配合动作的基础上，根据个人的具体情况，强化某一薄弱技术环节。反复体会动作顺序、节奏、幅度和效果。适当时给予评价。

6.1.6　自由泳介绍

自由泳又称为爬泳。练习者俯卧在水中，两腿上下交替打水，两臂轮流划水而使身体向前游进的一种泳姿，很像是在水中向前爬行。其技术环节分为身体姿势、腿部技术动作、手臂技术动作、整体配合技术动作。

1. 身体姿势

自由泳时身体俯卧在水面成流线形，背部和臀部的肌肉保持适当的紧张度，在游进中保持头颈部自然后屈，身体纵轴与水平呈 3° ～5° 角，躯干围绕身体纵轴有节奏地转动 35° ～45° 角，如图 6-1-10 所示。

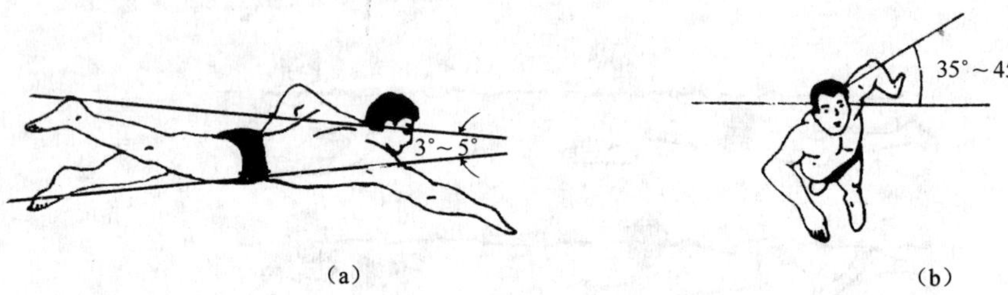

图 6-1-10 自由泳身体姿势

2. 腿部技术动作

自由泳腿部技术动作虽有一定的推进力，但主要起平衡作用，保持身体的稳定和协调双臂做有力的划水。

（1）动作要点

两腿自然并拢，脚稍内旋，踝关节放松，由大腿带动小腿和脚掌，交替做鞭打水的动作，两腿上下活动幅度为 30～40cm，膝关节最大屈度约 160° ，如图 6-1-11 所示。

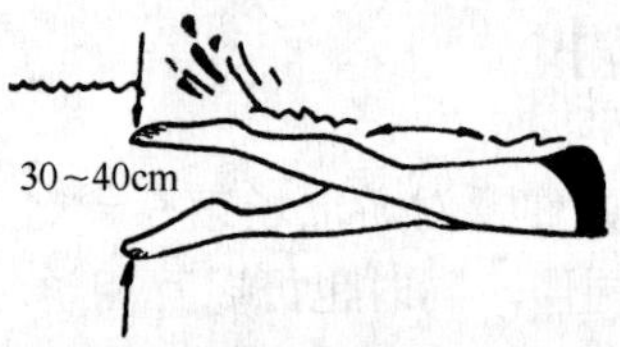

图 6-1-11 自由泳腿部动作

（2）练习方法

练习两腿交替上下鞭打水动作，为学习自由泳完整配合技术打下基础。

① 坐池边直腿打水。大腿带动小腿做上下鞭打动作，腿向上时膝关节伸直，向下稍屈，如图 6-1-12 所示。

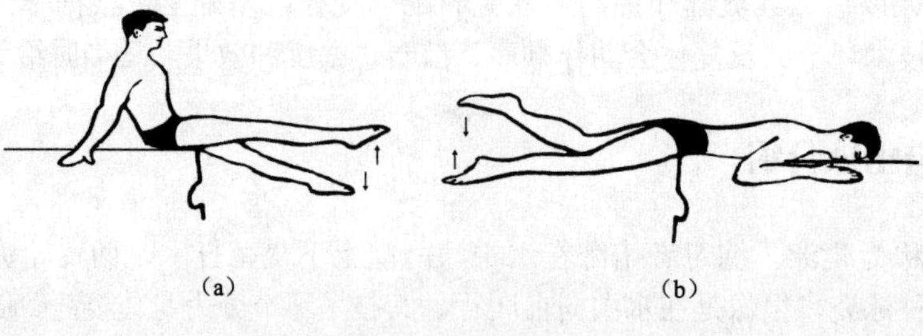

图 6-1-12 自由泳腿部技术动作练习方法示例

② 水中练习时，两臂伸直，头部夹在两臂之间，两边转头轮流换气，从开始要求直腿逐渐过渡到膝踝适当放松弯曲的鞭打水动作。

（3）常见错误

① 屈膝过大，小腿打水。纠正方法：小腿紧张，用直腿打水练习，体会大腿带动小腿动作。

② 勾脚尖打水。纠正方法：踝关节灵活性差，要求绷直脚尖，多做压踝关节活动。

3. 手臂技术动作

自由泳手臂技术动作是推动身体前进的主要动力。一个完整的自由泳手臂技术动作分为入水、抱水、划水、出水和空中移臂等几个相互连贯的阶段。

（1）入水

手的入水点在身体纵轴和肩关节的前后延长线之间。

（2）抱水

手掌从向斜外下方转向斜内后方并开始屈腕、 屈肘，肘高于手。抱水结束，肘关节屈至 150 °左右，整个手臂像抱球为划水做准备，如图 6-1-13 所示。

图 6-1-13　自由泳抱水

（3）划水

划水是发挥最大推进作用的主要阶段。加速向后划水，肘关节从弯曲过渡到伸直加速用力。最后到大腿旁，呈 S 形。

（4）出水

手臂放松，微屈肘。由上臂带动，肘部向外上方做提拉动作，将前臂和手带出水面，掌心转向后上方，如图 6-1-14 所示。

图 6-1-14　自由泳出水

（5）空中移臂

移臂时要自然放松，肘高于手。移臂动作应借助于肩关节自然转动，手的速度快于前臂和上臂，开始时手落后于肘关节，但到移臂结束时，手应该到达最前方领先入水，如图 6-1-15 所示。

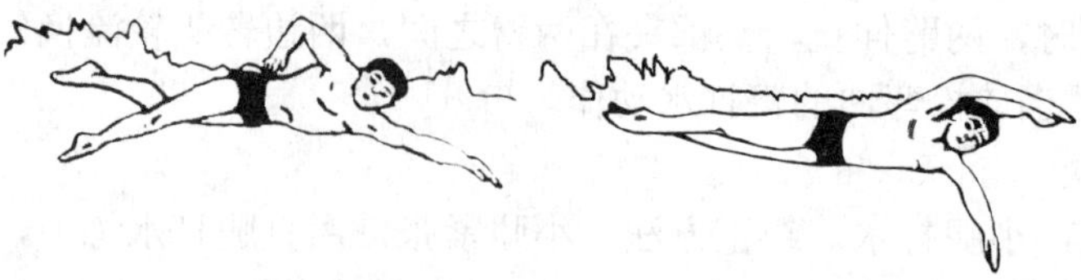

图 6-1-15 自由泳空中移臂

4. 两臂配合

自由泳两臂配合有前交叉、中交叉和后交叉三种类型。初学者适合学习前交叉配合。一臂入水，另一臂在肩前方。

（1）练习方法

① 陆上站立，一手扶膝盖，一手贴大腿外侧，移臂时肘高于手，移平肩膀时，手腕在肩的延长线插入水，抱水时保持高肘的位置屈臂，沿身体中线向后做 S 形划水，划到肩下时用力推水到大腿，如图 6-1-16 所示。

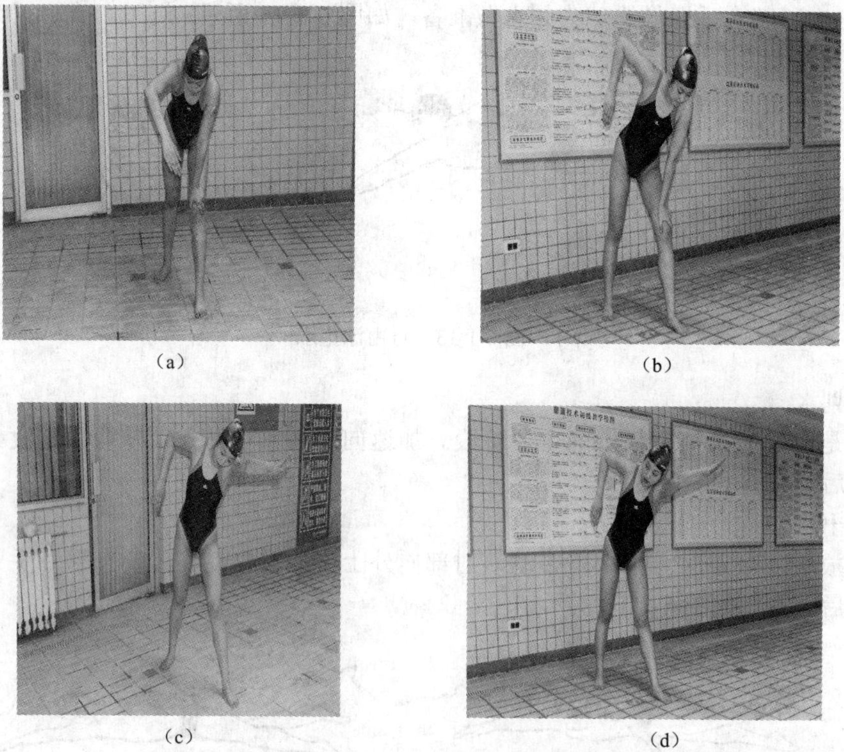

（a） （b） （c） （d）

图 6-1-16 两臂配合练习方法示例

② 一臂前伸，另一臂向后伸直对齐，轮流屈臂做划水动作，如图 6-1-17 所示。

（2）常见错误

① 划水路线短。纠正方法：划水结束时手要触到大腿。

② 手的入水点过中线身体摆动。纠正方法：明确入水点，手前伸不超过中线。

③ 头过高，抬头吸气。纠正方法：吸气时，身体纵轴转动，转头时一耳浸在水中，吸气时做“咬肩”动作。

图 6-1-17　手臂动作模仿练习

④ 划水结束时身体下沉，手出水困难。纠正方法：划水后程碰大腿时，掌心向后推水，利用惯性提肘带动手臂出水前移。

5. 整体配合技术动作

自由泳的呼吸、臂、腿配合技术有多种形式，其中以 6∶2∶1 最为常见，即打腿 6 次、划臂 2 次、呼吸 1 次的整体配合技术，这种配合方法容易保持平衡和协调掌握自由泳技术，如图 6-1-18 所示。

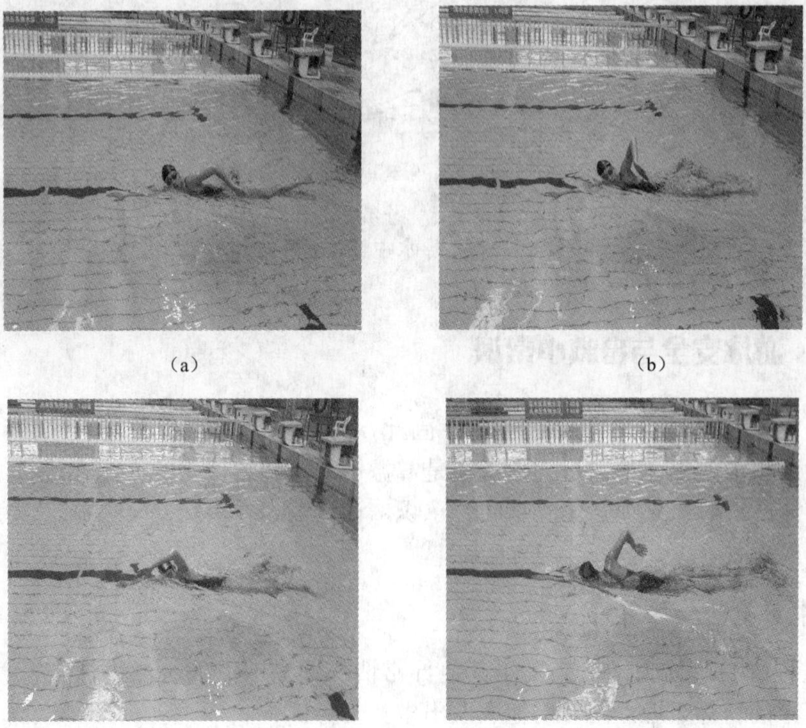

（a）　（b）　（c）　（d）

图 6-1-18　自由泳整体配合技术动作示例

图 6-1-19 是自由泳水中完整技术配合图形。

图 6-1-19 自由泳水中整体配合技术动作

6.1.7 游泳安全与自救小常识

游泳是在水这种特殊环境中进行的。因此，应特别注意安全教育，掌握科学的锻炼方法，防止意外事故发生。不论是初学者还是掌握了一定游泳技术的人，在进行游泳教学或开展群众性游泳活动时，必须强化安全防范意识，认真考虑并落实安全措施，以引起每个游泳参与者的高度重视。

1. 自我救护

游泳过程中自感体力不支或发生其他异常情况，立即取仰卧漂浮泳姿，并向岸边、浮动或固定支撑的目标靠近，同时向他人发出求救信号。

2. 抽筋

遇小腿肌肉痉挛，应及时仰卧水面，一手将膝盖下压伸直，另一手握脚尖向身体方向牵拉；胃部痉挛则将两腿屈膝贴近腹部，随即伸直；大腿痉挛，两手抱住小腿，使大腿与身体成直角，用力掰拉并加颤动。

3. 耳朵进水

由于水有压力。游泳过程耳朵进水是很正常的。进水后不要用手去抠。正确做法是，将头歪有水一侧的耳朵，收起异侧脚。支撑腿振动踩脚，头配合向下。耳朵里有温热的感觉，水自然流出。如果两个耳朵有水，则跳完一个再跳另一个。

4. 游泳时呛水处理

学习游泳遇到的第一关就是呼吸。初学者由于呼吸节奏不够熟练容易破坏水中呼吸节奏，水从嘴和鼻腔中进入呼吸道而引起呛水。呛水时不能慌张，这时应该马上抬头站立调整呼吸。直到呼吸平稳再继续游泳前进。

5. 什么情况下不宜游泳

不要空腹和饱腹游泳。忌剧烈运动后游泳。女生更不要在特殊生理期间游泳。在天然水域游泳时，切忌贸然下水，以免发生意外。

人的一生要学会许多本领，都需要战胜自我，让我们一步步融于水、一点点学会驾驭水。体验游泳的快乐，享受这项“阳光运动吧”。

思考题

1. 游泳有哪些锻炼价值？
2. 常见的安全与救护措施有哪些？

6.2　散打

6.2.1　散打概述

散打运动又称为散手，是武术运动对抗形式的一种，是一项互以对方技击动作为转移的斗智、较技的对抗性竞赛项目。散打比赛中允许使用踢、打、摔等各种武术流派中的技法；禁止使用反关节、肘、膝以及使对方头部先着地的技术动作；禁止击打裆部、后脑、后颈部位。运动员按体重分级、穿护具在平等的条件下进行竞争。

散打起源于人类谋求生存的本能。原始社会，人类为了生存与获取生活资料，在与动物和其他部落的搏杀中，逐步总结提炼出一种徒手格斗的基本能力，这就是散打的最初起源。散打为武术的发展提供了基本素材，人们将这些简单、实用的动作及格斗中器械的使用方法加以整理提炼，编排成连贯套路的演练形式，这就是武术套路的雏形。

武术散打具有防身自卫、强身健体、修身养性、交际娱乐等功能。它在民间具有广泛的群众基础。散打又称为相搏、手搏、技击、卞、角力、白打、拍张、手战等，民间又称为“打擂台”。

为了继承和发展这一古老文化遗产，1979 年，国家体委在浙江省体委、北京体院和武汉体院三个单位进行散打比赛的试点。同年 5 月，在南宁市举行的全国武术观摩交流会上，由上述试点单位举行汇报表演。历经 10 年时间，1989 年散打被批准为国家正式比赛项目，

1991 年，经国家体委审定，《武术散打竞赛规则》正式出版，并实行运动员、裁判员登记制度，1993 年第 7 届全运会将武术散打列为全运会正式项目。1991 年北京成功举办了首届世界武术锦标赛，散打被列入表演项目，这为散打运动走向国际打下了良好基础。1998 年在泰国举办的第 13 届亚运会上，散打被列入正式比赛项目，并设立了 5 个级别的金牌。1999 年国家武术运动管理中心决定，将散手名称正式改为散打，并脱去护具，这为散打步入职业化打下了良好基础，从此武术散打进入高速发展阶段。

作为武术对抗形式的散打运动，可以提高人体的速度、力量、灵巧、耐力等身体素质，也能增强身体的抵抗力和反应能力。学习散打，不但能提高防身自卫能力，而且对培养青少年机智、顽强、勇敢、果断等意志品质以及在培养武德方面都有很好的锻炼价值。

6.2.2 武德教育与散打的礼节

1. 武德教育内涵

通过武术的学练，不仅能防病健身，塑造强健体魄，而且能形成坚忍不拔、锐意进取的精神信念；培养出忠、义、正、信、刚、毅、勇、诚的价值观念和仁、宽、恕、礼、让的行为品格；形成不息、不淫、不屈、不移的人格和以保家卫国为己任的爱国主义精神，这正是中华民族精神的集中体现。

武德精神历来为人们所推崇，也是中华民族所倡导的民族精神之一。武德是民族优秀传统道德文化的有机部分，它与社会主义道德观相符合。武德精神与时代精神相符合，必将服务于社会主义和谐社会的道德建设。

2. 散打礼节

作为武德的重要承载形式，武礼与武德浑然一体，相辅相成。习武之人的武德，是通过各种恰当的武礼形式表现出来的。武术实践中的礼节，包括抱拳礼、鞠躬礼、注目礼等，通常抱拳礼使用最普遍。

抱拳礼时，两脚并立，身体自然直立，右手握拳，左手拇指屈拢，四指并拢伸直成掌，如图 6-2-1 所示。双手从体侧向胸前合抱，两小臂微内旋，两臂撑圆，平举于胸前，左掌心贴于右拳面，双肘不可扬起，目视受礼者。抱拳礼，象征虚心、和平与友谊。左手为掌，表示德、智、体、美齐备，拇指屈表示不称霸；右手为拳，表示勇猛习武；左掌掩右拳相抱，表示“止戈为武”，以此表明勇武的目标。另外，还有一层蕴意，左掌为文，右拳为武。习武应文武兼修，自强不息。左掌右拳拢屈，两臂撑圆，表示来自五湖四海，以武会友，谦虚团结，抵御外辱。

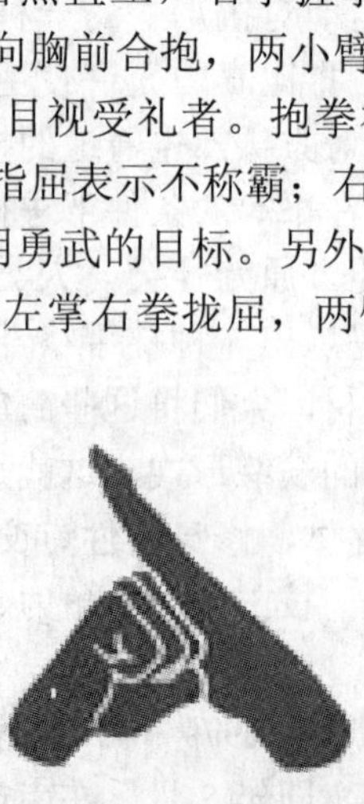

图 6-2-1　抱拳礼手势

6.2.3　散打基本技术

1. 实战姿势

两脚前后开立（正架为左脚在前，反架为右脚在前），两手握拳，左前右后，拳眼均朝上，左手臂弯曲，肘关节夹角为 90°～110°，左拳与鼻同高；右手臂弯曲，肘关节夹角小于 90°，大小臂紧贴右侧肋部，身体侧立，下颚微收，面部和左肩、左拳正对对方，如图 6-2-2 所示。

(a)

(b)

图 6-2-2　实战姿势

动作要点：实战姿势是实战时的预备姿势，因此，要求进攻灵活，防守严密，移动方便。姿势不可太低，重心控制在两脚之间；两手紧护躯体，暴露给对手打击的有效部位尽量缩小。

2. 手形

五指内屈紧握，拇指第一指压在食指和中指的第二指骨上，拳心朝下为平拳；拳眼朝上为立拳，如图 6-2-3 所示。

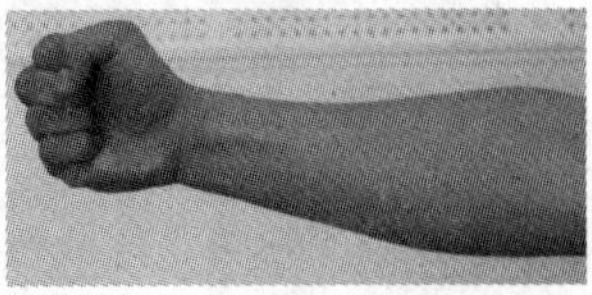
(a)

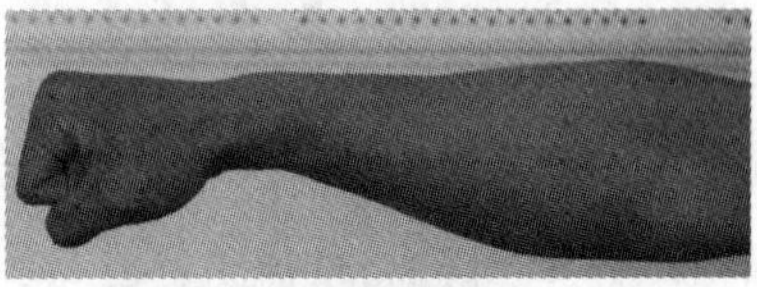
(b)

图 6-2-3　手形

动作要点：拳心握实，拳面要平，手腕要直。

3. 步法

先看一步走，再看一伸手，手到步不到，等于放空炮，步法是散打格斗中身体向前后左右移动的方法。灵活而敏捷的步法，不仅是调节重心维持身体平衡的关键，还是进攻和防守占据有利位置、发挥最优攻势的基础，认真学习和演练步法是提高实战能力的重要环节。

以下步法均以左实战势为例。

1. 进步

前脚（左脚）先向前进半步，后脚再跟进半步，如图 6-2-4 所示。

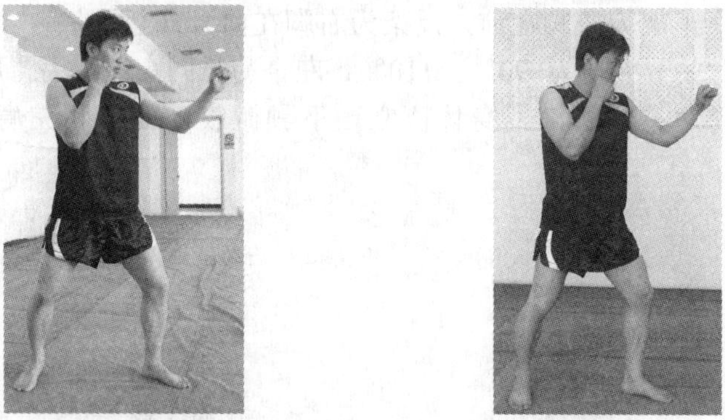

（a）　（b）

图 6-2-4　进步

动作要点：进步步幅不宜过大，后脚跟进后的身体姿势不变，衔接进步与跟步时越快越好。

2. 退步

后脚（右脚）先后退半步，前脚再退回半步，如图 6-2-5 所示。

动作要点：参考“进步”。

3. 上步

后脚向前上一步，同时左、右拳前后交换成反架姿势，如图 6-2-6 所示。

动作要点：上步时身体不能前后摆动，上步与两手要同时交换。

图 6-2-5　退步

图 6-2-6　上步

6.2.4 拳法

拳法技术在散打运动中常用的有冲、掼、抄、弹、鞭五种拳法。在实战中具有速度快和灵活多变的特点，它能以最短的距离，最快的速度击中对手。拳法益于组合进行训练，并且能任意配合其他技术使用。掌握得好，利用得巧妙能给对手造成很大的威胁。

1. 冲拳

（1）左冲拳

实战姿势站立，右脚微蹬地，身体重心稍向左脚移动，同时转腰送肩，左拳直线向前击出，力达拳面，如图 6-2-7 所示。

（a）

（b）

图 6-2-7　左冲拳

动作要点：冲拳时，上体不可前倾，腰略向右转；拳面领先，大臂催前臂，臂微内旋，肘微屈；快出快收，迅速还原成预备势。不要形成拳往下撩的错误，或只是前臂屈伸，强调肩先启动，催肘送拳。

用法：

双方在对峙的状态下，突然快速地进步或上步，以左冲拳攻击对方；或对方向前追击时，突然向左侧闪躲，以左冲拳反击其头部。

（2）右冲拳

预备势开始，右脚微蹬地并向内扣转，转腰送肩的同时，右拳直线向前冲出，力达拳面，左拳变掌回收至右肩内侧，如图 6-2-8 所示。

（a）

（b）

图 6-2-8　右冲拳

动作要点：右冲拳的发力顺序是起于右脚，传送到腰、肩、肘，最后达于拳面；上体向左转动，头不转；还原时以腰带肘，主动收回。上体不要过于前倾；也不要出现后引拉拳，预兆明显的错误。

用法：

当对方左冲拳攻击上盘时，俯身下躲，同时右冲拳反击其中盘。

2. 掼拳

（1）左掼拳

预备势开始，上体微向右转，同时左拳向外（约 45°）、向前、向里横掼，臂微屈，拳心向下，力达拳面或偏于拳眼侧；右拳护于右腮，如图 6-2-9 所示。

动作要点：力从腰发，腰绕纵轴向右转动，掼拳发力时，肘尖抬至与肩平。

（2）右掼拳

预备势开始，右脚微蹬地并向内扣转，合胯并向左转腰，同时右拳向外（约 45°）、向前、向里横掼，力达拳面或偏于拳眼侧；左拳变掌屈臂回收至左腮前，如图 6-2-10 所示。

图 6-2-9　左掼拳

图 6-2-10　右掼拳

动作要点：右脚内扣，合胯转腰与掼拳发力要协调一致；发力时，肘尖微抬，使肩、肘、腕基本成水平。不要出现翻肘过早，出现甩拳和向前探身的毛病。

用法：

掼拳是一种横向型的进攻动作，可以结合身体姿势的高、低变化击打对方的侧面。上盘可击太阳穴；中盘可击腰肋部位。

3. 抄拳

（1）左抄拳

预备势开始，重心略下沉，左拳微下落，随即左脚蹬地，上体右转，左拳由下向上曲臂勾击，大小臂夹角为 90°～110°，拳心向里，力达拳面，如图 6-2-11 所示。

（2）右抄拳

预备势开始，右脚蹬地，微向左转腰的同时，右拳由下向前、向上抄起，大小臂夹角为 90°～110°，拳心向里，力达拳面；左拳回收至右肩内侧，如图 6-2-12 所示。

图 6-2-11　左抄拳

图 6-2-12　右抄拳

动作要点：抄拳要借助蹬地、扣膝、合胯、转腰的力量，发力由下至上，协调顺达；抄拳时，臂先微内旋再外旋，呈螺旋形运行，发力时上体不要后仰、挺腹以及重心上提；右抄拳不允许有预摆动作。

用法：抄拳属上下进攻型动作，由于击打距离短，适用于近距离实战，双方接触时，正面攻击对手的胸、腹或下颚。

6.2.5　拳法防守技术

1. 拍挡

预备姿势开始，左手（右手）以掌心或拳心为力点向里横向拍挡，如图 6-2-13 所示。

动作要点：前臂尽量垂直，拍挡幅度小，用力短促，注意只动前臂，不能伸肘、伸臂。

用法：

防守对方直线形拳法或横向型腿法对上盘的攻击。

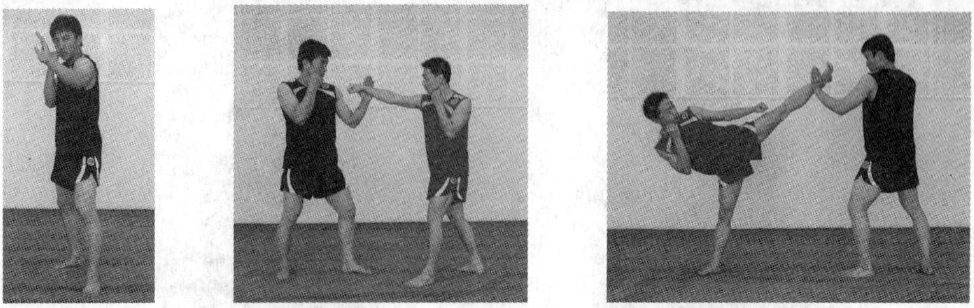

（a）　（b）　（c）

图 6-2-13　拍挡

2. 挂挡

左手（右手）屈臂向同侧头部或肩部挂挡，如图 6-2-14 所示。

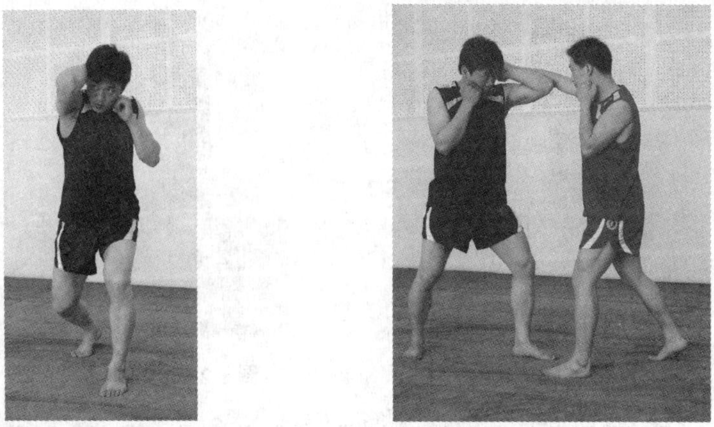

（a） （b）

图 6-2-14 挂挡

动作要点：大小臂迭紧并贴于头侧，要含胸侧身，暴露面小，不要出现抬肘向外格挡的动作。

用法：

防守对方横向型的手法或腿法攻击上盘部位，如左右掼拳或左右横踢腿等。

3. 侧闪

两膝微屈，俯身，上体向左侧或右侧闪躲，如图 6-2-15 所示。

动作要点：上体要含缩，侧身不转头，目视前方。

用法：

闪躲对方的手法正面攻击上盘部位，如左右冲拳等。

4. 下躲闪

屈膝，沉胯，重心下降，缩颈，弧形向下躲闪，两手紧护胸部，如图 6-2-16 所示。

图 6-2-15 侧闪

图 6-2-16 下躲闪

动作要点：下躲闪时，膝关节、髋关节和颈部要同时弯曲、收缩，目视对手。

用法：

防守对方的手法或腿法横向攻击头部，如左右掼拳、高横踢腿等。

注意：学习完一种拳法，可有针对性地配合一种防守技术进行练习，一是增加学生的记忆；二是提高学生的兴趣和积极性。

6.2.6　腿法

腿法内容丰富，分为屈伸型、直摆型、扫转型三大部分。格斗中腿法灵活机动，变化多端，攻击距离远，力度大，还具有隐蔽性。在运用腿法攻击时，要求做到快速有力，击点准确。

1. 蹬腿

（1）左蹬腿

实战姿势站立，右腿直立或微屈，左腿提膝抬起，勾脚，以脚跟领先向前蹬出，力达脚跟；也可送髋，脚掌下压，力达脚前掌，如图 6-2-17 所示。

（a）实战姿势　（b）左腿提膝　（c）左蹬腿

图 6-2-17　左蹬腿操作方法

（2）右蹬腿

实战姿势站立，身体重心前移，左腿直立或微屈，身体稍左转，右腿提膝抬起，勾脚，以脚跟领先向前蹬出，力达脚跟；也可送髋，脚掌下压，力达脚前掌，如图 6-2-18 所示。

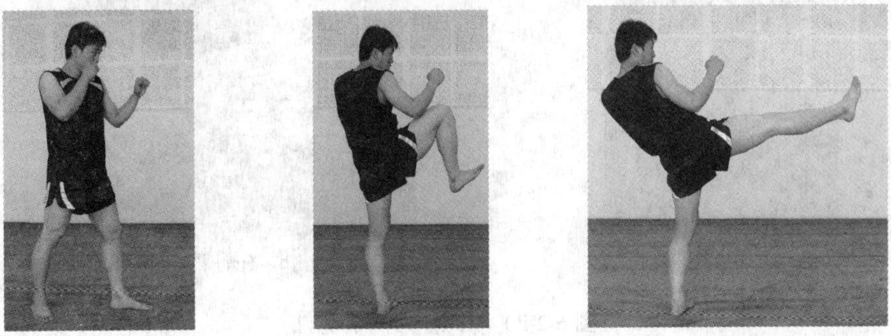

（a）实战姿势　（b）右腿提膝　（c）左蹬腿

图 6-2-18　右蹬腿操作方法

动作要点：屈膝高抬，爆发有力，快速连贯。

用法：

当与对手正面相对时，主动蹬其躯干；或当对手用拳、腿进攻时，防守后，蹬腿击其躯干。

2. 侧弹腿

（1）左侧弹腿

右腿直立或稍屈支撑，上体稍向右侧倾；同时左腿屈膝向左侧摆起，扣膝，绷脚背，随即挺膝向前弹踢小腿，力达脚背至小腿下端，如图 6-2-19 所示。

（a）左提膝

（b）左弹腿

图 6-2-19　左侧弹腿操作方法

（2）右侧弹腿

左腿直立或稍屈支撑，上体左转 180°，稍向左倾；同时右腿屈膝向前摆，扣膝，绷脚背，随即挺膝向前弹踢小腿，力达脚背至小腿下端，如图 6-2-20 所示。

（a）左转右屈膝

（b）右弹腿

图 6-2-20　右侧弹腿操作方法

动作要点：脚背紧张，膝盖内扣，以膝带腿，快速有力。侧弹腿击沙包、脚靶等物，体会击打时脚背的肌肉感觉。

用法：

侧弹腿的优点是动作快速，易于变化，可视不同情况分别击对手的头部、胸腹部和腿部。

3. 侧踹腿

（1）左侧踹腿

右腿直立或稍屈支撑；左腿曲膝提起，小腿外摆，脚尖勾起，随即展髋，使脚掌正对攻击方向，挺膝向前踹出，力达脚掌，上体可倾斜，如图 6-2-21 所示。

（a）左屈膝展髋　　（b）左侧踹腿

图 6-2-21　左侧踹腿操作方式

（2）右侧踹腿

左腿直立或稍屈支撑；身体向左转 180°，同时右腿屈膝前抬，小腿外摆，脚尖勾起，随即展髋，使脚掌正对攻击方向，挺膝向前踹出，力达脚掌，上体可倾斜，如图 6-2-22 所示。

（a）预备姿势　　（b）左转屈右膝　　（c）右侧踹腿

图 6-2-22　右侧踹腿操作方法

动作要点：上体、大腿、小腿、脚掌成一直线，踹出时一定要以大腿推动小腿直线向前发力。

用法：

踹腿，是比赛中使用率较高的腿法之一。容易调整步法，因此，踹腿的使用变化较多，它直线运动，速度快，力量大，不易防守，而且配合步法运用变化多，易于在不同距离上使用。主要攻击对方的头部和胸腹部。

6.2.7 摔法

摔法是构成散打技术的主要组成部分之一。熟练地掌握摔法技术，成功地运用摔法动作，是得分取胜的有效手段；同时还会给对手在精神上造成很大的压抑，极大地消耗对手的体力。但是，由于受散打规则的制约，散打摔法在各式摔跤技术基础上有了进一步的发展，逐渐形成了武术散打摔法速度快、没有固定抓“把”部位的特点。

1. 抱腿前顶

甲出拳击乙头部，乙上左步，下潜躲闪；或直接下潜进攻，两手抱甲双腿，屈肘，两手用力回拉；同时用左肩前顶甲大腿或腹部，将甲摔倒，如图 6-2-23 所示。

（a）抱腿

（b）抱腿前顶摔

图 6-2-23 抱腿前顶操作方法

动作要点：下潜快，抱腿紧，两臂后撤，肩顶有力。
用法：
可用于主动进攻或防守反击。

2. 抱腿上托

当对方用正蹬腿踢击时，两手抓握其小腿下端，随即屈臂上抬。两手托其脚后跟，同时上步，向前上方推送将其摔倒，如图 6-2-24 所示。

（a）抓握小腿

（b）抱腿上托

图 6-2-24 抱腿上托操作方法

动作要点：抓脚准，托推动作连贯一致，不能有间歇时间。

用法：

适应于防守反击对方的蹬腿动作。

3. 抱腿别腿

甲站立或起左侧弹腿踢腿时；乙将甲左腿抱住，并向甲的支撑腿后上左步；上体右转，长腰成右弓步，用左腿别甲右腿，同时用胸下压甲腿，如图 6-2-25 所示。

（a）抱左腿　（b）别右腿　（c）右转腰摔

图 6-2-25　抱腿别腿操作方法

动作要点：抱腿紧、有力，弓步转体协调，长腰压腿顺势，衔接要快。

用法：可用于主动进攻或防守反击。

学习摔法时，首先要学习摔跌技术，即学练自己倒地时免受伤害的自我保护方法。只有掌握摔跌技术，才可避免摔痛和受伤，增强身体受到冲撞或经受震动的能力和发展灵敏、协调等身体素质。摔跌技术包括前倒、后倒、侧倒、抢背、前后翻滚等。有句俗语叫做“要想摔人，先要学会挨摔”。

6.2.8　散打基本技术训练的方法

对散打基本技术的训练，应该教与练相结合，所采用的方法应本着从易到难、从简单到复杂、从单独操作到实际对抗的循序渐进的原则进行。

1. 结合步法练习

基本上掌握了动作规范后，要根据实战的需要结合相应的步法练习，提高攻击距离感，以及防守的机动性。使技术与实战紧密联系，并使技术动作逐步达到协调准确。

2. 假设性练习

通过假设想象对手的攻防动作或所处状态而进行相应的进攻或防守反击的练习。做假想性徒手练习，有一种身临其境面对敌手的实战状态并能提高反应能力、动作速度以及培养战斗意志和掌握各种技术的具体练法。

3. 攻防练习

条件攻防是规定一方用拳法攻击，另一方防守或防守反击；或一方用腿法攻击，另一方使用接腿摔等。有条件的攻防练习，针对性强，能有效地训练和提高练习者的某些能力和运用某些方法的能力。任意攻防，如规定力度、速度或与大级别运动员进行比赛，用于提高技法的实战能力，培养在困难条件下技术运用能力以及敢斗敢拼搏的良好品质。能有效地提高练习者的技术水平以及体能并能磨炼斗志，同时是总结积累实战经验的有效措施。

散打运动对于青少年的力量、速度、反应、协调等多项身体素质发展有很好的作用。其对抗练习的形式，互助、协作的技术配合，灵活运用技术、战术的意识，对于青少年身心健康发展有着重要意义。

思考题

1. 你喜欢散打运动吗？为什么？
2. 散打运动中禁止击打的部位有哪些？
3. 散打技术在防身自卫中的运用，与散打运动有什么区别？

6.3 户外生存运动

6.3.1 户外运动概述

1. 户外生存运动的起源

第二次世界大战期间，盟军海上给养船时常被德军潜艇袭击。大部分水手葬身大海，只有少部分水手活了下来。而活下来的水手并不是那些身强力壮的年轻水手，而是经验丰富、心理素质较好的年长者。后来，科学家经过研究发现，能在恶劣环境下生存下来的主要原因是一个人的心理素质和丰富的生存技能。第二次世界大战后，生存训练逐渐被许多国家军方所效仿，一批特种部队、野战军纷纷成立户外生存训练营。这种户外的生存训练或活动，渐渐扩展至普通大众的生存训练或挑战活动中。

自 20 世纪 80 年代起，我国的各种户外登山探险活动，进入了一个新的发展时期。越来越多的人走出城市，到大自然中开展各种形式的探险活动，呈现出国家、民间和个人一起发展的喜人局面。我国的探险组织分国家官办、民间社团、大学社团三类。国家官办的主要是中国登山协会，它成立于 1958 年 6 月，主要组织开展比较重大的国际、国内登山探险活动，并在部分省份、地区设有省级分会。开展活动最好的是西藏登山协会、中国探险家协会。而大学社团则主要有北京大学山鹰会、武汉地质大学登山队等。

如今，围绕着生存能力，心理素质培训、拓展以及意志训练等为目的的户外训练课程丰富多彩。这些训练的精髓部分都离不开心理素质、生存能力、团队协作的核心内容。

2. 户外生存的特点

户外生存是一项别具特色的运动。它必须由参加者自行准备，背运营具和各类物品，长途跋涉，“安营扎寨”，在野外进行各式各样的活动，这无疑对人们的体力是一种特别的挑战和考验，因而对身体的锻炼是极富意义的。

另外，户外生存可以使人回归自然，增长知识，陶冶情操，是一项挑战自我、提高生存本领的活动。户外生存，通过野外生活，加强和提高了团队组织纪律性，以及队友间团结友爱、互帮互助、协同配合、勇敢、顽强、坚毅等优良品质，有利于培养人们的集体主义精神、团队精神。学校通过设置户外生存体育课，使学生掌握野外生存的基础知识、理论，发展他们的走、跑、攀、爬等生存能力，以不同的方式实现体育教学大纲所提出的学生身体素质发展目标。为学生今后顺利走向社会、走向工作、迎接生活，奠定良好的身心基础。

户外生存体育课内容以教育性、层次性、理论联系实际为原则，在选择演习训练时应合理地安排地点，可选择就近的公园、校内的足球场等可模仿实地的地点来进行训练。

6.3.2　户外生存运动的准备

1. 思想准备

出发前要充分做好思想准备工作，尽可能地想象将会面临的各种境地，确认自己能胜任计划中所安排的一切，使人的身心保持健康、愉快。另外，每次出行必须和相关部门联系。外出旅行探险，统一全体人员的思想及认识是一件很重要的事。

户外运动是一件艰苦的事，还具有一定的风险。所以，户外生存运动，不仅要人能吃苦耐劳，还要面对各种困境、险境，甚至要有流血、病痛、受伤的思想准备，同时经常会碰到各种突变的问题和麻烦。这些突变的问题，会在很大程度上影响队伍思想的统一。因此，我们要根据所去地的实际情况，做相应的思想准备。

2. 体力准备

凡是要参加户外活动，体力上的准备不可缺少。户外活动的体力准备是多方面的，其中，耐力和力量两项身体素质是最主要的素质锻炼，如行前经常进行跑步、负重登楼、游泳等常规运动。因此，如果准备户外运动时，应保持自己良好的体能状态，做好思想和身体上的准备，才能使每次活动在比较安全的情况下来完成。对于希望参加户外运动的人们，尤其与野外工作有关的专业学生，户外活动的相关体育教学内容，显得格外重要和有意义。

3. 行前计划准备

对于将去之地，一定要随身携带一份地图。多与熟知该地的朋友联系，详细研究地图，使你在到达目的地之前，就有一个感性的认识。同时多读一些相关资料，了解当地人的生活习惯和特点，了解他们对于外来者是否友好；尽可能地了解当地的习俗和各种禁忌。同少数民族交往要尊重他们的宗教信念。最后，制订详细的计划和行程，如表 6-3-1 所示。

表 6-3-1 行程计划

活动地域				
基本目的				
活动时间		计划人数		
交通方式		起止地点		
队长		副队长		技术人员
财务		后勤		
参加队员名单：				
行程计划表				
天数	上午行动路程	中午	下午行动路程	晚上、晚餐
计划准备物资：				

6.3.3 户外运动的装备

从事户外运动必备的基本常识和装备，包括着装、帐篷、睡袋、防潮垫、背包、刀具。

1. 穿着方面

舒适而底厚的鞋（防滑），加上两三双厚棉袜，可以保证你长途跋涉脚不打泡；耐磨而宽松的长裤，是你丛林穿越的最佳选择。多备几件内衣，以透气、柔软为好。外衣则以防风、防撕为好。山里温差大，早晚比市区至少低 10℃，请准备防寒衣物；另外，雨衣也是户外运动必不可少的防雨工具。

2. 帐篷方面

帐篷是远足户外运动必备的野外露营装备。选择帐篷也是非常有讲究的。目前，市场上帐篷品种很多，从种类上分为三角形、圆顶形和房屋形，如图 6-3-1 所示；从结构上分为单层结构、双层结构和复合结构；从帐篷的面料上又分为防水棉布、尼龙绸和高级防水透气尼龙绸等；在空间大小上又分为两人型、三人型和多人型等。三角形的多为双层结构，支搭较为复杂，但抗风性能、保暖性能和防雨性能都比较好，适合登山探险之用。圆顶形的支搭简单，携带方便，重量轻，但抗风、保暖、防雨的性能较三角形的差，适合一般的休闲旅行之用。目前，不少登山探险帐篷多做成双层结构的圆顶式帐篷，它的各方面性能都比较好。

在帐篷的选择上主要考虑以下几种需求情况。第一，一般的郊游。以圆顶形为主，其轻便且支搭容易。第二，山间旅行。以三层三角形为主，它具有一定的防水、防雨、抗风的保暖性能。适合广泛的山间露营和四季旅行之用。第三，登山探险。首先考虑的是保暖、抗风、携带及支搭方便等性能的帐篷。第四，其他用途的帐篷。例如，金鱼帐篷、半圆形帐篷，主要是遮阳和临时休息之用。在选择帐篷类型上，一定要根据制定的行程而定。同时，还要考虑自身体能是否能够承受该项物品的重量。

图 6-3-2 是安营扎寨实例。

图 6-3-1　各种帐篷

图 6-3-2　安营扎寨

3. 睡袋的选择

睡袋大约可分为真空棉睡袋和羽绒睡袋两大类型，羽绒睡袋相当轻便而且隔热保温效果好，但需要保持干燥。一旦羽绒睡袋湿了，不仅会失去隔热效果，而且要晾干它也十分困难。所以，在环境条件比较潮湿的条件下，真空棉睡袋可能会是更好的选择。

4. 防潮垫

防潮垫是相当关键的物品。户外活动和训练，要保证良好、充足的睡眠，这样才能保持较好的体能状态，以满足第二天的各种活动需要。户外露营时，因为地气较为潮湿，再加上人体在睡眠状态下身体可能排出更多热气，这样一潮一热是很容易引起身体不适的。所以，需要准备一个隔潮效果良好的防潮垫。

5. 背包的选择

你需要准备一个背着舒适而且结实的背包，以便携带衣物和必要的装备。在能力范围内，尽可能地选择质量最好的。最好主袋有一内衬，既要防水渗入，也要防止所装物品不掉落，如图 6-3-3 所示。背包的好坏，直接影响你的一路情绪甚至行程。

6. 刀类的选择

一把好的刀具在紧急求生时是一种无价之宝，谨慎而老练的户外运动者总是会随身携带它，多功能折叠刀是非常有用的工具，如图 6-3-4 所示。如果你只能带一把刀子，应选择一种适用于通常用途的，锋利而且结实、耐用。必要时刀具上最好配有指南针，它能满足你从砍柴到挖野菜到救生之需。

图 6-3-3　登山包

图 6-3-4　多功能折叠刀

7. 食品及小物品的准备

食品应以能量高、重量轻、体积小为选择标准。主食以易保存的大饼、馒头、方便面为佳。副食，可带牛肉、火腿、鸡蛋等，一定要真空包装。切记巧克力、牛肉干，一定要方便携带。至于饮用水类，山里有极好的泉水，只需带足车上喝的水，但别忘了带上水壶或空可乐瓶子，作为在山中饮水的工具。

户外运动的饮水，是一个很重要的问题。应在感到口渴时，只喝一两口，含在嘴里慢慢咽下，不要忍到极渴时暴饮，因为这样容易伤肺。应注意学会科学饮水。另外，随身物品，如手电、小刀、照相机、打火机、望远镜、防晒霜、墨镜等，都是必备的物品。

8. 准备自用药品

当人们换一个新的地方后，总会有一些水土不服等情况，表现出身体的不适，甚至生病。因此，带上一些备用药品总是必要的。

9. 如何装载

把所有东西都放在各种透明袋里，易于知道每件物品的位置，同时要把常用的物品放在上面，睡袋可放在最下面，如图 6-3-5 所示。

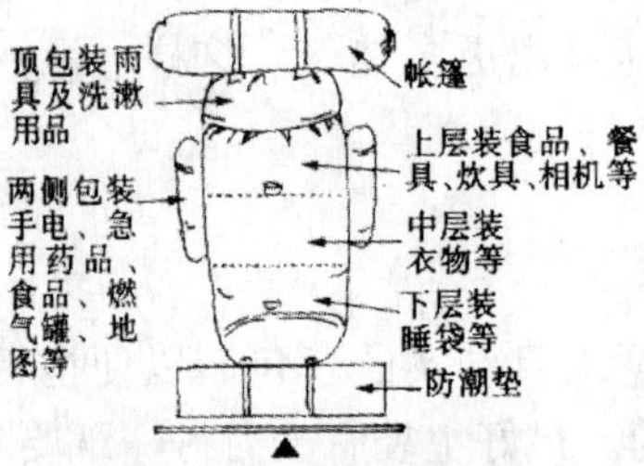

图 6-3-5 背包装包图

6.3.4 学习地理、方向、风力基本常识

认识地图，掌握一些必要的地理常识，对于户外生存运动是重要的必备知识，也是保障人身安全，获得户外生存锻炼的前提条件。

1. 方向辨别

在户外旅行，必须学会辨别方向。指南针，大家都会使用。下面简单介绍其他的野外辨向知识。

众所周知，太阳从东方升起，从西方落下，观察日出与日落一般可以看出一个大致的方向。同时，也可以用以下方法来测定各个方向。在一块平地上竖一根直棍（在 1 米以上），先在直棍影子的顶端做一个标记（如放置一块石头），直棍的影子会随太阳的移动而移动，10～60 分钟（时间不等）后，以在棍子影子的另一顶端的地方做一个标记，这时在两个标记间画一条直线，并在这条直线的中间垂直地画一条线，这个十字就是一个方向标，在第二个标记点上标上东，而后，顺时针依次标上南、西、北方。

另外，通过观察天象，确定方向。最为常见的是观察北极星。夜晚，在月暗星明的夜空下，我们找到形似勺子的北斗星座，在勺端 5 倍距离处有一颗明亮的星，这就是北极星，如图 6-3-6 所示。它是小熊星座的尾巴，以它为轴心，所有的星星都围绕它旋转，它的正下方就是正北方，顺时针即东、南、西方。

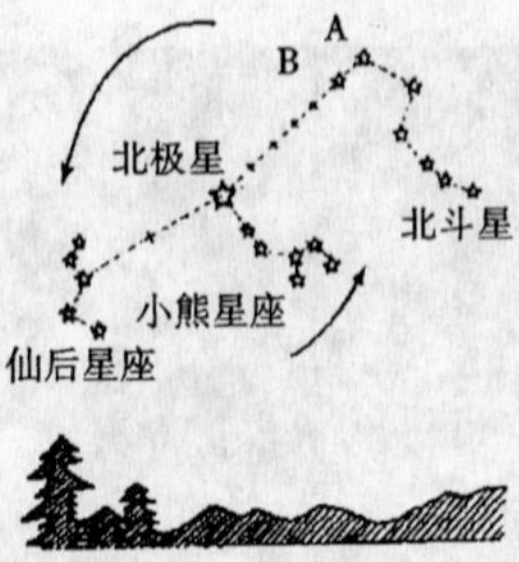

图 6-3-6　北极星

2. 野外气象小知识

在野外旅行应当知道一些气象的基本知识。下面我们用一张风力（表 6-3-2）来说明需要应对的情况。

除了观察风力的变化，决定行程以外，我们还应注意防雨，需要挖泄洪沟，加固帐篷并增强防雨性能，如在帐篷外加盖防雨塑料布等。

表 6-3-2　风力等级

风 力 等 级	风速（m/s）	外 界 表 象
0 级静风	0.0～0.2	烟柱直上，水面无波，树叶不动
1 级软风	0.3～1.5	弱而无力，烟随风去，树叶微动
2 级轻风	1.6～3.3	人有感觉，树有微响，旌旗始动
3 级微风	3.4～5.4	细枝摇动，旌旗风展，稻谷摇动
4 级和风	5.5～7.9	树枝弯动，灰尘四起，树叶飘空中
5 级劲风	8.0～10.7	小树摇动，湖塘起波，庄稼摇动
6 级强风	10.8～13.8	电线有声，撑伞难行，大树摇动
7 级疾风	13.9～17.1	迎风难行，全树摇动，大树弯枝
8 级大风	17.2～20.7	阻力很大，小技折断，江河浪猛
9 级烈风	20.8～24.4	吹坏烟囱，小屋受损，瓦片移动
10 级狂风	24.5～28.4	行人吹跑，逆风难行，树木刮倒
11 级暴风	28.5～32.6	破坏严重
12 级飓风	32.7 以上	摧毁极大

6.3.5　搭建帐篷的地理位置

搭建帐篷理想的地点应该是可以防风防雨，以及山洪和涨潮都淹不到的较高处，如图 6-3-7 所示。其地点还应离水源较近，附近有充足的可以利用的林木。但注意不要把帐篷建在与水源过分靠近的地方，否则极易受到蚊蝇的叮咬，而且流水声会干扰你的听力和判断，在危险将至时难以察觉。另外，搭建帐篷时还应注意一个最关键的问题：在建好营地以后选择一个稍有坡度的一面，挖一个简单的排水沟，这样即使在夜间下雨时，也不用担心雨水淹到你的住所。同时，应了解不宜搭建帐篷的地点：第一，有风的山顶；第二，谷底和深不可测的山洞；第三，山腰上的平地（这里容易集聚潮气）；第四，通向水源的山嘴（这里通常是野兽饮水的必经之地）。

图 6-3-7　搭建帐篷

6.3.6　结的打法

户外生存活动的许多事务都需捆绑、打结。因此，选择正确合适的绳结极为重要。结绳方法可以说是一门艺术与科学的结合体，为了让绳子发挥它的多种效用，人们在长期的实践中发明创造了许多结绳的方法，这些方法对于野外旅行探险非常实用。户外活动常用的绳结，主要用于绳头结和两根绳子的连接，特点是保险效果比单结强并且容易解开。图 6-3-8 所示是常用的结绳方法。

（a）八字通过结　（b）交织结　（c）活套结

图 6-3-8　常用的结绳方法

6.3.7　发展基本身体素质练习

户外生存运动体育课程，除需要知道以上的基本知识外，发展学生的身体素质，占据了其相当的比例和内容。其身体素质发展主要涉及力量、耐力、柔韧等素质发展。我们可以参考体操、田径、武术等体育章节所提供的素质练习方法，根据学生现有的身体素质情况，安排练习或组织训练。应注意素质间的交替与搭配练习，组成综合性练习方式，调节神经系统的灵活性，有助于提高锻炼效果。

6.3.8　户外生存运动教学大纲

户外生存的教学目的和任务，是通过野外生存教学使学生基本掌握野外生存主要的理论知识、动手操作能力，以及发展学生的多种身体素质。

教学内容编选原则和要求，是以教育性、层次性、理论联系实际为原则，具有一定深度、难度。同时，户外运动也是一项具有特殊性质的体育运动项目，所以在选择演习训练时，应合理地安排地点，可选择就近的公园、校内的足球场等可模仿实地的地点来进行训练。户外生存体育的教学内容如表 6-3-3 所示，其教学时数可根据课程安排做相应的调整。

任课老师在教学过程中应注意的问题：①教师应注意精讲多练，在学生学习掌握基本技术的基础上，掌握初、中级理论知识，培养学生临场应变能力；②教师要以大纲为依据编写教学进度、理论讲稿，在深入钻研教材的基础上，认真备课，采用科学的组织教法，完成本大纲的教学任务。

表 6-3-3　户外生存运动教学内容与时数分配

项目内容		学时	内容	作业	考核	合计（学时）
理论部分	大纲介绍	1	概况			3
	野外生存概述、各种术语	1	基本常识及技术要领	1 次		
	随堂考核	1	户外注意问题		1	
实践部分	1．上肢力量	1				13
	2．下肢力量	1				
	3．耐力练习	1				
	4．综合素质	1				
	5．打结教学	2				
	6．搭建帐篷	2				
	7．准备装备	1				
	8．校内演习	2				
	9．野外实践	2				
考核	1．综合素质	1				2
	2．户外远足	1				

思考题

1．如何选择大本营的位置？

2．进行户外运动时如何有条理地装载背包？

3．试述搭建帐篷之前应该注意的事项。

4．学会使用两种方法打绳结。

6.4　高山滑雪

6.4.1　高山滑雪概述

滑雪是一项全身的运动，能够对神经系统进行全方位的锻炼和提高。在给学生带来速度享受的同时，也锻炼了学生的平衡能力、协调能力和柔韧性。滑雪的实质就是掌握平衡的过程，在重心的切换中找到平衡点，这样才能做出美丽的动作。这种平衡能力的增强是无法从跑步、有氧操中得到的。与平衡能力密切相关的就是协调能力。只有在充分地协调好全身的每个部位，才能在滑行中取得最好的平衡效果。

滑雪是以滑雪板和滑雪杖为工具，在山坡的线路上进行快速回转和滑降的一种雪上运动项目。近年来，我国竞技滑雪运动项目及大众滑雪运动迅速发展，为了适应形势发展的需要，应从青少年开始培养，有计划、有目标地培养具备教学、训练、科研、组织竞赛能力的滑雪专业人才。

6.4.2 初学者学习滑雪前的准备工作

1. 对滑雪器材的初步认识

（1）滑雪板：中间窄，两头宽；中间厚，两头薄；头上翘，尾下压，传导力靠边刃，如图 6-4-1 所示。

（2）内刃：穿好滑雪板后位于脚内侧的边刃。

（3）外刃：穿好滑雪板后位于脚外侧的边刃。

（4）滑雪靴：由内胆和外壳两部分组成，如图 6-4-2 所示。

图 6-4-1 滑雪板

图 6-4-2 滑雪靴

（5）固定器：由前、后两部分组成，如图 6-4-3 所示。

（6）止滑器：和后部固定器连动，可收放。

（7）滑雪杖：由杖杆、雪轮和配带组成，如图 6-4-4 所示。

图 6-4-3 固定器

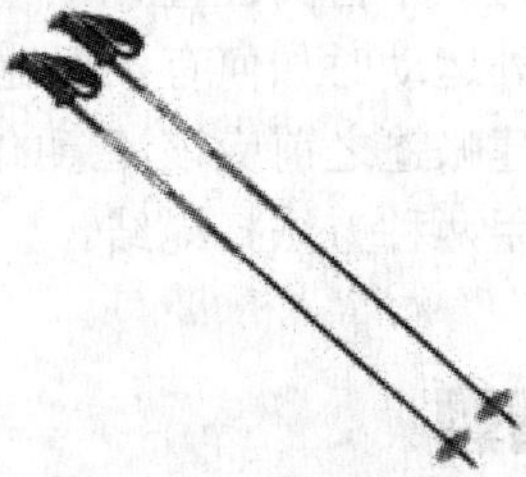

图 6-4-4 滑雪杖

2. 如何正确地使用滑雪器材

（1）如何穿滑雪靴

① 打开全部卡子，如图 6-4-5 所示。

② 从最低处上卡子。

③ 每上完一级卡子后都要检查下方卡子的松紧，直到全部扣紧为止。

（2）如何扛滑雪板

① 板底相对。

② 上下错位。

③ 对压后下滑。

④ 板尖朝下。

⑤ 前部固定器扛在肩。

（3）如何放置滑雪板

① 与滚落线垂直。

② 双板保持平行。

（4）如何穿滑雪板

① 先穿山下侧的滑雪板，再穿山上侧的滑雪板，如图 6-4-6 所示。

图 6-4-5　穿滑雪靴

图 6-4-6　如何穿滑雪板

② 先卡好前部固定器再下压后部固定器，如图 6-4-7 所示。

图 6-4-7　卡好固定器

（5）在陡坡下如何穿滑雪板

① 滑雪板与滚落线垂直放置，并保持双板平行。

② 两只滑雪板的板尖指向相反的方面。

③ 先穿山上侧的滑雪板，穿好后原地调头，将这只滑雪板放到山下侧，并用内刃卡住雪面。然后再穿位于山上侧的另一只滑雪板即可。

（6）如何检查滑雪靴和滑雪板的连接是否牢固

① 引身向上跳动。

② 滑雪板离开地面。

（7）如何卸滑雪板

① 用滑雪杖尖打开后部固定器即可。

② 将滑雪板向身体侧面抬起，用力向下磕。

（8）如何握滑雪杖

① 一般选用与自己身高的胸窝处等高的滑雪杖最佳。特别强调，一定将滑雪杖手柄上的绳带套在手腕上。图 6-4-8 为正确的滑雪杖握法。

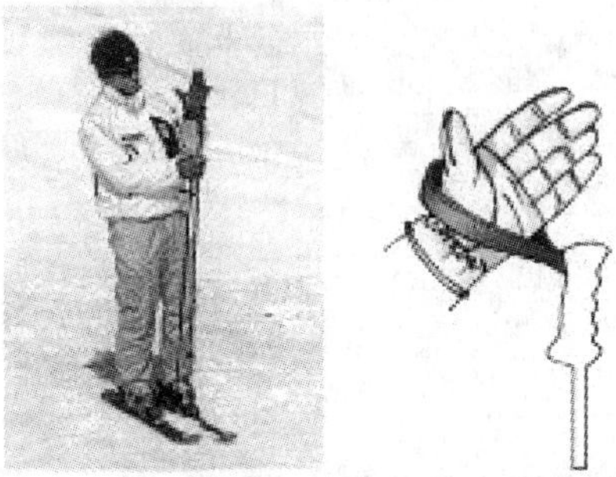

图 6-4-8　滑雪杖握法

② 将手穿过滑雪杖手柄上的绳带内。带子不要留太长，以顺手为原则。

③ 连绳带一起握住滑雪杖把手。

④ 有些滑雪杖的绳带是有方向性的，手要顺着方向握，才不会有异样的感觉。

6.4.3　初学者学习滑雪必备的基本技能

1. 如何选择摔倒

（1）向下蹲。

（2）向身体两侧倒。

（3）向山的上侧倒。

（4）不要挣扎，任其滑行，绝对禁止翻滚。

2. 摔倒后如何站起来

（1）轻微活动一下身体，检查是否受伤。

（2）确认滚落线方向。

（3）将滑雪板举向空中后向山下侧放置。

（4）双板平行并与滚落线垂直。

（5）曲身后用手或滑雪杖支撑身体，向侧面站起即可，如图 6-4-9 所示。

图 6-4-9　摔倒后站起来

（6）自行站立或任何能够帮助自己站立的方式，只要能站立起来，可以大胆尝试。例如，同伴在下方，以手协助站起，如图 6-4-10 所示。

图 6-4-10　摔倒后同伴协助站起来

3. 掌握平行移动技术

在斜坡上的方向变换，以原地踢转为主；在平地的方向变换就简单多了。以滑雪板前端为原心，移动滑雪板后端的方向变换，如图 6-4-11 所示。

图 6-4-11　移动滑雪板后端的方向变换

（1）双板平行与滚落线垂直站立。
（2）滑雪板前端不动。
（3）慢慢移动滑雪板的后端。
（4）滑雪板不能相互碰撞。

以滑雪板后端为圆心，滑雪板后端不动，慢慢移动滑雪板的前端；滑雪板不能相互碰撞。这是移动滑雪板前端的方向变换，如图 6-4-12 所示。

图 6-4-12　移动滑雪板前端的方向变换

另外，抬起一只滑雪板向身体侧面移动一步，然后另一滑雪板再向同方向移动一步。这样反复交替进行即可完成向山上或山下的移动。

4. 如何原地掉头

双板平行与滚落线垂直站立，将山下侧滑雪板掉转方向并与滚落线垂直放置，如图 6-4-13 所示，再将山上侧滑雪板掉转方向并与滚落线垂直放置即可完成原地掉头。

图 6-4-13 掉头

5. 掌握八字行走技术

（1）面向山上方站立，滑雪板呈外八字形放置，并用内刃卡住雪面，防止滑动。

（2）向上移动一只滑雪板，呈外八字形放置，并用边刃卡住雪面，再移动另一只滑雪板即可完成一个位移。反复交替使用即可向山上移动。注意，此种方法只适用于向山上方移动，在移动过程中，滑雪板始终呈外八字形状，并用内刃牢牢卡住雪面，如图 6-4-14 所示。

图 6-4-14 八字行走

6.4.4 初级滑雪

1. 滑降技术

（1）直滑降

两脚平行往下滑行称为直滑降，如图 6-4-15 所示。

图 6-4-15 直滑降

动作要点：

① 滑雪板保持与肩同宽或更开。

② 滑雪杖自然握于两侧略前的位置。

③ 上半身、膝盖微弯，保持弹性。

④ 身体保持中间平衡位置，微向前倾。

⑤ 滑行期间压低身体，膝微弯曲向后倾。

⑥ 动作缓和，保持身体最大的稳定度。

⑦ 滑行中全脚掌都要着地。

（2）犁式滑降

由直滑降至犁式刹车的过程，如图 6-4-16 所示。

图 6-4-16　犁式滑降

动作要点：

① 以直滑降姿势滑行。

② 以踝关节为中心点，转动脚跟向外，脚尖向内，逐渐用力将滑雪板转成内八字，直到滑雪板速度停止。

③ 膝盖不能有向内夹起来的动作。

2. 转弯技术

（1）犁式转弯，如图 6-4-17 所示。

图 6-4-17　犁式转弯

（2）犁式摆动转弯。

（3）双板平行摆动转弯。

（4）身体保持置中。

（5）转弯时，两只滑雪板都要转动，而不是只转动其中一只滑雪板。

（6）右转弯时，以左滑雪板的转动为主；左转弯时则反之。

（7）膝盖不要有向内压的动作，保持弯曲即可。

（8）转动滑雪板时增加膝盖的弯曲/伸直，转弯更为顺畅，如图 6-4-18 所示。

图 6-4-18　转弯技术

（9）上半身动作减少，仅配合膝盖弯曲而跟着压低，以增加转弯时的稳定度。

（10）结束转弯时转动滑雪板朝下，膝盖伸直。

滑雪动作的进阶，多是以膝盖动作的弯曲、伸直来控制完成动作的。为增加稳定度及动作的时效性，上半身动作尽量减少大幅度的变化。

随着社会公共体育设施的不断完备，滑雪运动推广至大众进行学习、锻炼和娱乐，已成为一种时尚运动。因此，普及滑雪的初级运动常识，介绍滑雪基本技术，以适应学校体育对青年学生可持续体育发展的需要。

思考题

1. 滑雪运动带给你什么收获？
2. 学会滑雪后，你会把滑雪当做今后长期锻炼身体的一项运动吗？为什么？

6.5　自卫防身术

6.5.1　自卫防身术概述

学校体育中的自卫防身术课，主要是以武术的踢、打、摔、拿等技法为基础内容，以易学、易练、易于掌握为原则，以简单、实用、有效为教学目标，结合学校体育培养学生的目的、任务选编而成的。经过长期的教学实践和经验总结，在有限的教学时间内，其技术教学内容应主要涉及拳法、腿法、肘法、倒地摔、解脱肢体纠缠等，以及避免身处危险境地的预防意识的培养，并辅以基本身体素质的发展。

自卫防身术教学对象主要以女生为主体，对于男生同样也有很好的指导意义。在瞬息万变的危险环境中，面对被挑衅和欺辱，有智有谋、刚柔并蓄的应对是最好的方式之一。“武”字由“止”与“戈”两部分组成，表明武术的最高目标，化干戈为玉帛，拥有武艺，而不仅仅依仗武技解决问题和争端。

中职学生正值青少年的身心快速发展时期，情绪波动较大，认识问题、处理问题或者偏激，或者不敢面对、有逃避思想。因此，通过学习自卫防身术，在全面加强学生身体素质，掌握防身技术、形成基本技能的同时，也要注重培养学生健康人格、良好的行为规范，引导和塑造学生正确的人生观、价值观；加强对学生民事、刑事法律常识的教育，加强学生使用社会公共安全保障体系的意识，全面提高学生自卫防身的能力。

6.5.2 基本功

1. 柔韧（参见武术章节）

（1）力量

力量是自卫防身最基本的身体素质之一。首先，通过一些负重器械练习。例如，使用哑铃、杠铃、沙袋等器械，加强腕、臂、腿、踝及腰腹的力量；同时也要进行专项性的练习，如图 6-5-1 所示。

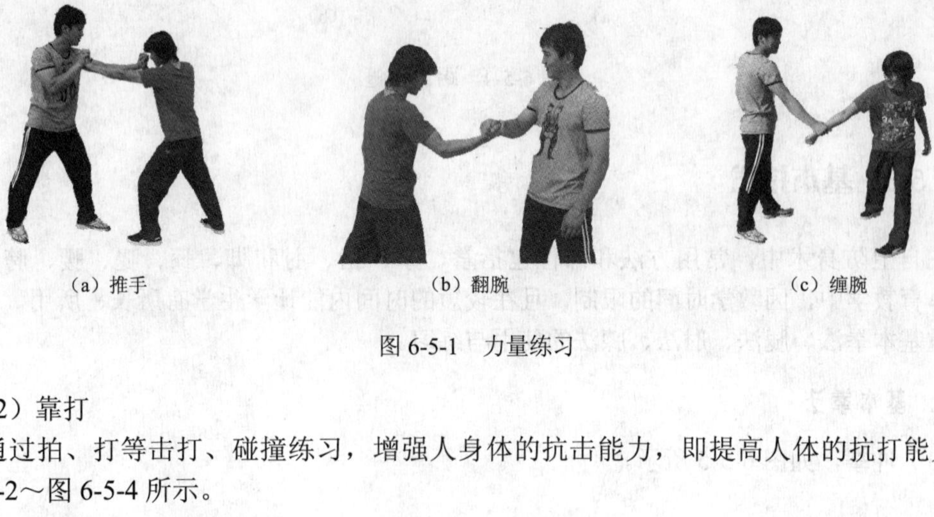

（a）推手　（b）翻腕　（c）缠腕

图 6-5-1　力量练习

（2）靠打

通过拍、打等击打、碰撞练习，增强人身体的抗击能力，即提高人体的抗打能力，如图 6-5-2～图 6-5-4 所示。

（a）　（b）　（c）

图 6-5-2　三臂靠

（a） （b）

图 6-5-3 贴身拍打

（a） （b）

图 6-5-4 踢靠小腿

6.5.3 基本技术

在自卫防身术中，常用方法和部位包括拳、掌、指、肘和脚、膝、腿、腰、胯等。在学校体育教学中，因教学时间的限制，且在较短的时间内能让学生学有所长、所用，所以主要侧重基本拳法、腿法、肘法、膝法的使用与练习。

1. 基本拳法

（1）冲拳，如图 6-5-5 所示。

（a）站立冲拳 （b）马步冲拳

图 6-5-5 冲拳

动作要点：冲拳手臂边旋转、边向前冲出；力由脚起，转腰送肩，力打拳面。另一手臂注意防守，护胸、护肋。击打对方的脸、胸或腹。

练习方法：根据教学阶段的不同需求，结合不同的冲拳交替练习。

① 初学时，以站立冲拳和马步冲拳练习交替进行，加强女生的冲拳基本技术能力，提高下肢支撑力量。

② 课上更多采用散手直拳（图 6-5-6）练习形式，提高拳法的实用性。

图 6-5-6　散手直拳

（2）掼拳，如图 6-5-7 所示。

图 6-5-7　掼拳

动作要点：掼拳时，屈臂微内旋，拳心斜向外，由斜前方弧形横向击打。力由脚起，含胸、转腰、力打拳面，击打目标为太阳穴或脸颊。

（3）鞭拳，如图 6-5-8 所示。

（a）　　（b）

图 6-5-8　鞭拳

动作要点：右脚经左脚后、向前落脚成交叉步，两脚碾转，转体 180°，由腰转、大臂带动小臂横扫，力达拳面。击打脸颊、颈项或侧面。

拳法练习方法：

① 原地单个拳法及组合拳法技术练习，以体会出拳的发力顺序，提高拳的爆发力；

② 列纵队进行向前移动的单个拳法及组合拳法练习，可以有效地提高人的灵活性、协调性等身体素质，提高运动量；

③ 有靶位原地单个拳法及组合拳法技术练习；

④ 行进间有靶位单个拳法及组合拳法技术练习，有利于提高女生的练习积极性，以及运用拳法的能力。

2. 基本腿法

武术谚语讲："手是两扇门，全凭脚打人"，反映出了腿、脚的运用在武术对抗和基本技术中的重要价值。以下介绍几种常用的基本腿法。

（1）蹬腿

一腿屈膝上提、脚尖勾起，由屈到伸蹬踹出，力达脚掌，如图 6-5-9 所示。

图 6-5-9 蹬腿

动作要点：一腿站立支撑、脚尖朝前；另一腿屈膝上提、脚尖勾起，由屈到伸蹬踹出，力达脚掌。踹胸腹、裆部。

（2）弹踢

一腿屈膝上提、脚尖绷直，由屈到伸弹出，力达脚尖，如图 6-5-10 所示。

图 6-5-10 弹踢

动作要点：一腿站立支撑、脚尖朝前；另一腿屈膝上提，由屈到伸弹出，力达脚尖。

弹踢腹、裆或膝部。

（3）侧踹

一腿大、小腿折叠开跨上抬、勾脚尖，由屈到伸踹出，力达脚掌，如图 6-5-11 所示。

图 6-5-11　侧踹

动作要点：一腿站立支撑、脚外展，重心稳定；另一腿大、小腿折叠上抬、勾脚尖，由屈到伸踹出，力达脚掌。踹的部位为胸、腹、腰等。

（4）鞭腿

一腿大、小腿向后折叠、绷脚面，随即伸腿，向前鞭打小腿，力达脚背，如图 6-5-12 所示。

图 6-5-12　鞭腿

动作要点：一腿支撑、脚外展；另一腿大、小腿向后折叠、绷脚面，随即伸腿，向前鞭打小腿，力达脚背。鞭腿分低、中、高鞭腿。分别击打人的膝下、腰腹、肩以上等部位。

腿法练习方法：

① 加强腿的柔韧性练习（参见武术章节）。

② 原地或纵队行进间地单个腿法练习及有靶位练习。

③ 拳法与腿法的上打下踢组合练习。

④ 无固定靶位的腿法练习，搭档给什么靶位，练习者做出准确的腿法，提高练习者的快速反应能力。

3. 拳法、腿法的防守练习（详细参见散打章节）

以上进行的拳法、腿法练习是自卫防身必备的基本技术和技能。通常情况下，女子自卫防身术多由被动的情况下，如何进行有效反击或降低受伤害的程度。因此，自卫防身术课要教会学生面对危险，沉着、合理地应对，做到把握攻防时机、准确击打对方薄弱或要害部位（眼、耳、太阳穴、胸腹、裆等）。因此，要注重传授学生以弱胜强的巧胜、智取的技法。下面介绍近身反击的简单、实用的防卫技术。

4. 常用肘法

在武术对抗中，“远用拳腿、近用肘”。因此，肘法是近身或贴身攻击的有效方法。

（1）顶肘，如图 6-5-13 所示。

（a）侧顶肘　　（b）后顶肘

图 6-5-13　顶肘

动作要点：屈肘、夹紧，手半握拳，在肩、胸的水平位置上，完成顶肘，力达肘尖。

（2）扫肘，如图 6-5-14 所示。

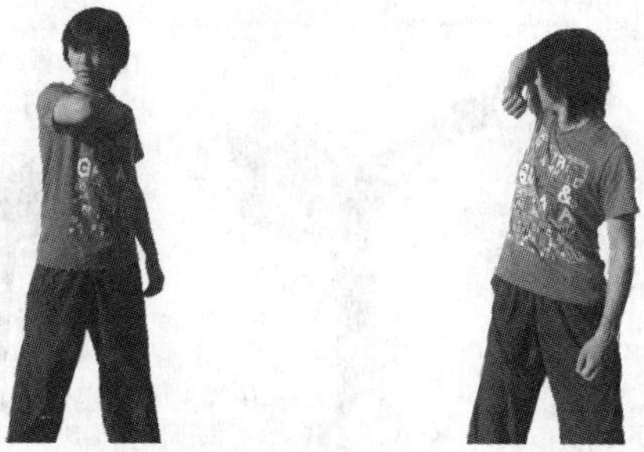

（a）　　（b）

图 6-5-14　扫肘

动作要点：屈肘、夹紧，手半握拳，以腰带臂，在肩、胸的水平位置上，弧形扫肘，力达肘尖。

（3）挑肘，如图 6-5-15 所示。

（a）　　（b）

图 6-5-15　挑肘

动作要点：小臂外旋、屈肘、夹紧，手半握拳，手心斜向上，肘由下向上挑撞对方的胸和下巴，力达肘尖。

肘法练习方法：

① 两脚开立，或结合马步、弓步原地练习各种肘法。

② 列纵队行进间的肘法练习。肘发力的瞬间，脚下制动，配合重心微向下沉降。

③ 击打靶位的肘法练习。

6.5.4　基本擒拿与解脱方法

擒拿是武术的主要技击方法之一。当双方手臂相互纠缠在一起时，利用撅指、缠腕、压肘、别臂等方法，使对方关节、韧带失去超生理限度的压迫和打击，其关节活动范围受限或形成反关节动作，因而阻止其进一步的行为。

肩关节是人体活动范围最大的关节，但它最易受伤。一般在拧臂、后扳时，可有效制约肩臂的活动；　肘关节活动范围较小，肘关节伸直状态下，用力压或击打其肘关节后面，可有效地制约肘部运动；腕关节活动比较灵活，手腕由八块小骨组成，主要靠韧带连接，肌肉保护薄弱。在腕关节固定的情况下，旋转小臂，致使尺骨、桡骨交错或重叠时，可以直接制约腕、臂的活动。腕部擒拿是常用的方法之一。

头颈活动范围也较大，当头颈向右转时，身体也有向右转之势，反之亦然。低头时，则脊柱前屈，头后仰，脊柱则成反弓形状。我们可以主动地运用头部运动规律，更大地发挥擒拿技术作用。另外，膝关节对于人体上下起到了力的传递和转换运动方向的疏导作用。有效地管制膝，由膝关节前侧方向、向内用力猛蹬，或由正前方蹬踹和踢膝关节，可有效阻止人的下肢行动能力。

1. 解脱抓腕

（1）抓握手虎口朝上（高个为甲方，矮个为乙方）

甲方抓握乙方手腕，拇指在上。乙手臂顺其虎口方向，屈肘、收腕，必要时向外缠绕或另一手向下拍打对方抓握的手臂，如图 6-5-16 与图 6-5-17 所示。

（a）　　（b）　　（c）

图 6-5-16　解脱抓腕方法 1

（a） （b） （c）

图 6-5-17 解脱抓腕方法 2

动作要点：根据双方的距离、力量悬殊程度，最好结合步法移动，并配合不同的手臂缠绕方法，实现解脱的目的。

（2）抓握手虎口朝侧下（高个为甲方，矮个为乙方）

甲方抓握乙方手腕，拇指朝侧下方。乙佯装向右、向内争脱，随即迅速改变方向并向外、上缠绕、挣脱，如图 6-5-18 所示。

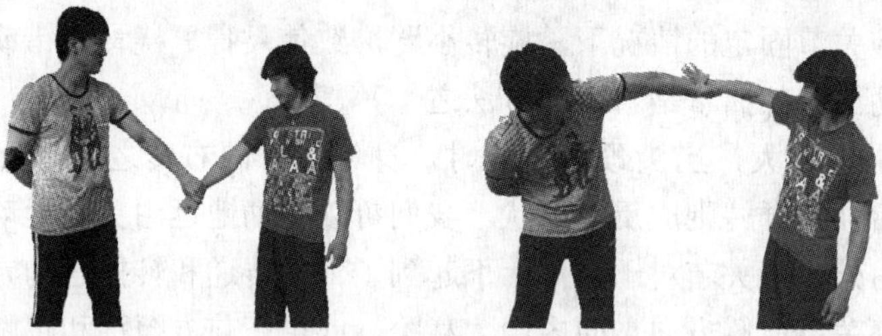

图 6-5-18 解脱抓腕方法 3

（3）抓握手虎口朝侧方（高个为甲方，矮个为乙方）

甲方抓握乙方手腕，拇指朝侧下方。乙微屈肘，顺甲方抓握手的拇指向上、向外缠绕，如图 6-5-19 所示。

图 6-5-19 解脱抓腕方法 4

（4）拿腕（高个为甲方，矮个为乙方）

甲方右手抓握乙方右手腕上。乙屈肘、缠腕，另一手握住固定甲方的右手指，向外缠拿其手腕，如图 6-5-20 所示。

图 6-5-20　拿腕方法 1

当甲方左手抓握乙方右腕，乙方右手虎口张开向上托、抓握甲方腕部，同时，乙方左手由甲的小手指掌侧向里扣握，并向外翻转，解脱被抓握的手腕，随即乙方两手拇指抵压甲方的手背与其他手指形成撅腕的合力，如图 6-5-21 所示。

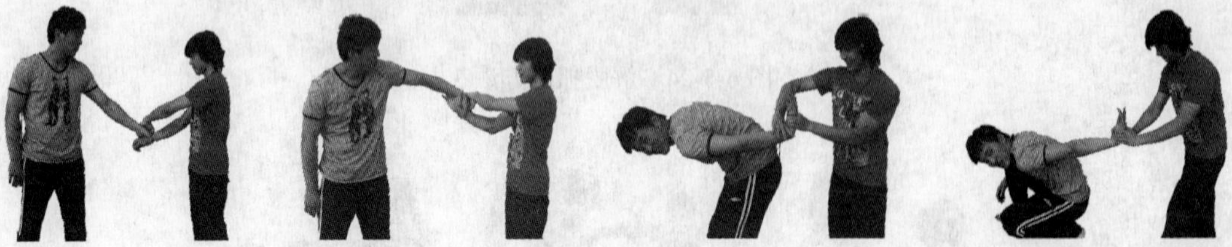

图 6-5-21　拿腕方法 2

2. 解脱抓肩（高个为甲方，矮个为乙方）

（1）右手抓右肩（面对面）

甲方右手抓乙方右肩，乙方撤步、右臂屈肘，向外缠压其手臂，如图 6-5-22 所示。

图 6-5-22　解脱抓肩方法 1

（2）右手抓左肩（面对面）

甲方右手抓乙方左肩，乙方撤右脚、右转体，右臂向外缠绕其小臂，并下压，如图 6-5-23 所示。

图 6-5-23　解脱抓肩方法 2

（3）两手抓两肩（面对面）

甲方两手抓乙方肩，乙方可屈臂由内向外缠绕并下压其臂，如图 6-5-24 所示。当甲方两手抓乙方肩，乙方右手扣握甲方右手，撤右脚、右转体，左小臂沿甲方肘部向前下格压；或左手扣握甲方左手，撤左脚、左转体，右小臂沿甲方肘部向前下格压，如图 6-5-25 所示。

图 6-5-24 解脱抓肩方法 3

图 6-5-25 解脱抓肩方法 4

（4）背后抓肩（背对甲方）

甲方右手由背后抓乙方右肩，乙方左手扣握甲方右手，左脚上步，并右转体，同时乙方屈右臂沿甲方小臂向下缠压；甲方左手背后抓乙方左肩，同右侧的动作相同，左右相反，如图 6-5-26 所示。

图 6-5-26 解脱抓肩方法 5

3. 解脱抓头发

甲方一手由前抓乙方的头发时，乙方两手十指交叉或两手叠压，固定甲方抓握头发的手腕，使其掌心、掌根处贴紧头顶，随即乙方一脚迅速撤步，体前屈，头向前下顶压甲手指，使甲方折腕到极致不能动，并且乙方向后引拉，迫使甲方上体向前倾，甚至跪地，松手，如图 6-5-27 所示；或乙方一脚向另一脚侧后叉步，同时转体近 360°，使甲方手腕拧转范围超出生理活动能力，被迫松手，如图 6-5-28 所示。

图 6-5-27　解脱抓头发方法 1

图 6-5-28　解脱抓头发方法 2

4. 解脱搂抱

甲方体前搂抱，并且抱住了乙方的两手臂，乙方顺势两手推住甲方的腰胯，同时微后仰，迅速向上顶膝，顶击甲方的裆、腹或胸部，如图 6-5-29 所示；或甲方由正面抱住乙方两臂和腰，乙方先用头碰撞甲方的脸部，甲方本能后仰，乙方随即屈膝向上撞击甲方裆部。

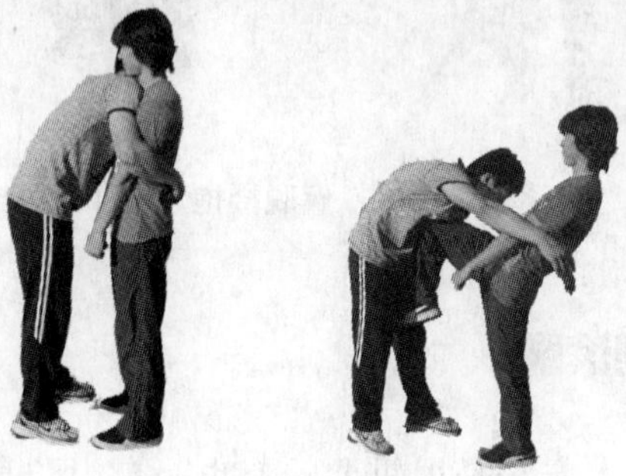

图 6-5-29　解脱搂抱方法 1

当甲方由背后抱住乙方两臂和腰时，乙方迅速向外撑肘、重心下降，同时向左或右转体，用肘撞击甲方两肋，迫使其松手，如图 6-5-30 所示；或乙方一脚向下踩踏甲方的脚背，同时重心下降，向左或右转体，用肘撞击甲方两肋，迫使其松手，如图 6-5-31 所示。

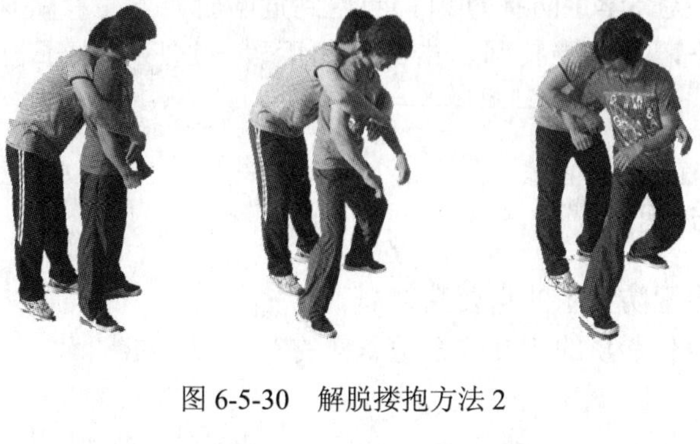

图 6-5-30　解脱搂抱方法 2

图 6-5-31　解脱搂抱方法 3

当甲方由背后抱住乙方的腰时，乙方迅速向下降重心，同时向左或右转体，用肘撞击甲方脸颊或颈部，迫使其松手，如图 6-5-32 所示。

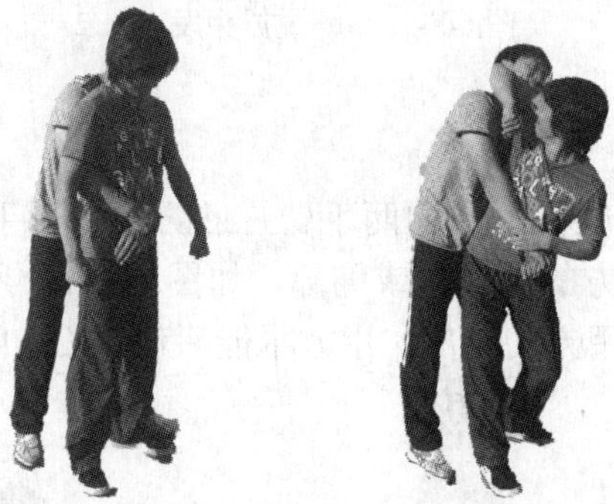

图 6-5-32　解脱搂抱方法 4

6.5.5　保护性倒地和滚翻

如何滚翻和倒地，其技术方法是很重要的。也是自卫防身技能中必备的能力之一。在特定情况下，它也是向对手主动反击的必要技术环节之一。在学校教学条件和教学时数许可的条件下，我们可以侧重于进行一些保护性的倒地练习。例如，各种滚翻、常见倒地的合理支撑等。

总之，全面加强学生的身体素质，重点发展手臂、腿、腰背肌的爆发力量和身体的灵活性、反应能力，提高学生防护意识。当遇到危险时，学生有快速摆脱危险的意识和合理手段；面对面抗争，采取避其强、击其弱的手段，这应是女子自卫防身体育课的教学核心。

思考题

1．你怎样认识自卫防身术的重要性？

2．防身技术与身体素质的相互关系是怎样的？